中共中央南方局的群众路线实践及其当代价值研究（ 批准号 : 14CDJ002)。

国家社科基金丛书
GUOJIA SHEKE JIJIN CONGSHU

中共中央南方局的群众路线实践及其当代价值

The Practice of the Mass Line and its Contemporary Value of
the South Bureau of the CPC Central Committee

侯晋雄　著

人民出版社

序 言 一

　　中共中央南方局的群众路线实践及其当代价值的全面系统研究,在当前中共党建史研究领域,应该说还是一个相对薄弱的方面。而在现实中,党的群众工作实践和党的建设工作实践,却非常需要对这样一个重要问题在历史上和理论上给以更为清晰的阐述。就这一点而言,侯晋雄同志这本著作《中共中央南方局的群众路线实践及其当代价值》出版,可以说是适逢其时。当然,这种逢其时,对作者来说,并不是偶然的。侯晋雄同志在攻读博士学位期间就潜心研究这个问题。博士毕业以后,在十余年工作中,继续对这个问题进行深入探索,尤其是他主持申报的 2014 年度国家社科基金项目"中共中央南方局的群众路线实践及其当代价值研究"获准立项,2018 年作为"良好"等次结项成果,最终才形成了今天这部学术著作。可以说,这是他多年心血的结晶。

　　该书以研究南方局践行党的群众路线的基本经验与当代价值为主线,以南方局群众工作的坐标定位、发展进程、历史特点、运行机制、辉煌成就、历史经验及其现实启示为研究内容,深入阐述南方局周恩来、董必武、叶剑英、邓颖超等老一辈革命家对群众路线的实践探索与理论深化,揭示这一时期群众工作的基本规律,提炼这一时期群众路线的制度成果,作为今天的借鉴。整部著作把严谨的逻辑论证和生动具体的实例分析很好地统一起来,既体现了侯晋雄同志的史学功底和理论功底,又体现了作者驾驭历史文献和现实材料的能力,读来引人深思,又饶有兴味。

"温故而知新,鉴往而知来。"以周恩来同志为书记的中共中央南方局,是抗日战争时期和解放战争初期党中央派驻在国民党统治中心重庆的代表机关,同时也是践行群众路线的光辉典范。宋平同志说过:"南方局在党中央的领导和周恩来同志的亲自主持下,做了非常有成就、非常出色的工作,经验是非常丰富的。"今天,重温与研究南方局贯彻群众路线的实践,在对南方局群众路线实践总结的基础上进行理论升华,把历史经验与当代实践相结合,为新时代践行党的群众路线提供启迪与借鉴,对于我们推进全党扎实开展"不忘初心,牢记使命"主题教育和党史学习教育,用党的创新理论武装头脑,推动全党更加自觉地为实现新时代党的历史使命不懈奋斗,具有重大的现实意义。

这些年来,广大理论工作者用他们的研究成果为南方局历史研究做出了很大贡献。作为这些研究成果中的一个,我个人认为,该书具有较高学术水平与独到见解,堪称近年来南方局历史研究的突破性成果。我衷心希望也相信侯晋雄同志的这部著作能够在中共党建史研究和实际工作中发挥它应有的作用。为此,我欣然答应为此书作了这样一个小序。

戴焰军

2021 年 5 月于北京

序 言 二

　　"不忘初心,牢记使命。"践行党的群众路线是关系中共中央南方局生死
存亡、执行党的工作布局调整、发展抗日民族统一战线的重大政治问题。胡乔
木同志说过:"没有南方局的大量工作,就没有后来解放战争时期那样大规模
的群众运动,形成那样强大的第二条战线","就很难把当时在国民党区域的
各民主党派和各方面人士团结在我们共产党的周围"。该书对南方局研究领
域中一直被忽视的群众路线实践及其当代价值进行专题研究,总结其经验,揭
示其规律,使之系统化、科学化、时代化,对于促进中共党史党建研究,丰富和
发展党的群众路线,实现人民对美好生活的向往,具有极为重要的启迪价值和
借鉴意义。

　　侯晋雄同志的学术著作《中共中央南方局的群众路线实践及其当代价
值》,不乏创新之处,在我看来,主要体现在三个方面:第一,内容观点具有新
意。该书不仅写南方局的群众路线实践史,而且系统研究南方局群众路线的
理论形态、制度形态和实际运行形态,探讨南方局群众路线的实现途径、历史
特点、成功经验及一定的历史局限性。第二,方法视角具有新意。在马克思主
义党建理论指导下,运用文献分析、系统分析和实证分析等多种研究方法,从
政党功能、社会结构和党内组织结构的视角,探讨南方局的群众工作策略、群
众工作作风、群众工作制度、党和国家治理能力与党的群众路线的互动机制。

第三,现实启示具有新意。该书把南方局的群众路线实践作为一个结构系统进行专题研究,提出新时代做好群众工作的新思考、新启示。全书由六章构成。

第一章:中共中央南方局践行群众路线的历史背景。南方局的群众路线实践,与国共两党第二次合作及抗日民族统一战线紧密相关,与南方局所处的特殊政治环境及所肩负的特殊历史使命直接相连,即:特定的历史时期——风雨交加的战斗岁月;复杂的斗争环境——国民党战时陪都重庆,既有国民党的白色恐怖又有陪都的纸醉金迷;崇高的历史使命——扩大抗日民族统一战线;特定的战斗团队——以周恩来为代表的革命志士。从历史背景分析入手,探讨南方局的群众路线实践及其当代价值,将为进一步研究这一问题奠定重要基石。

第二章:中共中央南方局践行群众路线的发展历程。南方局的群众路线实践,根据其成熟程度与实际运行,大致可划分为三个阶段:(1)奠基准备阶段:从南方局获批成立至南方局正式成立,以武汉、桂林为中心的抗日救亡群众运动掀起高潮,为后来南方局在南方国统区以及部分沦陷区的群众路线实践奠定了扎实基础;(2)全面推进阶段:从南方局在重庆正式成立至东迁南京,重庆时期的南方局继承长江局民众救亡运动的传统,仍然努力于这项工作,扩大了抗日民族统一战线的群众基础,促进了中共自身力量在群众工作中发展壮大;(3)高潮收官阶段:从重庆局东迁南京至国共谈判破裂、南京局被迫撤回延安,"南京局就是南方局",其办事机构与组成人员均未重新调整,在原来抗战时期群众路线实践的基础上进一步升华,掀起新热潮,推动形成了蒋管区反对国民党的"第二条战线"。

第三章:中共中央南方局践行群众路线的策略方式。针对国民党顽固派对群众运动的防范压制以及群众运动形势的逆转局面,以周恩来为书记的南方局从抗日大局出发,转变南方国统区以及部分沦陷区群众工作方式:落实隐蔽精干方针,有效转变群众路线实践策略;执行"三勤"要求,推进群众路线实践深入发展;贯彻"三化"要求,切实转变群众路线实践方式;创造秘密组织形式,依靠"据点"践行群众路线;加强宣传教育引导,扩大党在国统区的政治影响。南方局在实际斗争中坚守了本色,站稳了脚跟,保全了自己,发展了力量,与大西南、大后方群众建立起血肉联系,为后来大规模地动员广大民众投入解放事业奠定了群众基础。

第四章:中共中央南方局践行群众路线的鲜明特色。南方局及所属各地党组织在南方国统区以及部分沦陷区的群众路线实践与解放区及边区的群众路线实践相比较,有其固有的鲜明特点:在工作对象上有青年、工人、农民、妇女之分,在工作范围上有农村、城市的群众路线实践之别;始终坚持以学生运动为主导;形成工农妇女学生运动合力;经济斗争与政治斗争相结合;重视少数民族群众路线实践;适时转移群众路线实践重心;注重以上率下践行群众路线。这些显著特点为中国共产党提供了新鲜的、特殊的、有益的经验。

第五章:中共中央南方局践行群众路线的辉煌成就。毛泽东在中央政治局会议上赞叹南方局工作"做得好,各省工作有成绩",并表示"这是在恩来领导下的成绩"。诚然,以周恩来为书记的南方局紧密配合党领导的敌后抗日战场,把巩固国共两党合作、维护抗日民族统一战线作为历史使命,创造性地开展党的群众工作,践行党的群众路线,建立了不朽的历史功勋。主要体现在:夯实与发展了抗日民族统一战线的群众基础;推动形成了蒋管区反对国民党的"第二条战线";促进了中共自身力量在群众工作中发展壮大;丰富发展了毛泽东思想及党的群众路线理论。

第六章:中共中央南方局践行群众路线的当代价值。宋平同志说过:"南方局在党中央的领导和周恩来同志的亲自主持下,做了非常有成就、非常出色的工作,经验是非常丰富的。"其基本经验与当代价值主要有:忠诚理想信念,在复杂环境中保持共产党人的政治本色;牢记党的宗旨,把群众利益放在第一位;围绕党的政治路线和中心工作开展群众工作;坚持领导自律,发挥人格榜样的力量;坚持普遍性与特殊性相结合,地方特色实践与党的工作全局相契合;讲求战略策略,避免硬碰,保存力量;克服关门主义,广泛依靠中共外围组织和进步组织发动群众;充分运用媒体,正确引导群众和有效凝聚群众;等等。

十几年前,侯晋雄同志经严格的考核与筛选,成为中共重庆市委党校的一名教研人员。入职十几年以来,该同志悟性高、肯苦干、勤思考,具备严谨的治学研究态度、严密的逻辑思维能力、扎实的学术钻研精神,能够独立解决中共党史党建研究领域的常见问题,目前已是享受国务院政府特殊津贴人员、全国宣传思想文化青年英才、全国干部教育培训好课程教师。

近日,知悉侯晋雄同志主持完成的国家社科基金项目"中共中央南方局的群众路线实践及其当代价值研究"获"良好"结项,并将由人民出版社出版该研究成果,我很高兴。侯晋雄同志能邀我作序,尽管近期极为繁忙,我还是欣然答应下来。通读书稿,《中共中央南方局的群众路线实践及其当代价值》是一个契合社会热点、富有开拓意义的课题,作者立意高远、视野开阔、思维严谨、结构合理、重点突出、分析细致、论从史出,我个人认为,这是一部相当不错的学术著作,具有较高学术水平与独到见解。

我期待着侯晋雄同志的学术著作能早日面世,为繁荣和发展中共党史研究和执政党建设研究的园地增添新的艳丽花朵。

罗晓梅

2021 年 5 月于重庆

目　　录

前　言

　　习近平总书记指出："群众路线是我们党的生命线和根本工作路线。"①中国共产党的群众路线(一切为了群众,一切依靠群众,从群众中来,到群众中去,把党的正确主张变为群众的自觉行动),作为党的根本工作方法与领导作风,由于毛泽东同志的号召与提倡而在抗战相持阶段成熟成型,并直接用于启发与指引中共中央南方局(简称"南方局")的群众路线实践。南方局坚持群众路线的工作方法与领导作风,为新时代践行党的"群众路线"、实现人民对美好生活的向往提供启迪与借鉴。

　　以周恩来同志为主要负责人的南方局是党在南方国统区以及部分沦陷区的秘密指挥中心,是中国共产党同国内外各党派、各方面代表人士直接沟通的主渠道,同时也是践行党的群众路线、开展党的群众工作的光辉典范。周恩来、博古、董必武、叶剑英、王若飞、邓颖超等带领南方局及所属各地共产党员在大后方、大西南创造性地贯彻践行党的群众路线,开展了大量深入细致、卓有成效的群众工作,与南方国统区以及部分沦陷区各阶层、各民族、各团体群众建立起血肉联系,使中国共产党在南方国统区以及部分沦陷区由抗战初期"脱离群众""陷于停顿"的情形与状态,后来转变为"巩固的党""群众的党",

---

　　① 《习近平谈治国理政》第一卷,外文出版社 2018 年版,第 365 页。

奠定了中国共产党在国民党统治区"第二条战线""第二个战场"的深厚群众基础,是与解放区主战场遥相呼应的"另一个重要战场"。正如胡乔木所评价的:"没有南方局的大量工作,就没有后来解放战争时期那样大规模的群众运动,形成那样强大的第二条战线","就很难把当时在国民党区域的各民主党派和各方面人士团结在我们共产党的周围"①。

从某种程度上说,党的统战工作就是党的群众工作、党的群众路线实践。人民群众是一个历史范畴,是指一切对社会历史起着推动作用的人们,他们既是社会物质财富和精神财富的创造者,又是历史发展和社会变革的决定性力量。今天,通过对南方局群众路线实践总结基础上的理论升华,把历史经验与当代实践相结合,对于广大党员、干部在中国特色社会主义新时代践行党的根本宗旨,增强群众观念与群众感情,厚植党执政的政治基础与群众基础,实现中华民族伟大复兴的"中国梦",具有极为重要的现实意义与借鉴价值。

---

① 中共四川省委党史研究室、中共重庆市委党史研究室编:《南方局党史研究论文集》,重庆出版社1993年版,第1页。

第一章　中共中央南方局践行
群众路线的历史背景

马克思、恩格斯指出:"历史活动是群众的活动,随着历史活动的深入,必将是群众队伍的扩大。"①中共中央南方局的群众路线实践,与国共两党第二次合作及抗日民族统一战线紧密相关,与南方局所处的特殊政治环境及所肩负的特殊历史使命直接相连,即:特定的历史时期——风雨交加的战斗岁月、复杂的斗争环境——国民党战时陪都重庆、崇高的历史使命——扩大抗日民族统一战线、特定的战斗团队——以周恩来为代表的革命志士。从历史背景分析入手,探讨南方局的群众路线实践及其当代价值,将为进一步研究这一问题奠定重要基石。

第一节　特定的历史时期②
——风雨交加的战斗岁月

20世纪三四十年代,一场生死决战在华夏大地如火如荼地进行。这场生

---

①　《马克思恩格斯文集》第 1 卷,人民出版社 2009 年版,第 287 页。
②　黄远固:《建设党性坚强、政治过硬的干部队伍——白色恐怖下南方局干部队伍建设的启示》,《探索》2010 年第 6 期。

死决战是中华民族与中国人民为抵御日寇侵略,唤起民族觉醒、洗雪百年耻辱而进行的一场波澜壮阔的反侵略战争。在民族危亡的重大历史关头,在和平民主的重要历史节点,中国社会的基本矛盾,对外表现为民族矛盾,关系到中国抗战能否坚持到底;对内表现为阶级矛盾,关系到祖国的前途与命运。

一、 民族危亡的重大历史关头

(一)新的形势,新的决定

从形势的发展看,首先,日军在沈阳制造了九一八事变,发动了武装侵略中国东北的战争,由此拉开了企图变中国为其殖民地的侵华军事冒险;其次,日军制造了"华北事变",攫取了北平、天津、河北、察哈尔等大部分主权,中日民族矛盾上升为中国社会的主要矛盾;最后,日军在北平卢沟桥周围,以军事演习为名,对当地中国驻军发动突然袭击,制造了卢沟桥事变,全面侵华战争爆发。在民族危亡的重大历史关头,中国共产党高举抗日大旗,呼吁与召唤"国共两党亲密合作抵抗日寇的新进攻",并且明确表示"红军将士,咸愿在委员长领导之下,为国效命,与敌周旋,以达保土卫国之目的"①。在全国抗日救亡运动高涨形势的推动下,国民党中央通讯社公开发表了《中共中央为公布国共合作宣言》(1937年9月22日),国民政府军事委员会委员长、中国国民党总裁蒋介石在庐山发表谈话,表示"中华民族既已一致觉醒,绝对团结,自必坚守不偏不倚之国策,集中整个民族力量,自卫自助,以低暴敌,挽救危亡"②,这标志着国共两党第二次合作正式实现、抗日民族统一战线正式形成。至此,中国人民被空前发动与组织起来,各党派、各团体、各界群众都自觉投入到抗日战争之中,抗日烽火席卷黄河两岸、大江南北。蒋介石同意中共代表随

---

① 王秀鑫、郭德宏主编:《中华民族抗日战争史》,中共党史出版社1995年版,第142页。
② 中央档案馆编:《中共中央抗日民族统一战线文件选编》(下),档案出版社1986年版,第824页。

国民政府行动,以便"遇事协商",调整与维系国共两党关系;而且,中国共产党还要加强与增进同其他党派、其他团体、其他阶级、其他阶层的合作与联系,以推动与促进抗日民族统一战线进一步发展壮大;加之国民党实行片面抗战路线,未能广泛发动群众,毛泽东对此曾一针见血地指出:"不要人民群众参加的单纯政府的片面抗战,是一定要失败的。因为它不是完全的民族革命战争,因为它不是群众战争。"①因此,动员与组织国民党统治区乃至全国各地人民群众共同抗击日寇的重任便只能落在中共肩上,唤起民众,汇聚力量,使抗战全面走向胜利。此外,各国驻华机构、驻华使团也大都集中于战时陪都重庆,此处常有各国政要与国际友人来访,自然也是中国共产党加强国际联系、促进国际交往的最佳场所。更为重要的是,南方国统区以及部分沦陷区地下党组织大都是在抗战全面爆发后才逐渐恢复与建立起来,此处斗争经验严重不足,而且交通不便、分散各地、联系困难,客观上迫切需要进一步加强与改进党在南方国统区以及部分沦陷区的群众工作,扩大党在大后方的政治影响与革命阵地,从而使党的政治主张与方针政策为大后方人民群众以及各国政要与国际友人所了解、所认同、所支持。基于上述考虑,在南方国民党统治区抓紧设立党的代表机构与联络机构势在必行。

1937 年 12 月,中共中央于前期筹建的"长江沿岸委员会"基础上,在湖北武汉成立了中共中央长江局与中共代表团,全面领导长江以南国民党统治区以及部分沦陷区中共党组织的工作,以此加强党在南方各省的群众工作,推动国民党实现全面抗战路线。由周恩来、王明、博古、叶剑英组成中共代表团前往武汉,与国民党洽谈以及协商合作事宜。12 月 23 日,中共代表团与中共中央长江局在武汉召开联席会议,决定两个机构合二为一,对外称作"中共中央代表团",对内称作"中共中央长江局",由王明、周恩来、博古、项英、董必武、叶剑英、林伯渠等人组成,其中:王明担任书记,周恩来担任副书记,凯丰后来

---

① 《毛泽东选集》第二卷,人民出版社 1991 年版,第 387 页。

增补为委员。长江局设于八路军办事处内,对外从未公开。在党的宣传方面,设立党报委员会,可在国统区公开出版发行《新华日报》。武汉时期的中共代表团与中共长江局,前后十个月,做了大量奠基性、开创性的工作,为进一步打开南方国统区以及部分沦陷区群众工作新局面奠定了扎实基础。

1938 年 6 月,侵华日军攻占获港,武汉保卫战开始;1938 年 9 月,武汉门户洞开,战局骤然危急,国民政府选择向西南地区转移,国民政府军事委员会准备向中南地区转移,此刻的长江局不得不考虑选择新的去处。中央关于成立南方局的决定,是在武汉危急的特殊情况下作出的。项英最早提出设立南方局,1938 年 7 月,新四军创建人项英致电长江局并报党中央,建议武汉失守后将东南分局与长江局合二为一,在长江以南设立中共中央南方局,这是设立中共中央南方局的最早提议。对于项英同志的建议,中共中央书记处于同年8 月 5 日复电中共中央长江局并转项英同志,认为项英同志的意见关系到整个长江局工作的安排部署,"请长江局首先讨论,再告中央决定"①。长江局经过深入细致的讨论研究后建议,将原中共中央长江局一分为三:在长江局管辖的长江以北地区设中原局;将长江局领导之东南分局改为东南局,继承东南分局;在长江以南设南方局,接替和承袭原长江局,仍然做南方国统区以及部分沦陷区的各项工作。换言之,中共中央的战略设想与方针政策,将由南方局、东南局、中原局分别落实。这个意见得到中央批准。

1938 年 9 月 26 日,中共中央政治局会议"根据形势的变化,重新调整了各地组织机构,决定设立四个中央分局:中原局、东南局、北方局、南方局。由周恩来、博古、叶剑英、黄文杰组织南方局,代表中共中央领导南方国民党统治区和沦陷区中党的工作"②。1938 年 10 月 15 日,张闻天同志在中共六届六中全会上正式向全体与会代表宣布了中共中央书记处关于设立中共中央南方局、撤销中共中央长江局的决定。张闻天指出:在新的情况下,中共中央决定

① 魏峡:《关于南方局几个问题的辨析》,《中共党史研究》1990 年第 5 期。
② 《周恩来年谱(1898—1949)》上卷,中央文献出版社 2007 年版,第 429 页。

"在全国组织几个中央局,如北方局、中原局、东南局、南方局等,由中央直接指导,并代表中央直接指导各地方党"①。这表明,抗战中的南方局"不是短期的有限事权机构,而是长期的全面领导机关"②。张闻天没讲如何组织、由哪些人组成,这是因为成立南方局的决定已在党的六届六中全会以前作出。党的六届六中全会在中共党史上具有重大意义与深远影响,"使南方各省党的领导干部在政治上思想上有了新的认识,摆脱了王明右倾错误的影响"③,决定成立以周恩来为书记的中共中央南方局,代表党中央领导南方国统区以及部分沦陷区党的各项工作。这是一项英明伟大正确的政治决策,为以后南方局在大西南、大后方践行群众路线奠定了坚实基础。

(二)离开武汉,暂驻桂林

1938 年 9 月,在武汉即将沦陷的紧要关头,中央政治局于 9 月 25 日以中央书记处名义致电尚在武汉的凯丰、董必武、叶剑英,指示"组织方面,即依长江局原定之中原局、东南局、南方局、重庆党报委员会及中共代表团五个方向布置","南方局暂与中央代表团及办事处一起,准备入湘"。④ 情势已是刻不容缓。南方局的领导成员,都开始正式行使职权。周恩来于党的六届六中全会开幕的第二天,便匆匆赶回武汉,指挥八路军办事处及中央代表团转移。根据中央书记处的指示,周恩来、叶剑英率八路军办事处人员南下入湘,先到长沙,后到衡阳;董必武带领党报委员会与《新华日报》沿长江西上,前往重庆出版发行;博古作为国民参政员,去重庆出席国民参政会;黄文杰则到广东,布置武汉失陷后广东、香港等地党的工作,组织广东省委撤退。

周恩来、叶剑英率八路军办事处撤退到湖南后,曾打算将南方局机关设在

---

① 魏明生:《从武汉到重庆:南方局成立的几番辗转》,《红岩春秋》2010 年第 4 期。

② 胡大牛:《中共中央南方局统战史论》,人民出版社 2008 年版,第 73 页。

③ 中共湖南省委党史研究室编:《中共中央南方局的党建工作》,中共党史出版社 2009 年版,第 66 页。

④ 《叶剑英年谱(一八九七——一九八六)》(上),中央文献出版社 2007 年版,第 247 页。

长沙。武汉失陷当晚,周恩来赶到古城长沙时遭遇大火,整个长沙一片火海,这是长沙警备司令酆悌贯彻执行国民党当局"焦土抗战"政策所致。这场大火把古城长沙烧掉了三分之二,死伤人员不计其数,恐怖阴霾笼罩着整座古城。周恩来不顾个人安危与旅途疲劳,亲自指挥国民政府军委会政治部第三厅与八路军办事处的工作人员救火赈灾。随后,周恩来率领随行人员撤退至湖南衡阳。在此之前,为帮助国民党军队举办"南岳游击干部训练班",叶剑英按照国民政府军事委员会的要求,已经带领武汉八路军办事处部分工作人员先期到达湖南衡阳,并设立八路军驻衡阳办事处。周恩来率领随行人员到达衡阳之后,准备在零陵、宝庆、衡阳三城当中选择其一设立南方局机构,但后来还是决定暂驻广西桂林。

国民政府西迁重庆之后决定设立两个行营,其中广西桂林则是西南行营驻地,于是广西桂林就成为中国抗日战争的大后方基地与重要交通枢纽。此时,蒋介石提出要在广西桂林约见周恩来,共同商谈两党合作事宜。因此,周恩来同桂系白崇禧等人商量讨论,拟将八路军办事处暂设于广西桂林,赢得桂系白崇禧的赞同与支持。周恩来、叶剑英率领随行人员于 1938 年 12 月 8 日抵达广西桂林,快速设立以李克农为处长的八路军驻桂林办事处。经过周密部署与精心安排,党在南方国统区以及部分沦陷区的秘密指挥中心——中共中央南方局就设在八路军驻桂林办事处内。同年 12 月 10 日,周恩来、叶剑英联名致电各地:"周、叶已抵桂,南方局暂设桂林。特此通知。"[①]这个电报实际上是一个内部通电,既不是请求也不是提议。周恩来、叶剑英关于在桂林暂设南方局的通电中,其管辖范围内没有包含川康等地党组织。值得一提的是,该电文有一标题是"南方局在桂林成立"[②]。这里所指的"成立",不是指南方

---

① 中共桂林市委员会党史办公室编:《中共桂林市党史大事记》,广西教育出版社 1991 年版,第 30 页。

② 中共桂林市委员会党史办公室编:《中共桂林市党史大事记》,广西教育出版社 1991 年版,第 30 页。

局的组成,应是指南方局机关确定设于桂林。该通电的正式发出,意味着党中央关于在长江以南设立中共中央南方局的指示精神已经付诸实践。八路军驻桂林办事处名义上是国统区公开合法的军事联络部门,实际上是一个以公开的合法身份掩护党的秘密工作的组织机构,负责领导海外、江西、广西、香港、广东、湖南、福建等地的党组织,负责承办重庆、香港、新四军之间人员过往的接送,对推动抗日活动的展开与群众路线的践行起到过积极作用。

(三)风雨如磐,终定重庆

1938 年 12 月底,周恩来率领随行人员从广西桂林乘机抵达陪都重庆。1939 年 1 月 5 日,中央书记处决定将华南及西南各省合并成立"西南局",管辖川东、川康、云南、贵州等地的中共组织,以周恩来(中央政治局委员、中央军委副主席、原长江局副书记)、博古(中央政治局委员、原长江局组织部部长)、凯丰(中央政治局候补委员、原长江局宣传部部长)、张文彬(时任中共广东省委书记)、徐特立(时任八路军高级参谋、驻湘代表)、吴玉章(中央委员)、叶剑英(八路军参谋长、原长江局委员)、廖承志(八路军驻港办主任、中共香港统战委书记)、吴克坚(《新华日报》总编辑)、邓颖超(原长江局妇委会委员)、刘晓(时任中共江苏省委书记)、高文华(时任中共湖南省委书记)、董必武(中央委员、原长江局委员)13 人为委员,周恩来为主要负责人,担任西南局书记。周恩来对于中央书记处关于设立"西南局"的电报指示提出异议:一是称"西南局"不太合适;二是委员 13 人分散在各地,开会议事极为不便。因此,周恩来等领导同志于同年 1 月 7 日回中央电"名南方局较副实",建议参照北方局设立常委,由周恩来、博古、凯丰、吴克坚、叶剑英、董必武六位同志组成常委会,便于在重庆、桂林等地"集会议事"。中共中央书记处对周恩来的看法与建议高度重视,遂于 1939 年 1 月 13 日致电周恩来等人,批准"中共中央南方局"名称,同意六位常委人选,以周恩来为书记。收到电报之后,周恩来马上召集在渝的南方局委员开会,宣布南方局成立,讨论确定组织分工,并于 1939 年 1 月 16 日首次以中共中央南方局名义致电中央书记处,决定在桂林设立办事处,在重庆设立南方局,并报告南方局组织分工情况。至此,以周恩来为书记的中共中央南方局在重庆正式成立。换言之,1939 年 1 月 16 日,是中共中央南方局正式成立时间。

然而,南方局成立之际,正值蒋介石集团对内对外政策发生重大变化之时,由于国民党不允许中国共产党在其统治区内建立与发展党组织,因此,中共中央南方局的成立及存在对外并不公开,处于秘密状态。南方局于 1946 年 5 月因蒋介石政府抗战胜利、还都南京亦从渝迁至宁,史称"中共中央南京局",这是南方局群众工作的延伸和补充。南方局斗争在南方国统区以及部分沦陷区,其上限应是 1938 年 9 月,中央政治局作出成立南方局的决定;其下限应是 1947 年 3 月,中共中央南京局及其所属中共组织全部撤回延安,前后长达八年零六个月,是中共党史上战斗与交锋时间最长的一个中央局。南方局之所以能够坚守与扩大党在大西南、大后方的革命阵地并成为有效领导南方国统区以及部分沦陷区各阶层群众进行民族民主革命的秘密指挥部,乃是险恶的斗争环境、特殊的历史条件、崇高的历史使命以及特定的革命群体使然,并非任何人的主观愿望所能左右。南方局基本上承接与延续了长江局的工作任务,深入践行党的群众路线,担负起巩固、维护、扩大以国共合作为基础的抗日民族统一战线的独特历史使命,恰如在国民党统治中心重庆的茫茫雾海之中,为大西南、大后方各阶层、各党派、各民族群众升起一盏指引抗战出路与革命前景的"明灯",为中华民族的解放事业做出了不朽的历史贡献。

二、 和平民主的重要历史节点

抗日与民主是抗日战争时期全国各界人士所普遍关注的两个问题。"不抗日,中国必将沦亡,民主无从谈起;无民主,不能动员和调动各方力量,抗日坚持不下去,必然招致失败。"①南方局团结中间势力开展争取民主政治的运动,使中间势力、中间阶层的政治观点、政治态度、政治立场不断向中国共产党的民主思想与民主实践靠近与聚拢,并积极参与争取民主政治的斗争活动。

第一次宪政运动。在第一届国民参政会第四次会议上(1939 年 9 月 9 日),中国共产党与其他党派参政员一致要求国民党结束党治、实施宪政。在中国共产党与其他党派参政员的一致努力下,大会最终审议通过《请政府明令定期召开国民大会,制定宪法,实施宪政案》,这是民主派参政员在参政会内外发起一场自上而下的政治运动,很快掀起了立宪高潮(1939—1940),史称"第一次宪政运动",虽然宣告失败,但是对日后的政治格局产生了积极影响。毛泽东告诫全党,这样的宪政是"决不容易到手的,是要经过艰苦斗争才能取得的"。

第二次宪政运动。国民党五届十一中全会(1943 年 9 月)被迫重提"实行宪政"。国民政府于 1943 年 11 月 12 日在重庆推行"伪宪政",建立宪政实施协进会。1943 年世界反法西斯战争进入反攻阶段,世界民主潮流汹涌澎湃,大西南、大后方反对国民党一党专政的民主运动不断高涨,建立一个什么样的中国,也成为中国政治的焦点。1944 年 1 月 1 日,黄炎培等创办大型政论杂志《宪政》月刊,逐渐成为中间势力、民主党派发动宪政运动的重要阵地。随后,参政员张澜等在成都成立民主宪政促进会,沈钧儒等主持的民主宪政问题座谈会恢复举行。为揭穿蒋介石政府"伪宪政"骗局,在南方局的引领与支持下,各民主党派、各中间势力、各中间阶层在国内掀起第二次宪政运动高潮。中共代表、参政员林伯渠在国民参政会三届三次会议上(1944 年 9 月 15 日)正式提出"废除国民党一党专政、建立民主联合政府"的政治主张,赢得了各民主党派与无党派人士的热烈响应与广泛支持。同年 9 月 24 日,包括各民主党派领导人在内的重庆各界 500 余人举行集会,要求"结束国民党一党专

---

① 中共广西壮族自治区委员会党史研究室编:《中共中央南方局的统一战线工作》,中共党史出版社 2009 年版,第 102 页。

政"。同年 10 月 10 日,中国民主同盟发表《对抗战最后阶段的政治主张》,明确要求"结束一党专政,建立各党派之联合政权,实行民主政治"。

国民党当局顽固坚持一党专政,"只是一味高压,讲的是一套,做的又是一套"①,蒋介石推出《中国之命运》一书。在中共中央南方局的积极推动下,《新华日报》对此连续发表短评与社论予以坚决抨击,在整个国民党统治区掀起了一场反对独裁、争取民主的民主政治运动浪潮。《时代评论》《宪政》《现代妇女》等报刊猛烈抨击国民党一党专政的做法,发出了"非民主不能动员国力,非民主不能强化团结,非民主不能澄清吏治"的强烈要求;1944 年 5 月 4 日,昆明 3000 余名学生集会纪念五四运动;同年 7 月 7 日,西南联大等高校 2000 多名师生举行纪念"抗战七周年"时事晚会,二十多位专家学者会上发表演讲;同年 9 月 1 日,重庆 30 名社会各界著名人士发表《民主与胜利献言》,要求国民政府"与民更始","及早实施人民渴望之民主制度";同年 9 月 15 日,林伯渠在三届三次国民参政会上正式提出中共的这一主张,但遭到国民党顽固派的反对,蒋介石集团逆时代潮流而动,在大西南、大后方再次燃起民主运动的烈火;同年 9 月 24 日,重庆各党派、民主人士、各界人士等 500 余人集会,要求实行民主,结束国民党一党专政;同年 10 月 7 日,成都华西等五所大学 12 个社团联合召开"国是座谈会",2000 多人参会;同年 10 月 10 日,重庆复旦大学举行国庆纪念晚会,法学院院长张志让、教授周谷城发表演讲,当天,昆明举行 6000 多人参加的"纪念双十节,保卫大西南"群众大会;"民盟"于 1944 年 10 月 10 日发表《对抗战最后阶段的政治主张》,阐述了"民盟"的具体主张与建国原则。1945 年 2 月 22 日,重庆各行各业青年和工厂职员在《新华日报》上联名呼吁成立民主联合政府;以李德全为代表的重庆妇女界 300 多人,昆明文化界罗隆基、闻一多、潘光旦等三百多人以及成都文化界 100 多人先后发表联合宣言;海外侨胞也纷纷发表宣言,举行集会。爱国学者闻一多痛斥国

---

① 《毛泽东选集》第三卷,人民出版社 1991 年版,第 925 页。

民党当局隐讳痼疾,粉饰太平,如同"肺结核患者脸上的红晕",是"将死前的回光返照"。在海内外一片要求成立民主联合政府的呼声中,国民党当局仍然一意孤行,可谓"民心尽失"。1945年8月,在国内争和平、反内战呼声以及国际社会舆论的压力下,蒋介石三次电邀毛泽东赴渝谈判。为响应中国共产党"用一切方法制止内战"的呼吁和倡议,国民党统治区社会各阶层、各民族、各团体群众又掀起了大规模的反内战运动,在人民群众为光明的新中国而英勇奋斗中实现党的政治理想,主张联合政府。

实行民主政治已成为一种不可逆转的时代潮流。争取和平,要求民主,建设新中国,这是抗战胜利结束后全国广大人民群众的共同愿望。然而,1945年5月,蒋介石在国民党第六次全国代表大会上指出:"今天的中心工作,在于消灭共产党!"[1]1945年8月15日,日本宣布无条件投降。抗日战争最终以中国人民胜利而宣告结束。胜利后的中国将何去何从,历史再次让中国人民作出选择。毛泽东于1945年11月5日以中共发言人的名义强调,"现在的中心问题,是全国人民动员起来,用一切方法制止内战"[2]。毛泽东还指出:蒋介石要消灭共产党的方针没有改变,也不会改变。总之,民族危亡的重大历史关头与和平民主的重要历史节点,共同构成南方局群众路线实践的特殊历史背景。

第二节　复杂的斗争环境
——国民党战时陪都重庆

以国民党战时陪都重庆为中心的大西南是抗战时期中国抗战的大后方,中国抗战的最高机构设在这座城市。重庆也是同盟国中国战区统帅部与抗日民族统一战线各种力量的主要结合地,成为海外华侨华人回国参政参战与慰

①　王功安、毛磊主编:《国共两党关系史》,武汉出版社1988年版,第752页。
②　《毛泽东选集》第四卷,人民出版社1991年版,第1170—1171页。

问考察的重要落脚点,还是中共中央南方局的秘密所在地,既有国民党的白色恐怖又有陪都的灯红酒绿。因此,南方局开展党的群众工作,践行党的群众路线,扩大党的群众基础,其环境的险恶性、斗争的复杂性以及条件的艰苦性可想而知。

一、 重庆集大城市、大山区、大舞台、大轰炸于一体

(一)城是一座山,山是一座城

在浩浩嘉陵江汇入滚滚长江之处,在中国大西南,坐落着一座驰名中外的"山城"重庆。重庆地形最突出的特点是起伏有致,立体感强,地势由南北两面向长江河谷逐级降低和倾斜,呈现"一山一槽二岭""一山一岭"的地形地貌,地质构造多为"喀斯特地貌",所以关隘多、溶洞多、峡谷多、温泉多。重庆地处四川盆地东部,其他三面分别有大娄山、大巴山、武陵山、巫山这四座大山脉环绕,坡地面积较大,西北部与中部以丘陵、山地为主,成层性明显,分布着典型的峡谷、峰林、石林、溶洞等喀斯特景观,同湖北、湖南、陕西、贵州等省接壤。重庆辖区主要分布在长江沿线,平均海拔为400多米,素有"山城"之称。抗战时期,红岩村仅是重庆城郊的一个偏僻农场,因以周恩来为书记的中共中央南方局的驻足,而成为指引抗战大西南、大后方人民群众奋力前进的"灯塔"。董必武赞叹:"红岩荒谷耳,抗战显光辉。"

(二)国际大都市,政治大舞台

抗战时期,中国成为"亚洲大陆上反对日本侵略者的主要国家"①,它牵制着日本陆军的主力,直接援助美国与英国在亚洲战场的军事行动。1937年11月,国民党政府"移驻"重庆,使这座城市不仅成为战时全国政治军事中心,还一度成为世界政治文化交流的重要场所,各抗日党派、各民众团体以及苏、美、

---

① 《毛泽东选集》第三卷,人民出版社1991年版,第1033页。

英等 30 多个国家大使馆与 40 多个外国机构也迁移至重庆。太平洋战争爆发后,1942 年 1 月,在重庆成立同盟国中国战区统帅部,负责指挥在马来西亚、越南、缅甸、中国等国的同盟国军队作战。重庆发展成为当时著名的国际大都市,成为国际国内各种反法西斯政治力量既互相合作又有矛盾斗争的政治大舞台。重庆设南方局,桂林设办事处,中共中央南方局所辖区域接连东南亚各国,紧靠港澳地区,该地区是南洋华侨华人的重要聚居地,也是抗战时期世界各地侨胞与祖国联系的主渠道,势必成为南方局践行海外群众路线的重点地区。南方局处于这种特殊的地理位置与社会环境,决定了它在对海外侨胞与港澳同胞的群众路线实践中具有不可替代的地位与作用。

（三）生产大转移,人口大流动

抗战以前,重庆基本上是一个以自然经济为主的农业社会。卢沟桥事变爆发及全面抗战开始,这一情况逐步有所变化,城市近郊工商业有所发展,自然经济有所解体。国民党被迫迁都“山城”重庆后,举国上下开始了轰轰烈烈、史无前例的西迁运动,中国东部沿海及中部的大量物资设备与人员内迁到重庆,出现了中华民族历史上规模空前的由东向西的生产力大转移,人口大流动、文化大扩展。工厂企业的内迁规模最大、最为艰苦,据统计,迁川工厂总数约为 450 家。[①] 为了保护民族工业,以沪宁江浙民族资本家为主的迁川工厂联合会不畏艰辛,冒着敌人的炮火轰炸辗转迁移到大西南、大后方,坚持生产经营,大力支援抗战。四川著名爱国实业家卢作孚的民生公司,其职工们在强烈的爱国主义精神的鼓舞下,全力以赴,投入抢运,昼夜兼程,在抢运中 11 名职工英勇牺牲,61 名职工终生致残。在中国的“敦刻尔克大撤退”中,国立长沙临时大学、武汉大学、中央大学、复旦大学等知名高校西迁至云南、四川等西南地区。《大公报》《新民报》《中央日报》以及中央通讯社等新闻媒体分别从

---

① 周勇主编:《重庆抗战史》,重庆出版社 2005 年版,第 349 页。

汉口、南京等沦陷区西迁至"山城"重庆,国立中央图书馆、中国艺术剧社、中央电影制片厂等文化机构也纷纷内迁。老舍、范长江、邹韬奋、沈钧儒等一大批爱国文化人会聚西南,就这样形成了抗日战争时期中国大后方文化精英群体。这一时期,重庆的人口由战前的不足 46 万人猛增至 1942 年的 83 万余人(包括市区扩大因素),1945 年达到 126 万余人。[①] 当时各党派、各阶层、各团体、各界爱国人士等聚集重庆,涉及政治、军事、经济、文化等各方面人士,社会关系极其复杂。

(四)陪都无宁日,日机大轰炸

据资料记载,从 1938 年 2 月至 1943 年 8 月,日军对重庆进行了长达五年的野蛮轰炸。在日军惨无人道的"无差别轰炸"中,外国使领馆、平民居住区、医院学校等均无一幸免,重庆的城市商业繁华地区被夷为平地,重庆大轰炸是世界战争史上最为惨烈的大轰炸之一。1939 年至 1941 年是狂轰滥炸的三年,是重庆遭遇大轰炸损失最惨重的三年,最典型的就是 1939 年"五·三""五·四"大轰炸,1941 年"六·五隧道大惨案",两惨案的遇难者数千人,翻看史料现场,那一幕幕尸体堆积如山、尸横遍野的悲惨情形,无不使人悲泪即下!日军大轰炸非但没能让重庆人民与南方局同志屈服,反而"愈炸愈强"。面对日军大轰炸,重庆人民与南方局同志表现出强烈的抗战精神、非凡的爱国情怀、卓越的民族意识。今天被炸了,只要没有被烧毁,譬如火锅店、百货商店、餐厅,次日就会挂出一个"正常营业"的牌子。曾家岩 50 号(周公馆)、红岩嘴(中共中央南方局、八路军办事处驻地)、虎头岩(《新华日报》总馆)是重点轰炸目标。1939 年 5 月,日机大轰炸,中共中央南方局与八路军驻重庆办事处所在地——机房街 70 号被日机炸毁,在进步人士饶国模的帮助下,搬进她的红岩农场。1940 年下半年,红岩嘴、周公馆双双遭遇轰炸。周恩来到防

---

① 周勇主编:《重庆通史》第三卷(下),重庆出版社 2002 年版,第 875 页。

空洞里躲了躲,轰炸刚停,他就马上出来投入工作,找人谈话或进城开会。有一次,日机抛下的一颗炸弹恰恰掉在红岩办公楼附近,冲击波震动了大楼部分墙体。周恩来与邓颖超站在被轰炸震塌了的大楼前,乐观从容地照了一张相,两人都面带微笑,淡定沉静。邓颖超于1985年复返重庆见到这张照片,激动地讲:"当年我和恩来在这里拍照,就为表示我们是炸不走、压不倒的!"

二、 重庆既有国民党的白色恐怖又有陪都的灯红酒绿

中国共产党所领导的革命斗争实际上是在两个战场、两条战线同时展开:一个是根据地、解放区以军事斗争为主的主战场;另一个是国统区以统一战线为主的特殊战场。南方局作为中共中央的秘密派出机构,长期坚守于国民党统治中心重庆,践行党的群众路线,战斗在这个特殊战场的最前线,既有国民党的白色恐怖又有陪都的灯红酒绿。

(一)特务讨扣捕杀

国民党战时陪都重庆,亦称"雾重庆",一方面,因为雾多;另一方面,暗喻重庆在国民党白色恐怖统治下的政治黑暗。蒋介石在抗战期间表面上同意国共合作,声言要"坚持抗战到底",但国民党顽固派的"溶共、限共、防共、反共"本质从来没有因此而有丝毫改变,始终不承认、不允许中国共产党在国统区的组织建设和组织存在,"讨、扣、捕、杀"共产党人与革命志士的阴谋与行径从未停止,国民党顽固派在政治上制造分歧,在军事上制造摩擦,先后三次发动"反共"高潮,不断制造反共事件与流血惨案,一些党组织负责人被迫撤退或转移。所以南方局只能秘密地设在八路军驻渝办事处内,以公开合法的机构为掩护,南方局工作人员大多利用在国统区的公开身份进行工作,斗争方式有公开的、半公开的以及完全属于地下的秘密斗争。当时,除周恩来、董必武、叶剑英等中共代表、中共参政员、八路军驻重庆办事处等公开机构外,总体上讲,包括南方局在内,党组织在国民党统治区不仅处于秘密、非法状况,在力量上

也处于绝对劣势。整个国民党统治区政治气候可谓"阴霾压城、白色恐怖"，"红岩是被重重包围的孤岛，一旦国共关系破裂，国民党军警随时可能破门而入"①，每个共产党员时刻面临"生与死"的严峻考验。

监视盯梢。周恩来的"周公馆"位于重庆市区曾家岩 50 号，旁边就是军统局局长戴笠的"戴公馆"，曾家岩"周公馆"里面的人员往来、进进出出，"戴公馆"里的特务们看得清楚明白，这些都是国民党特务机关精心安排的。按照国民党特务系统的内部分工，对曾家岩"周公馆"、八路军驻渝办事处驻地、新华日报社的监视盯梢主要由中统局本部负责。军统局渝特区迁建组副组长、重庆市警察局八分局化龙桥分驻所所长姜平的主要任务，就是以警察身份为掩护，监视盯梢中共驻渝机构及其工作人员。后来，中统局本部的行动大队划归重庆实验区之后，就由实验区行动科正式成立"监视哨"。曾家岩、虎头岩、小龙坎、红岩嘴都是"监视哨"特务监视盯梢的重点，一路安置坐探，派人跟踪盯梢，建立秘密据点。负责监视盯梢的中统局本部特务，手握被监视者的个人照片（从重庆警察局掌握的户口资料中取得）。监视盯梢分为两种：一种是固定监视，即特务蹲在原地不动，盯住出进人员，想方设法弄清来往人员的姓名身份与相貌特征，两旁以摆摊、卖烟、卖茶、补鞋、喝茶等作掩护，然后上报；另一种是流动监视，就是专门针对周恩来、王明、吴克坚、凯丰、董必武、潘梓年、叶剑英、王炳南、王若飞、钱之光、邓颖超等中共中央南方局、八路军驻重庆办事处以及新华日报社的重要人员，只要他们外出，负责流动监视的中统局本部特务就尾随其后、跟踪监视，调查与掌握他们同什么人接触、做什么事情、停留多久、到哪里去，等等，均要记录上报给中统局本部甚至报告给蒋介石。

侦测监听。中统局本部特务对"周公馆"、八路军驻重庆办事处驻地、新华日报社的监视、侦察，不但在地面上，还拓展到了空中，中统局本部特务利用行政手段与技术设备，对曾家岩"周公馆"、八路军驻渝办事处、新华日报社的

---

① 中共中央党史研究室科研管理部、中共重庆市委党史研究室编：《见证红岩》（上），重庆出版社 2004 年版，第 203 页。

电话电台进行侦测监听。国民政府颁布《全国电讯监察实施纲要》(1940年3月)后,中统局本部特务又以重庆卫戍总司令部名义公布管制章程,公开使用行政手段对军政机关通信器材与私人收音机进行登记管制。稽查处第三科要求八路军驻重庆办事处将其电台的报务员姓名、波长呼号、通信时间等分别登记在册,并且每月派人检查一次。有一次甚至提出要查看密码,遭到八路军驻重庆办事处同志的一致拒绝。对八路军驻重庆办事处要购买的通信器材,中统局本部特务也以烦琐手续加以刁难。稽查处第三科还全天收听抄录八路军驻重庆办事处的往来电报,并及时送达军统局特种技术研究室研译。为了应对国民党特务的定期检查,中共中央南方局特地架设与安装了两部电台:一部公开的大电台用于正常通信,另有一部秘密的小电台用于应急备用。1943年,国民党特务无理查封了八路军驻重庆办事处公开的大电台,中共中央南方局与八路军驻重庆办事处,仍通过秘密的小电台继续同党中央、南方局所属各地中共组织保持着正常的通信联络。值得一提的是,中共中央南方局与八路军驻重庆办事处还通过中共地下党员与社会进步人士,又在外面多处设置了秘密的备用电台。

户口检查。抗战时期,国民党中统局与军统局控制了重庆市警察局相当一部分权力,重庆市警察局紧密配合特务机关,利用户口管理权参与对曾家岩"周公馆"、八路军驻重庆办事处、新华日报社及其工作人员的户口检查。重庆市警察局调查股主任祝尚慈、户政科科长丁嘉藩均为国民党军统特务,他们把中共驻渝机构及其工作人员户口列入"特种户口登记",并将其人口卡片以及户口卡片单独存放,以备随时查用。重庆市警察局同时还命令各有关分局、分驻所"随时查明动态,详载户口调查表内"并明确规定了检查监视办法。重庆市警察局第八分局分局长、军统特务陆坚如一再要求下级,"对十八集团军办事处及新华日报的户口,特别注意调查"。重庆市警察局还通过办理市民身份证收集的人口照片,转交和供给国民党中统局与军统局,用以辨别跟踪监视与逮捕缉拿的对象。"中统""军统"特务还经常利用警察的合法身份,以查户口为名,对曾家岩"周公馆"、八路军驻重庆办事处、新华日报社实行突击检查。

邮政检查。国民党颁布《限制异党活动办法》(1939年1月)以后,使用行政手段严密把持了交通、牢牢操纵了邮电,主要是将矛头对准中共派驻国民党统治区域内的各机关。军委会办公厅特检处是由军统局直接领导指挥的一个特务机关。为了严格控制曾家岩"周公馆"、八路军驻重庆办事处、新华日报社及其工作人员的往来电报与信件,军委会办公厅特检处于1939年8月命令重庆邮电检查所在上清寺、小龙坎、两路口、沙坪坝等邮局派驻"密检员"。"密检员"将曾家岩"周公馆"、八路军驻渝办事处、新华日报社及其工作人员列为检查登记表的"第一类",严格规定每件必查。周恩来在渝期间,几乎每日都有从各地寄来的信件,大都是对中国共产党、八路军驻重庆办事处、周恩来等表达敬意,有些也是请求申冤理枉、主持公道的。这些信件多数被无端扣留,有地址姓名的,就报交至军统局,写信人有的被跟踪监视,有的被缉拿逮捕。没有地址邮编的就地烧毁,根本不会顺利送到周恩来手中。重庆谈判期间,社会各界给毛泽东写信的更多,但是最终能够送到毛泽东手中的,也只有百分之一二,绝大多数信件都被国民党特务扣压或销毁了。

交通控制。为让军统局与中统局特务严密操纵国统区的交通命脉,水陆交通统一检查处、军委会交通巡察处先后规定,凡是中国共产党、八路军、新四军的车辆,在国统区公路上行驶时,必须要有国民政府军事委员会的证明文件,还要对途中停宿地点、整个行驶路线以及车上人员姓名、职务与所携物品等全部登记在册,并通知沿途各检查站、检查所严加检查。国民政府军委会交通巡察处把对付共产党作为一项重要任务。在重庆通往延安的青木关,运输统制局监察处在此设置青木关检查所,被广大过往群众骂为"鬼门关"。青木关检查所对经过这里的八路军车辆大耍特务流氓手段,借口检查,一再刁难。军统局局长戴笠每次听到青木关检查所扣留刁难八路军的车辆,往往特别满意,因此,这些军统特务更是恣意妄为、有恃无恐。

总之,国民党统治中心重庆的政治生态对南方局及所属中共组织的生存发展以及群众路线实践非常不利,国民党特务对南方局及所属中共组织与工作人员采取监视盯梢、威逼利诱、软硬兼施等多种伎俩,企图从政治信仰、意识形态、社会生活方面瓦解、渗透、分化党组织。"虎穴坚持神圣业",这便是对南方局所处政治氛围复杂性与社会环境险恶性的真实写照。

(二)政府高官厚禄

南方国统区以及部分沦陷区与共产党领导下解放区、根据地的政治环境和工作条件完全不同,是在国民党严密控制与种种诱惑下践行党的群众路线,斗争极为艰苦、复杂、尖锐。一方面,国民党顽固派先后三次发动"反共"高潮,不断制造反共事件与流血惨案,南方局及所属各地每个共产党员时刻面临"生与死"的严峻考验;另一方面,面对蒋介石政府高官厚禄以及腐朽生活方式的魅惑利诱,信念不坚定、意志不坚强者可能会迷失。在各种严峻考验与诱惑面前,南方局共产党人始终把党与人民的利益放在首位。蒋介石在抗战相持阶段一再邀请周恩来、吴玉章等南方局领导同志加入中国国民党,为其工作与服务。不管何种方式、无论何种场合,周恩来等南方局领导人都明确谢绝高官厚禄与魅惑利诱,始终忠诚于自己的政治信仰与政治选择。蒋介石还特地对吴玉章说:"你是老同盟会,国民党的老前辈,还是回到国民党来吧!"吴玉章坚定地回答说:"我相信共产党是相信马列主义社会科学的真理,深知只有共产主义才是社会发展的正确道路,不能动摇。"[1]按照当时规定,红岩机关生活实行供给制,无论职位高低,每人每月只有3.5元的伙食费与4元的津贴,物价上涨,每月钱不够用,因营养缺乏患肺痨者大有人在。周恩来反复强调,越是在恶劣的环境下,越要保持清醒的政治头脑,时刻激励南方局及所属各地共产党员"同流而不合污","出淤泥而不染",坚持共产主义信念不动摇。

---

① 南方局党史资料征集小组编:《南方局党史资料·统一战线工作》,重庆出版社1990年版,第175页。

（三）社会灯红酒绿

在战时陪都重庆,上层统治阶级中许多人抗战意识淡漠与麻木,灯红酒绿,纸醉金迷,过着"暖风熏得游人醉,错把杭州作汴州"的生活,统治阶级、官僚资产阶级纸醉金迷、灯红酒绿,社会生活物欲横流,社会环境犹如一个"大染缸"。当时流传的民谣是国民政府战时陪都重庆的真实写照:"前方吃紧,后方紧吃;前方有啥吃啥,后方吃啥有啥;前方一身流血,后方满口流油。""贪污大的无人敢过问,小的做了替死鬼。"①《新华日报》1944年以后刊登的贪腐新闻,从基层一般职员到党军政要员,"大体上每两天就有一次见报"②。"后方玩物丧志沉迷嫖者,每食必数万金,一衣足敷一家灾民终年温饱,一掷千金,毫无吝啬。"③然而,当年在重庆,无论是红岩村的南方局,还是战斗中秘密战线上的共产党员与革命志士,开展革命斗争与践行群众路线的条件都是十分艰苦的。那时的南方局机关与重庆八路军办事处,从周恩来到普通工作人员,都是面对共同困难,同甘共苦,共渡难关。南方局领导下战斗在南方国统区以及部分沦陷区地下战线的广大党员及革命志士,坚决贯彻中共中央"隐蔽精干"方针,积极隐蔽、自谋生计,自食其力,在极为困窘的生活境况下从事革命工作、践行群众路线,经受着大西南、大后方社会灯红酒绿的各种诱惑与考验。

三、 管辖范围包括南方国民党统治区以及部分沦陷区

南方局在中共中央正确领导下,高举抗日与民主两大旗帜,坚决贯彻党中央的路线、方针、政策,领导南方国统区以及部分沦陷区的中共组织,涵盖港澳、四川、湖南、贵州、云南、广东、上海、广西、湖北、福建、江西及江苏等地区。

---

① 何蜀:《这里响彻奉献之歌》,《红岩春秋》1996年第2期。
② 韩辛茹编:《新华日报史》,重庆出版社1990年版,第356页。
③ 《云南日报》社评,1944年5月27日。

所谓管辖范围,是指辖属党组织分布的区域与界限。南方局与其他中央局相比,时间跨度最大,其管辖范围随着时间的推移与实践的发展有所变更,归纳起来,南方局管辖范围主要有三次变更。

(一)1938年9月以后南方局的管辖范围

早在酝酿成立南方局时,只是笼统地、简单地提到在长江以南设南方局。根据长江局的提议,中共中央政治局会议讨论研究与正式决定成立南方局时,也没有具体划分管辖范围。周恩来、叶剑英从湖北武汉撤退到湖南长沙以后,曾致电中央书记处,第一次明确提出了南方局应管辖的省区范围。按照该电报中的意见,其管辖范围是:江西、湖北、湖南、广东、闽粤赣五省委,上海与香港两党委,贵州与云南两工委。这里未将四川囊括在内,因为当时打算和计划在四川设西南局或东南局。

(二)1939年1月以后南方局的管辖范围

1939年1月5日,中央书记处会议"提议将华南及西南各省合并成立一中央局",后定名为"南方局"。西南各省主要包括广西、云南、贵州、四川,这一点相当明确;华南地区主要包括闽粤赣、湖南、广东,也很清楚。然而,但有三个不够明确的地方:上海、湖北、江西。为了解决这一问题,周恩来、博古、凯丰在给中共中央书记处的电报中建议:"江西如只管赣南,是否成立赣北省委,改为东南局分管";"鄂西北拟划归中原局之鄂豫边省委管辖,湖北省委改为湘鄂边省委";"上海是否归南方局管?"。同年1月13日,中央书记处电复南方局,"同意对鄂西北及湖北省委之提议";"如项英愿管赣北,江西可归南方局管";"上海工作仍归南方局管"。南方局接电后进行了认真讨论,并于同年1月16日致电中央书记处,对管辖范围问题提出了如下意见:"鄂北及鄂西北仍请划入中原局,归豫西省委管理,鄂省委则管鄂西湘西北";"江西区另待与东南局商定再报"。这样一来,上海、湖北已很明确,只剩一个江西。南方局与东南局最终商定,江西党组织划分为两大板块:赣北归东南局管;赣南归南方局管。

(三)1940年8月中央政治局对南方局管辖范围的补充决议

1940年上半年,中共中央决定在南方局的管辖范围内,分别成立中共南方工作委员会(简称"南方工委")与中共西南工作委员会(简称"西南工委"),实行分区就地领导。"南方工委"管辖广东、广西、江西、闽粤赣等地党组织;"西南工委"管辖湘鄂边、云南、川康、川南、川东、鄂西等地党组织;南洋、川北、贵川、香港等地党组织由南方局直辖。然而,长期以来,由南方局领导的上海党组织由谁管辖,没有明确。1940年8月,中央政治局会议在听取周恩来关于南方局的工作报告以后,明确指出,南方局"对东南局、沪委仍负领导责任",这是中央政治局对南方局管辖范围的重要补充。东南局与南方局的关系一直是非常密切的。如果说周恩来1939年2月去南方视察,是以中央军委副主席的身份部署新四军工作,那么到1940年8月,则是以南方局的名义对东南局负起了领导责任,中共中央南方局曾多次召开会议讨论东南局与新四军问题,新四军政治部主任袁国平抵渝之后,南方局召开常委会听取其汇报新四军工作。

八路军驻重庆办事处、新华日报社、《群众》周刊社是南方局直接领导的对外公开合法机构,这些机构还曾掩护党的秘密机关与地下党组织。此外,南方局还有其派出机构:"西南工委",辖中共云南省工委、中共川康特委、中共鄂西特委、中共川东特委、中共湘鄂边特委、中共湖南省委;"南方工委",辖中共湘南特委、中共江西省委、中共粤北省委、中共闽西特委、中共粤南省委、中共广西省工委、中共闽南特委、中共潮梅特委、中共琼崖特委。值得一提的是,南方局还负责领导桂林、香港等地的党组织,譬如,李克农任处长的八路军桂林办事处、廖承志任书记的香港统战工作委员会,等等。皖南事变前后,南方局指示南方各地划小组织、细化组织。因此,中共川东特委划分为中共下川东特委、中共上川东特委,另成立中共川北特委与中共川南特委;中共闽西南潮梅特委划分为中共潮梅特委、中共闽西特委、中共闽南特委;中共广东省委划分为中共粤南省委、中共粤北省委;中共鄂湘西区党委划分为中共鄂西特委、中共湘鄂边特委,党中央于 1941 年 5 月发出《关于大后方党组织工作的指示》,"南方工委"所属各级党组织普遍实行"特派员制","西南工委"所属各级党组织与南方局直辖的省特委一律实行单线联系,个人负责。南方局管辖范围的不断扩大与下属组织的迅速发展,充分反映了中国共产党在坚持群众路线中逐渐成长壮大,同时也折射出南方局践行群众路线的艰难性与复杂性。

第三节　崇高的历史使命
——扩大抗日民族统一战线

南方局是抗日战争时期中国共产党为适应抗战相持阶段新形势而建立的,其根本任务:一是巩固国共两党合作,维护抗日民族统一战线;二是团结各族各界群众,推行全民全面抗战路线;三是高举民主伟大旗帜,推动国内和平民主进程。毛泽东指出,南方局工作的方针是:"一、巩固党;二、深入群众工作;三、向中层阶级发展统一战线。这是今后南方局的严重任务,要这样去适应新的环境与党的总任务。"[①]在恶劣艰险的环境中,南方局围绕自身的历史使命与中心工作,创造性地贯彻执行党的群众路线,进行了长达八年艰苦卓绝的革命斗争。

一、 巩固国共两党合作,维护抗日民族统一战线

毛泽东在《国共合作成立后的迫切任务》(1937 年 9 月 29 日)中明确强

---

① 金冲及主编:《周恩来传》第二册,中央文献出版社 1998 年版,第 561 页。

调:以国共合作为基础的统一战线的实现"在中国革命史上开辟了一个新纪元","中国是否能由如此深重的民族危机和社会危机中解放出来,将决定于这个统一战线的发展状况"。① 中共中央领导层对此保持着高度的警觉与清醒的认识,主张一定不要破裂抗日民族统一战线,坚持"统一战线中的独立自主,既统一,又独立"的方针。这就迫切需要中国共产党在国民党统治中心派驻一个常设机构或联络机构,以调整与维系国共两党关系。南方局的独特历史使命与政治任务,就是巩固与维系以国共合作为基础的抗战局面。因此,周恩来、董必武等南方局领导人,始终以民族根本利益为重,长期以中共代表、国民参政员等公开合法身份,代表党中央及其领导的抗日武装负责同国民党当局进行谈判协商、加强合作、保持联系,协调两党两军合作抗日事宜。周恩来指出:"国民党顽固派对我是势在必打,志在消灭,不能对其存在幻想,要依靠群众,加强团结。"②南方局作为党在南方国统区以及部分沦陷区的秘密指挥中心,以八路军驻渝办事处、新华日报社以及《群众》周刊为依托,将合法斗争与地下斗争、公开活动与秘密活动巧妙地结合起来,开展党的群众工作,践行党的群众路线,坚持原则的坚定性与策略的灵活性,以民主促抗战,以斗争求团结,最大限度地维护与巩固以国共合作为基础的抗战局面。南方局这种情况是中共党史上所建立过的中央局所没有的,也与抗战时期其他几个中央局有所不同。正因为南方局始终高举抗战民主的旗帜,以信念坚定的政治品格,相忍为国的广阔胸襟,刚柔相济的斗争艺术,临危不惧的革命豪情,创造性地贯彻践行党的政治路线与群众路线,才能几度挽狂澜于既倒,维护与巩固以国共合作为基础的抗战局面直至圆满胜利。

---

① 《毛泽东选集》第二卷,人民出版社1991年版,第364页。
② 南方局党史资料征集小组编:《南方局党史资料·军事工作》,重庆出版社1990年版,第314页。

二、 团结各族各界群众，推行全民全面抗战路线

第二次国共两党合作实现后，形成了团结抗战的形势，但国民党实行片面抗战路线，不给予人民抗日的民主与自由且压制人民抗日的积极性。中国共产党要成为全面全民抗战"最自觉的领导者"，抗战进入相持阶段，动员与组织南方国统区以及部分沦陷区抗日力量的历史任务便落在南方局的肩上。毛泽东主张"兵民是胜利之本"，"战争的伟力之最深厚的根源，存在于民众之中"①，"挽救危机的唯一道路，就是实行孙中山先生的遗嘱，即'唤起民众'四个字"②。党中央提出依靠广大民众的全面抗战路线，组织与动员千百万人民群众参军参战、支援前线，实现中国共产党的力量从根据地拓展与延伸至全国各地，"共产党员应实际上成为各地救亡运动与救亡组织之发起人、宣传者、组织者"。洛川会议（1937 年 8 月）客观分析与深入研究抗战开始后的新形势、新任务，认为现时"最中心的任务是：动员一切力量争取抗战的胜利。过去阶段中，由于国民党的不愿意和民众的动员不够，因而没有完成争取民主的任务，这必须在今后争取抗战胜利的过程中去完成"③。洛川会议正式制定党的全面抗战路线，科学处理民族矛盾与阶级矛盾的关系，将反对日寇入侵与推动社会进步相结合，将实行全面抗战与改善群众生活、争取人民民主相结合。毛泽东提出："党的任务就是把红军的活动和全国的工人、农民、学生、小资产阶级、民族资产阶级的一切活动汇合起来，成为一个统一的民族革命战线。"④党中央主要负责人张闻天于 1938 年 3 月在中央政治局会议上强调"要加强民运工作"⑤。全面抗战路线主张全体人民支持战争、参与战争、援助战争，而国

---

① 《毛泽东选集》第二卷，人民出版社 1991 年版，第 511 页。
② 《毛泽东选集》第二卷，人民出版社 1991 年版，第 366 页。
③ 《中共中央文件选集（1936—1938）》，中共中央党校出版社 1989 年版，第 321 页。
④ 《毛泽东选集》第一卷，人民出版社 1991 年版，第 151 页。
⑤ 中共湖北省委党史资料征集编研委员会、中共武汉市委党史资料征集编研委员会：《抗战初期中共中央长江局》，湖北人民出版社 1991 年版，第 20 页。

民党推行片面抗战路线,单纯依靠政府及军队抗击日寇,民众力量不能广泛动员与组织,群众生活不能显著提高与改善,民众民主不能实现。所以,团结各族各界群众,推行全民全面抗战路线,是指导抗战胜利的唯一正确路线,也是南方局的重要历史使命。

从重庆八年的实践看,南方局作为党中央的派出机构与联络机构,广泛团结与积极争取南方国统区以及部分沦陷区地方实力派、海外侨胞、民族工商界人士、民主党派以及各阶层、各民族人民,扩大抗日民族统一战线的群众基础;在南方国统区以及部分沦陷区险恶的社会环境下,团结进步文化人士,促进大西南、大后方进步文化运动;不断深化同驻渝外交使团与国际组织的友好交往与密切联系,扩大宣传中国共产党的政治主张、群众路线、抗战实绩,深刻揭露国民党顽固派的反共行径与独裁统治,积极争取海外舆论同情与国际友人支持,进一步扩大国际统一战线;深入推进南方国统区以及部分沦陷区党的群众路线实践,广泛开展大西南、大后方的群众运动,以适应复杂的政治斗争需要。

三、 高举民主伟大旗帜,推动国内和平民主进程

毛泽东说过:"中国真正的坚实的抗日民族统一战线的建立及其任务的完成,没有民主是不行的","争取政治上的民主自由,则为保证抗战胜利的中心一环",要求国民党对于国大,从"实行民主的选举和保证大会的自由开会做起,直到制定真正的民主宪法,召集真正的民主国会,选举真正的民主政府,执行真正的民主政策为止"。① 中共中央确定南方局在大后方的重要使命之一,就是以国民参政会为阵地,以宪政运动为契机,团结与引领各党派、各阶级、各阶层、各民族、各团体人民群众,深入开展民主运动,有力促进国统区政治局势向民主方向、民主道路发展,发动与团结各党派、各阶级、各阶层、各民族、各团体人民群众朝着中国共产党的民主思想与民主实践靠拢。针对国民

---

① 《毛泽东选集》第一卷,人民出版社 1991 年版,第 256—257 页。

党强化其一党专政以及对共产党和各民主党派活动的统制、镇压等严峻问题，南方局参与和引导中间势力发起宪政运动，与各民主党派、民主人士为争取民主权利，进行了不懈的斗争。周恩来于 1944 年 8 月 12 日在延安答新华社记者问时一针见血地指出：谈判的障碍在于国民党"始终固执其一党统治与拖延实行三民主义的方针，而不愿实行真正的民主"，所以，强烈要求国民党的统治人士"立即放弃一党独裁统治，立即放弃削弱与消灭异己的方针，立即实行民主政治"，①公开号召社会各界人士将民主宪政运动的矛头指向国民党当局。党中央在一份指示中明确提出：改组"国民政府"为"联合政府"的时机已经成熟，今后应把这一政治主张作为社会各界人士开展政治斗争的主要目标。遵循党中央的指示精神，中共代表、参政员林伯渠同中间势力、民主党派作了深入交流与多次商谈，于 1944 年 9 月 15 日在三届三次国民参政会上正式提出"希望国民党立即结束一党统治的局面，由国民政府召集各党各派、各抗日部队、各地方政府、各人民团体代表，开国事会议，组织各抗日党派联合政府"的政治主张。中国民主政团同盟以及其他抗日党派、无党派人士相继发表文电，纷纷举行集会，一致要求国民党停止"训政"，结束"党治"，实行民主政治，改组国民政府。重庆新闻界、工商界、青年界、妇女界也积极拥护中国共产党的政治主张，譬如，重庆青年于 1944 年 9 月 24 日举行国事座谈会，数千名学生于 1944 年 10 月 1 日举行追悼民主战士邹韬奋的大会，与会者在发言中对国民党独裁统治表示极大愤慨与强烈谴责，一致要求实行民主政治。这一民主潮流迅速由战时陪都重庆扩展与延伸至西安、成都、昆明、桂林以及整个国民党统治区，并由社会各界上层人物扩展与延伸至广大妇女、青年、大中学校师生和工商业者，由政治界扩展到文化界和经济界。从此，大西南、大后方各阶层、各民族、各团体人民高举民主伟大旗帜，以成立联合政府、推动国内和平民主进程为目标的民主宪政运动日趋高涨。南方局高举抗日与民主两面旗

---

① 《周恩来年谱（1898—1949）》下卷，中央文献出版社 2007 年版，第 593 页。

帜,代表了当时最广大人民群众的根本利益,发展与扩大抗日民主统一战线,团结和争取了广大的爱国党派与爱国人士,成为抗日战争中正确处理中日民族矛盾与国内阶级矛盾的一个典范。

第四节　特定的战斗团队

——以周恩来为代表的革命志士

南方局领导班子是一个较为稳定的领导集体,基本力量变动不大,在这一时期绝大多数时间里,其核心领导人是周恩来。中共中央书记处于1939年1月13日致电南方局,决定以周恩来(中央政治局委员、中央军委副主席、原中共中央长江局副书记、国民政府军委会政治部副部长)、博古(中央政治局委员、原中共中央长江局组织部部长、国民参政会参政员)、凯丰(中央政治局候补委员、原中共中央长江局宣传部部长)、董必武(中央委员、原中共中央长江局委员、国民参政会参政员)、叶剑英(八路军参谋长、原中共中央长江局委员)、吴克坚(新华日报社总编辑)为常委。1939年6月,周恩来回延安报告工作,1940年5月返回重庆,其间由博古代理南方局书记。博古、凯丰、叶剑英先后调离重庆、返回延安,由董必武主持南方局工作。由于南方局领导成员均已调离重庆,党中央决定成立"工作委员会",由王若飞担任书记,主持南方局范围内党的工作,其组成人员为:王若飞、童小鹏、刘少文、徐冰、潘梓年、钱之光、熊瑾玎。中共中央于1945年12月决定恢复南方局,由董必武担任书记,王若飞担任副书记,其委员有:董必武、王若飞、钱瑛、刘少文、钱之光、徐冰、华岗、熊瑾玎、潘梓年,其候补委员有:许涤新、王世英、王炳南、章汉夫、夏衍、童小鹏、张友渔。周恩来、董必武于1946年5月率领南方局全体工作人员迁往南京,改称南京局。1947年3月,南京局全体工作人员撤回延安。

一、　信念坚定、党性坚强的政治品格

以周恩来为代表的南方局共产党人,虽然与中央远隔万水千山,然而他们始终以大局为重,以铁一般的信念不畏艰险勇敢战斗,坚决贯彻执行党的政治路线与群众路线,对国民党当局所谓的"哄、吓、压、逼"更是毫不所动,坦然自若。南方局及所属各地共产党员对党无限忠诚、对革命理想孜孜以求,此点非常关键。在这既是"染缸"又是"虎口"的国民党统治中心重庆,要"出淤泥而不染""同流而不合污",没有信念坚定、党性坚强的政治品格是绝难做到的。周恩来一再勉励与鼓舞南方局共产党人:"黑暗只是暂时的,光明一定会到来!"①"我们一定要走完这最后而又最艰苦的一段路!"②在相当艰难复杂的政治环境下,南方局共产党人仍以顽强的意志坚持制订学习计划,学习马列主义与科学文化知识,人人都有学习的精神。"这里的生活是艰苦的,工作是紧张的,同志间的关系是团结融洽、亲密无间的,处处充满了革命乐观主义的精神。"③正因为有坚强的党性与坚定的信念,南方局及所属各地共产党员才能将为共产主义理想信念献身作为自己的最终奋斗目标。

"千磨万击还坚劲,任尔东西南北风。"皖南事变发生后,国民党顽固派不断制造反共事件与流血惨案,南方局及所属各地共产党员与革命志士仍丝毫不改对党与人民的绝对忠诚和对共产主义事业的坚定信念。"南方工委"副书记张文彬、中共鄂西特委书记何功伟先后被捕入狱,国民党对其软硬兼施、威逼利诱,但他们信念坚定、党性坚强,自始至终没有背叛党组织,没有转变政治立场,没有放弃对共产主义的执着追求,为个人全人格,为天地存正气。以周恩来为代表的南方局共产党人在同国民党合作与斗争中所表现出来的道德情操、言谈举止、行为风范、人格魅力,突出地反映了他们政治思想的崇高性与

---

① 简奕:《国共两党在重庆的三次重要谈判》,《红岩春秋》2015 年第 4 期。
② 曾敏之:《谈判生涯老了周恩来》,《重庆〈新生代〉周刊》1946 年 4 月刊。
③ 金冲及主编:《周恩来传》第二册,中央文献出版社 1998 年版,第 617 页。

政治信仰的坚定性,砥砺奋进,矢志不渝,正如周恩来1943年总结了自己多年革命经历后所说的:"经过大革命和白色恐怖的锻炼,坚定了我对革命的信心和决心。我做工作没有灰心过,在敌人公开压迫下没有胆怯过。"①

二、 相忍为国、团结多数的广阔胸襟

抗战进入相持阶段,为了维护与巩固以国共合作为基础的统一战线,最大限度扩大与夯实抗日民族统一战线的群众基础,以周恩来为代表的南方局及所属各地共产党员密切联系南方国统区以及部分沦陷区具体实际,践行党的群众路线,用"相忍为国、团结多数"的广阔胸襟,做团结与争取社会各界群众的工作。

针对国民党顽固派"积极反共、消极抗战"的客观情况,周恩来多次告诫蒋介石政府"在抗战建国过程中,团结则存,分裂则亡,合作则胜,独霸则败",并本着"相忍为国"②的态度,尽最大可能促使蒋介石集团永久性地留在抗日阵营中,以利于抗战大局、稳定大局、合作大局。周恩来一再指出:"惟站在民族利益之上的党见,非私见私利可比,故无事不可谈通,无问题不可解决。"③周恩来等南方局领导人一直主张,在抗日方面与国民党"开诚合作",并"帮助友党、友军进步"。在践行群众路线、开展群众工作的过程中,周恩来、董必武、王若飞等南方局领导人以无产阶级革命家相忍为国的广阔胸襟与光明磊落的政治立场,化敌为友,团结多数,严格区分国民党爱国民主派与死硬顽固派的界限。譬如,周恩来与国民党谈判代表张冲的历史恩怨与现实交往,留下了"安危谁与共,风雨忆同舟"的佳话。张冲曾率人搜捕上海的中共中央机关未遂,就以周恩来笔名"伍豪"的名义在《申报》《时报》《新闻报》上均刊登伪造了《伍豪等脱离共党启事》(1932年2月),大大损害了周恩来的名誉与声

---

① 金冲及主编:《周恩来传(1898—1949)》,人民出版社1996年版,第206页。

② 《周恩来选集》上卷,人民出版社1980年版,第200页。

③ 周恩来:《悼张淮南先生》,《新华日报》1941年11月19日。

望,这就是张冲等人一手炮制伪造的"伍豪事件"。进入抗战时期,张冲主张国共两党合作,周恩来与张冲成为谈判对手。为了抗战合作大局,周恩来对张冲"以诚相待",两人在交往中置往日公仇私恨于脑后,"由公谊增友谊,彼此之间辄能推诚相见,绝未以一时恶化,疏其关系,更未以勤于往还,丧及党格"。通过与周恩来的联系与交往,张冲从内心深处折服与敬重于周恩来的思想与人格,欣赏与钦佩周恩来的胆识与气度,才深刻认识与真正了解了中国共产党。在南方局共产党人相忍为国、团结多数广阔胸襟的吸引与感召下,当时一大批科技工作者会集与凝聚在南方局的周围,即便远赴他国、留学深造,也心系祖国,听从党的召唤,成为新中国科技队伍的中坚力量,被誉为"极有远见"的工作。

在风雨交加的斗争岁月里,我们党在南方国统区以及部分沦陷区的力量可谓"两手空空",极其薄弱。但以周恩来为代表的南方局及所属各地共产党员以国共合作、振兴中华为己任的精神风貌与相忍为国、团结多数的广阔胸襟,感染着、感动着、引领着南方国统区以及部分沦陷区各党派、各民族、各团体、各阶层人民群众,由此产生了巨大的凝聚力,体现了共产党人"有容乃大"的广阔胸襟,使大西南、大后方的中间势力、普通百姓、归国华侨、国际友人大都选择站在了党与人民一边,最终形成了爱国统一战线的铜墙铁壁。相忍为国、团结多数的广阔胸襟,是南方局共产党人践行群众路线的信心所在、力量所在。

三、 刚柔相济、坚韧不拔的斗争艺术

南方局作为中共中央在南方国统区以及部分沦陷区的秘密指挥中心,处于各种社会矛盾与政治斗争的焦点上,其复杂艰巨性与尖锐敏感性远远超出人们的想象。所以,周恩来将"要有坚韧的奋斗精神"[1]作为对南方局共产党

---

[1]　《周恩来选集》上卷,人民出版社1980年版,第128页。

人与革命志士在斗争实践中的基本要求。抗战时期的南方局共产党人镇定冷静、善于斗争。皖南事变发生后,蒋介石政府严密封锁消息,周恩来避免"硬碰硬",而是采取韧性的、迂回的、渐进的斗争方式,用一份可以通过国民党新闻检查官检查的《新华日报》的版面,连夜赶印有"千古奇冤,江南一叶。同室操戈,相煎何急?!"题词的报纸,突破封锁,广泛发行。这样一来,在国民党统治中心重庆、在罪魁祸首眼皮下,让皖南事变的真相大白于天下,很快唤醒了中间势力,扭转了被动局面,在极为险恶的环境中保存了自己的力量。在此期间,南方局共产党人镇定冷静、灵活应变、化险为夷,已尽显其政治智慧之娴熟。以周恩来为代表的南方局共产党人在凶险形势下时时事事处处以党与人民利益为重,敢于斗争、善于斗争,"随处可见其刚柔相济、锲而不舍的政治智慧的运用"①。

抗战时期的南方局共产党人愈斗愈勇,越战越强。在推动抗日民族统一战线发展壮大中,周恩来等南方局共产党人在极为险恶的环境中保存力量,创造性地开展党的群众工作,要求党员干部必须实行"三勤三化"(即勤学、勤业、勤交友,职业化、公开化、合法化),对南方国统区以及部分沦陷区地下党组织开展工作规定了"隐蔽精干、长期埋伏、积蓄力量、以待时机"的十六字方针。周恩来在重庆期间同国民党的谈判中坚持"三要三不要":第一,要争取时机,不要操之过急;第二,要坚持原则,不要死板教条;第三,要不失立场,不要争名位与形式。南方局共产党人刚柔相济、坚韧不拔的斗争艺术,使得蒋介石"溶共""限共""防共""反共"的阴谋在周恩来有理、有节、有利的谈判斗争中逐一破产。面对中统特务们的讨扣捕杀和不断制造反共事件与流血惨案,以周恩来为代表的南方局共产党人凭其非凡的胆略与超人的智慧,巧妙斗争,刚柔相济,坚韧不拔,化险为夷,获得了一个又一个胜利,使陈立夫及其中统特务们相当恼怒,却又一筹莫展。

---

① 中共重庆市委党史研究室编:《红岩精神研究》,中共党史出版社 2009 年版,第 139—140 页。

四、 临危不惧、善处逆境的革命豪情

"虎穴坚持神圣业",便是对南方局共产党人所处环境险恶性的真实写照。皖南事变震惊中外,来势汹汹,国内局势异常紧张。中共中央一度认为国民党"已在准备着与我党破裂"①。为了避免新四军悲剧重演,中共中央点名电令"恩来、剑英、必武、颖超及办事处、报馆重要干部于最短期离渝"②。为了坚守革命阵地,争取时局的好转,以周恩来为代表的南方局共产党人冒着随时也许被捕、坐牢甚至杀头的危险,主动要求留在重庆坚持战斗。南方局同志致电党中央,一再陈述与报告不能撤退的原因与理由。周恩来异常坚定地说:"我要坚持到最后"③,并让人"转告毛主席,我们坚决同国民党顽固派斗争到底!"④邓颖超不顾个人安危,完全赞同与支持周恩来的决定。南方局同志致电党中央:保证"无论在任何恶劣的情况之下,我们仍以不屈不挠的精神,坚守我们的岗位,为党的任务奋斗到最后一口气"⑤。结果,中共中央同意了南方局对时局的分析以及继续坚守的意见,"甚慰,望努力奋斗"⑥。周恩来等南方局领导人向大家分析了当前形势与对策,要求大家以最好的打算,做好最坏准备,并激励大家说:"有革命斗争经验的人都懂得怎样在光明和黑暗中奋斗。不但遇着光明不骄傲,主要是遇着黑暗不灰心丧气。只要大家坚持信念,不顾艰难向前奋斗,并且在黑暗中显示英勇卓绝的战斗精神,胜利是会到来的,黑暗是必然被击破的。"⑦南方局同志当时"都有一个共同的感觉,有恩来

---

① 中共重庆市委党史研究室编:《中共中央南方局大事记》,重庆出版社 2004 年版,第 141 页。
② 中共重庆市委党史研究室编:《中共中央南方局大事记》,重庆出版社 2004 年版,第 142 页。
③ 《周恩来年谱(1898—1949)》下卷,中央文献出版社 2007 年版,第 499 页。
④ 金冲及主编:《周恩来传》第二册,中央文献出版社 1998 年版,第 599 页。
⑤ 《毛泽东年谱(1893—1949)》中卷,中央文献出版社 1993 年版,第 263 页。
⑥ 《董必武年谱》,中央文献出版社 2007 年版,第 164 页。
⑦ 《周恩来年谱(1898—1949)》下卷,中央文献出版社 2007 年版,第 495 页。

同志在,我们毫无所惧"①。面对当时错综复杂的形势,吴玉章善处逆境,曾异常决绝地对大家交代:"有什么乱子,我去顶住,顶多是牺牲,牺牲也值得,我也应该负起这个责任。"②1947年2月,当国民党特务包围吴玉章的驻地时,他处变不惊,临危不惧地讲:"此处便是我好的死所!"面对险恶复杂的政治环境,南方局组织部部长孔原特地制定六条保密工作条例,对工作人员的外出行动、突然事件的应对措施、内部文件的保管使用等作了更加明确、更加具体、更加翔实的规定。在周恩来、董必武、吴玉章、邓颖超、孔原等南方局领导人的坚强领导下,战斗在国民党统治中心重庆的中共党员与革命志士临危不惧,对革命前途充满信心,以置之死地而后生的革命豪情坚守在第一线,以"热血似潮水般奔腾,心志似铁石般坚贞"的坚定信念追求真理,以"只要一息尚存,誓为真理而抗争"③的执着精神笑对屠刀。这真是一段令人铭心刻骨、惊心动魄的革命岁月!

---

① 童小鹏:《风雨四十年》第一部,中央文献出版社1997年版,第240页。
② 中共中央党史研究室科研管理部、中共重庆市委党史研究室:《见证红岩》(下),重庆出版社2004年版,第917页。
③ 何功伟:《狱中歌声》(1941年9月),见《红岩风范》,重庆出版社1996年版,第120页。

第二章　中共中央南方局践行群众路线的发展历程

　　中共中央南方局的群众路线实践,根据其成熟程度与实际运行,大致可划分为三个阶段:第一,奠基准备阶段(1938年9月—1939年1月),从南方局获批成立至南方局正式成立,以武汉、桂林为中心的抗日救亡群众运动掀起高潮,为后来南方局在南方国统区以及部分沦陷区的群众路线实践奠定了扎实基础;第二,全面推进阶段(1939年1月—1946年5月),从南方局在重庆正式成立至东迁南京,重庆时期的南方局继承长江局民众救亡运动即群众工作的传统,仍然努力于这项工作,扩大了抗日民族统一战线的群众基础,促进了中共自身力量在群众工作中发展壮大;第三,高潮收官阶段(1946年5月—1947年3月),从重庆局东迁南京至国共谈判破裂、南京局被迫撤回延安,邓颖超说过:"南京局就是南方局",其办事机构与组成人员均未重新调整,在原来抗战时期群众路线实践基础上进一步升华,掀起新热潮,推动形成了蒋管区反对国民党的"第二条战线",丰富发展了毛泽东思想及党的群众路线理论。1947年3月5日,刘少奇在宴会上说:"欢迎同志们胜利归来,在复杂的斗争中出色地完成了党交给的任务。"[1]

---

[1] 《周恩来年谱(1898—1949)》下卷,中央文献出版社2007年版,第742页。

第一节　奠基准备阶段(1938 年 9 月— 1939 年 1 月)

南方局的历史,与此前的长江局和之后的南京局,以及东迁后在重庆建立的中共四川省委,有一个前后相继的历史关系。为了发展长江流域及南方各省的抗日运动,统一领导南方各省党的工作,中共中央长江局于 1937 年 12 月 23 日在当时全国抗日运动中心武汉正式成立,加强同国民党高层的联系与谈判,同时领导南方各省区、东南分局、新四军党的工作。长江局设立青年工作委员会、职工运动委员会、妇女工作委员会、国际宣传委员会,负责组织领导群众工作,其中,董必武负责民运工作,邓颖超负责妇女工作。

长江局与南方局,如同一篇文章的上下篇,上篇是长江局,下篇是南方局。根据长江局的意见,中共中央政治局于 1938 年 9 月 22 日从抗战实际需要出发,决定撤销中共中央长江局,成立中共中央南方局,代表党中央负责领导南方国统区以及部分沦陷区党的工作。1938 年 10 月 15 日,张闻天在中共六届六中全会上正式宣布了该决定。至此,长江局工作正式结束,南方局工作启动运行。在长江局期间,王明是书记,周恩来是副书记,周恩来因扎实的工作作风和非凡的工作能力,赢得了长江局全体领导、绝大多数干部、各省负责人的认同和拥护,实际上形成了以周恩来为核心的领导集体。周恩来在长江局的群众工作中,发挥了至关重要的作用。武汉时期的中共中央长江局与中共代表团前后十个月,"做了大量开拓性工作,进一步打开了国民党统治区工作的局面"[①],各省在南边有组织的群众就达几十万,总共不下一百万,为后来南方局在以重庆为中心的大西南、大后方深入践行党的群众路线、广泛开展党的群众工作,积累了丰富经验,奠定了坚实基础。

---

① 　中共重庆市委党史研究室编:《中共中央南方局史》,中共党史出版社 2009 年版,第 6 页。

一、　积极发动工人群众参加抗日救亡

长江局工委酝酿发起组织全国工人抗敌总会。1938年年初,全国工人抗敌总会筹备会在武汉宣告成立,推举朱学范为筹备总会负责人。至4月中旬,各地申请入会的团体有30多个,其地域为浙江、陕西、广东、湖南、甘肃、湖北、四川、安徽、福建、上海、江苏、江西、山西及海外等,包括全国大部分地区各职业产业部门及特种工业工人。由于国民党政府的阻挠,全国工人抗敌总会最终未能正式成立,但以该筹备会名义向国民党当局申报召开的纪念五一群众大会,有武汉三镇八万工人参加。长江局工委注意把工人抗日救亡运动的重点放在深入基层上。一方面派人联络几条铁路线的工人抗敌组织;另一方面派人到上海、武汉、郑州、广州等几个大城市联系开展工人抗日救亡工作。在纪念"七七"抗战一周年时开展了武汉献金活动,还开展了纪念八一三、九一八和"战时节约宣传周"等活动,工人群众抗日救亡运动一浪接一浪地开展起来。

二、　精心组织青年学生参加救亡运动

长江局成立不久,就成立了青年运动委员会。长江局青委的主要工作是组织开展国民党统治区的青年运动,争取团结更多的青年。同时,动员抗日青年到延安、到中共领导的抗日根据地去工作。1938年3月,由长江局青委筹备在汉口召开了全国学联第二次代表大会。周恩来为大会特刊题词:"学习学习再学习,在学校里学习,到前线上学习,到军营中学习,到群众中学习,一切学习都为着争取抗战胜利。"《新华日报》专门发表社论指出:"通过这次大会,定下全国学生大团结的基础,使中国学生救国联合会成为策动全国学生参加救亡工作的一个强有力的组织。"这次大会在国内外都产生了很大的影响,推动了全国的青年运动。长江局青委还注意组织和依靠各青年救国团体开展工作,如武汉的青年救国团、总部搬迁到武汉的中华民族解放先锋队、陕甘宁

和陕西的西北青年救国会、广东的青年抗日先锋队等。同年5月,举行了五一、五四、五卅等纪念活动和"雪耻兵役宣传周"。轰轰烈烈的抗日救亡运动教育了千百万青年群众,造就了一整代人,许多青年成为以后人们尊称的"三八"式干部,正是从这里步入革命征途。当年由武汉去延安或八路军、新四军参加革命的青年就有数千人。

三、 团结依靠进步妇女推动救亡工作

1938年3月,长江局成立妇女工作委员会。妇委会紧紧依靠妇女运动中的进步人士,与宋美龄女士建立关系,大力支持与积极参加"新生活运动促进总会妇女指导委员会",深入推进有利于抗战大局的群众路线实践。支持与推动由曹梦君、史良、刘清扬、沈兹九等救国会方面的代表性人物与一些从事中上层妇女工作的秘密党员或进步骨干组织了核心妇女座谈会。长江局妇委会于1938年3月在汉口发起成立中国战时儿童保育会,宋美龄担任理事长,李德全担任副理事长,该会囊括了共产党、国民党、宗教界、救国会等社会各界的爱国妇女。1938年5月,长江局帮助改组与革新"新生活运动促进总会妇女指导委员会",使之成为国统区公开发动与合法组织爱国妇女参加抗日活动的群众组织。长江局妇委会还积极培训妇女干部,从1938年夏至1940年,长江局妇委会总共举办了五期战时妇女干部训练班,将近两千名妇女干部受训。开展慰劳抗日将士工作,全国妇女慰劳抗战自卫将士总会在大后方各省市都成立了9个分会,她们热情慰问将士,为抗战军人服务。设有荣军服务队,在前后方担任教育工作与识字工作。1938年在长江局关心下成立的战时服务团,由最初的20多人发展到70多人,中共党员占三分之一。

四、 开展乡村群众工作及发动游击战争

长江局贯彻了党中央关于部署农村游击战争的指示精神,部署开展乡村

群众工作,动员工人农民、青年学生、进步妇女到敌后或战区去,首先到武汉、豫南、鄂东一带去,建立抗日游击根据地,把农民群众用各种形式特别是游击队的形式组织起来。长江局及所属各地中共组织发动广大群众积极参军参战,支持与援助军队捍卫华南华中地区,在沦陷区广泛开展敌后游击战。1938年8月,青年救国团在武汉的2000名团员,已有近千人到鄂东、鄂南、鄂中,准备在山地开展游击战。中华民族解放先锋队队部派有经验的成员,到武汉四周准备发动游击战争,到前线去,到军队中去,到敌人后方去,参加自卫团,参加壮丁队的训练,巩固与增强前线战斗的力量。在中国共产党领导下的群众团体被国民党当局强令解散后,又有许多青年群众转入农村,回到了已沦为敌后的家乡,从事抗日游击战争的组织工作。总之,由于长江局及所属中共组织的群众路线实践,南方各省党组织迅速恢复建立,新四军改编与东进任务如期完成,以国共合作为基础的统一战线不断扩大,湖北武汉已然成为国统区抗日救亡群众运动的中心,并形成由中心向整个国统区城乡辐射的良好局面,极大地鼓舞了全国抗日救国的军心民气。长江局的群众路线实践,为开创国共合作、共同抗日新局面做出了突出贡献,更对后来国统区爱国民主运动的发展产生了深远影响。

第二节　全面推进阶段(1939 年 1 月— 1946 年 5 月)

南方局几番辗转,落定重庆,并于 1939 年 1 月正式成立,直至 1946 年 5 月东迁南京,前后七年零四个月,是南方局践行群众路线的全面推进阶段。在此期间,以周恩来为主要负责人的南方局深入发动与精心组织南方国统区以及部分沦陷区各阶层、各民族、各团体人民群众紧密团结起来,实行全民全面抗战路线,动员各界群众声讨汪精卫叛国,引领各界群众奋起反抗侵略者,发动各界人士以制止反共逆流,团结各界群众以推动宪政运动,号召各界群众以维护政协决议,从而使以国共合作为基础的统一战线具有更广泛的社会基础、更深厚的群众基础,同时也推动了中国民主政治进程,扩大了党的政治影响,培养了党的后备力量。

一、 南方局群众工作机构相继建立

为了加强对南方国统区以及部分沦陷区群众工作的领导,南方局先后建立了青年工作委员会、妇女运动委员会、经济组、职工组等群众工作机构,具体承担了大西南、大后方群众工作的组织领导任务。在周恩来与南方局的正确领导下,南方局群众工作机构在南方国统区以及部分沦陷区开辟了群众路线实践的新局面、升华了群众路线实践的新境界。

(一)南方局青年工作委员会的成立

1939 年 1 月,南方局正式建立。为切实加强对群众工作的组织领导,南方局于 1939 年春建立青年工作委员会,具体承担中共在南方国统区以及部分沦陷区青年群众工作的组织任务,书记由蒋南翔担任,委员有郑代巩、袁汝庸、何礼、杨述等;刘光于 1940 年 5 月从延安调至重庆,担任南方局青年工作委员会副书记。1940 年冬,南方局统一战线委员会之下设立青年组,其工作实际由青年工作委员会负责,青年工作委员会书记兼任青年组长。皖南事变后,蒋南翔调离重庆、返回延安,刘光成为青年组主要负责人,其组成人员均有变动与调整,在青年组工作过的还有朱汉民、何启君、朱语今、鲁明、张黎群、魏克、刘肃晏、黎智、李晨、周力行、曾德林、马希林,等等。南方局青年工作委员会领导的报刊有《战时青年》半月刊、《青年生活》月刊,后来《新华日报》开辟《青年生活》专页,由南方局青年工作委员会主编,每两周出刊一期。在南方局青年工作委员会的坚强领导下,南方局所属各地中共组织开辟了南方国统区以及部分沦陷区群众工作的新局面。

南方局领导下的各省委、特委、工委大都成立了青年工作委员会。譬如,李碧山担任"南方工委"青年部部长;中共川康特委的青委工作先后由韩石天、康乃尔、邓照明、张文澄负责;何礼、杨天华相继担任中共云南省工委青委书记,委员有李之楠、胡昌治、袁永熙、郭佩珊、劳辛;吴华、陈能兴相继担任中共广东省委青年部部长;于刚、李锐相继担任中共湖南省委青委书记;唐敬斋担任中共江西省委青年部部长;王玉慧担任中共贵州省委青委书记;罗其南、何彬相继担任中共湘鄂赣特委青年部部长;八路军桂林办事处由沈毅然负责青年工作。值得一提的是,南方局青年工作委员会在战时陪都重庆还直接联系与建立了一些基层党组织。截至1939年年底,重庆沙磁区建立了重庆大学、炼油厂、炼钢厂等16个中共党支部,合计五六十名中共党员。与南方局青年工作委员会联系的还有同济大学、东北大学、重庆女师、女师学院、武汉大学等。中共云南省工委青委直接联系了昆明一些学校的党组织,其中属西南联大最多、最强,有60余名中共党员。中共川康特委青委直接联系了成都的中央大学医学院、华西大学、金陵大学、金陵女子大学、齐鲁大学等学校的党组织,其中属四川大学的党组织规模最大、人数最多,有80多名中共党员。

(二)南方局妇女运动委员会的组建

按照党中央《关于开展妇女工作的决定》,南方局于1939年3月下旬设立妇女运动委员会,其中邓颖超为主要负责人,妇委委员有寄洪、范元甄、徐克立、廖似光、刘群先、卢竞如、陈奇雪等。张晓梅于1939年秋调至重庆后,协助邓颖超主持与开展妇女运动委员会工作,担任妇委委员。南方局统一战线工作委员会于1940年10月设立妇女组,邓颖超兼任组长,张晓梅兼任副组长。邓颖超于1943年6月离开重庆、返回延安,参加党的七大筹备工作与延安整风学习,张晓梅接替邓颖超,全权负责南方局妇女组工作。南方局所属各省委、特委大多设立了妇女运动委员会或由专人分工负责妇女工作,譬如,组织部部长钱瑛兼任中共湖北省委妇女部部长,李坚真担任中共江西省委妇女部部长,郑速燕担任中共云南省工委妇女工作委员会书记,等等。

　　南方局妇女运动委员会团结与争取南方国统区以及部分沦陷区妇女界上层人士，推动与促进建立中国妇女联谊会、中国战时儿童保育会、新运妇女指导委员会等进步妇女团体，还出版发行《新运妇女》月刊、《妇女新运通讯》半月刊、《中央日报》的《妇女新运》周刊，编有供各妇女团体与妇女服务队学习与参考的壁报资料。南方局妇女委员会广泛动员与积极组织各阶层、各民族、各团体妇女群众参加抗日救亡运动，逐步使妇女运动由上层女性、知识女性、知名女性扩大到工农劳动妇女群众中去，有力地推动了南方国统区以及部分沦陷区妇女运动的蓬勃发展。为配合与适应前方抗战需要，南方局妇委号召各阶层、各民族妇女参军参战、捐钱赠物，有钱出钱，有力出力，踊跃支援前线抗战。在募集寒衣上，南方局妇女运动委员会号召与组织难民妇女服务团、女青年会、重庆市慰劳会等广大妇女团体积极投入缝制毛手巾、棉背心、鞋袜、棉大衣、棉被褥等工作。在组织献金上，妇女界于 1939 年 2 月在抗战第一个献金周中创造了 65 万元的高纪录。在慰劳前线上，为响应南方局妇女运动委员会的号召，重庆慰劳分会、"妇指会"前线慰劳组、妇女慰劳总会前线慰劳队等几百个妇女团体，收集一切慰劳品、书报、信件，派遣歌咏戏剧队、代表团、慰劳队前往前线开展慰劳运动，足迹遍及武汉、浙江、广西、江苏、湖南、广东等地，仅 1939 年国统区妇女写给前方将士的慰问信就有 50 万封，其中南岸缝制厂女工在一封慰问信中写道："你们为了国家民族生存，与敌人拼命，你们是民族的骄傲，我们后方的同胞一定加紧救亡工作，和前方亲爱的战士们一同迈进。"

　　以邓颖超为主要负责人的南方局妇委高度重视发挥妇女特长，激发妇女们搞好后方生产，支援前线抗战。女工们在纺织印染工厂中人数较多，她们工资微薄，劳动条件恶劣。邓颖超勉励女工们以民族利益为重，积极生产，支援抗战。其中，豫丰纱厂的女工们在 1939 年年底就生产出 10000 件纱。在邓颖超的帮助与引导下，南方国统区以及部分沦陷区实业界妇女积极创办企业，努力生产，支援抗战，譬如，周宗琼女士相继创办"国防动力酒精厂""乐山沫溪河国防动力酒精厂""内江国防动力酒精第三厂"。周宗琼的酒精厂承担了后方邮车动力酒精的供应(1941年至1946年),还长期为新华日报社提供周转经费。更为重要的是,为做好对难童的抢救、保护以及教育工作,南方局妇委广泛发动南方国统区以及部分沦陷区社会各阶层、各民族、各团体妇女群众,组成宣传队深入农村、深入工厂、深入街头去宣传难童、抢救难童、收容难童。在抢运难童的实际行动中,徐镜平、曹孟君等人冒着枪林弹雨前往郑州、开封、徐州、台儿庄等战地前线抢救难童近千名。傅淑华、齐笑尘、李昆源、赵郁仙、段超人、杜君慧等一大批爱国进步人士与中共秘密党员被派往南方局所属各地保育院担任院长或从事保教工作,她们在大西南、大后方特殊环境下积极推行生活教育、社会教育,与难童共甘苦,培养难童学习兴趣,带领难童参加劳动,变保育院为温暖的家。抢救难童是南方局妇委践行群众路线的一项重要贡献。

(三)南方局经济组的建立及其运行

1940年上半年,南方局经济组建立,钱之光担任组长,洪沛然担任副组长,后由许涤新兼任组长。参加经济组工作的先后有刘方华、古念良、方卓芬、刘志诚等同志。南方局经济组的主要任务是:宣传根据地的财经政策,搜集国民党的经济情报,推动南方国统区以及部分沦陷区的群众运动,开展工商界的群众工作。通过接洽与联络工商界的中共党员与进步分子,南方局经济组在工商界建立"据点",践行党的群众路线,广交朋友。南方局经济组主要联系在金融界与国民党政府的经济机关、企业和民族工商企业团体中任职的中共党员与进步分子,通过他们搜集了大量经济资料。例如,杨修范在经济组领导下,利用交通银行职员身份,在机关中和金融界交了一批朋友,通过朋友搜集了中央、中国、交通、农民四大银行的一些资料;沈镛主要提供中国、中央、农民、交通四个银行,中央合作金库、中央信托局、中央邮政储金汇业总局的有关经济资料,沈镛还创办了美学出版社,出版进步作家的作品,借以结交朋友、培养骨干、壮大力量;蔡北华主要搜集提供重庆海关的情况;在资源委员会甘肃矿局的杨少任提供资源委员会所属工矿的相关资料及通过其在国民党政府财政部盐务局当职员的爱人李唯孝系统提供盐务局的情况;严希纯在工业合作协会担任工程师兼工务处主任,在文教界和工商界中活动,团结了一批技术人员,搜集国民党机关的情报资料。经济组还通过联系的一些党外朋友搜集资料,比较全面准确地掌握了国民党经济情况。经济组开展有关宣传工作,该组干部都承担了散发宣传品的任务,通过进步群众散发到社会上去,扩大中共的影响,团结人民群众。同时,结合当时的经济状况,南方局经济组组织撰写有关经济问题的社论专论,如实揭示农村经济的凋敝情形与民族工商业的危机局势,全面介绍解放区民主主义的经济政策,深刻揭露"四大家族"官僚资本的横征暴敛,通过真实反映解放区与国统区迥然不同的社会政治经济状况,给大西南、大后方人民以鲜明的对照。在南方局经济组的领导下,中国经济事业协进会成立并积极参加反内战、反官僚资本的政治斗争,抨击国民党的经济统治政策,团结与争取了工商界广大进步人士,在民主运动中发挥了重要作用。

(四)南方局职工组的设立及其运行

大西南、大后方各大中城市在抗战胜利结束后失业工人剧增,仅重庆就有5500余人,因此工人们纷纷罢工请愿,许多厂矿企业联合发表申明,要求安置失业者,救济饥寒交迫的工人。南方局根据工人运动高涨的形势,指示中共重庆市委成立工人运动领导小组,市委书记王璞担任组长,旨在支持工人合理要求,反饥饿、反内战、反独裁,将经济斗争与政治斗争相结合。南方局职工组于1946年1月正式建立,邓发担任组长,成员有杜延庆、江浩然。在职工组建立以前,其工人工作是由青年组、经济组、妇女组以及《新华日报》群众接待组分头做的,职工群众中的积极分子,也是由以上各组分别联系的。根据南方局的指示精神,南方局职工组建立以后,就将原由妇女组、青年组、经济组联系掌握的一百多名进步职工与骨干分子,陆续转给职工组联系。随后,新华日报社也将报社群众组所联系的进步群众中的骨干分子,部分地转给职工组联系掌握。

后来,职工组组长邓发因飞机失事不幸牺牲,党中央派刘宁一到达重庆,接替邓发职工组组长一职。再后来,南方局与中共代表团由重庆迁往南京,职工组组长刘宁一与成员江浩然随之东迁,成立南京局职工组。杜延庆留重庆,担任四川省委职工组组长,成员有郑子芳、何实嗣。在南方局的直接领导下,职工组从正式建立到完全转入地下,历时将近一年,同南方国统区广大职工群众与进步骨干分子保持了交往、发展了联系,深深扎根于职工群众之中,积极践行党的群众路线,广泛开展党的群众工作,为"第二条战线"的形成与新中国的建立进行了艰苦斗争,做出了卓越贡献。

二、 动员各界群众声讨汪精卫叛国

(一)揭露批判汪精卫集团投敌行径

汪精卫集团叛国投敌是武汉沦陷后最具轰动性的事件。在日本帝国主义诱降下,加之抗战相持阶段的困难局面使国民党内部亲日势力抬头,汪精卫(国民党副总裁、国民参政会议长、国防最高会议副主席)于 1938 年 11 月 20日在上海与日本军方代表秘密签订《日华协议记录》等卖国文件。汪精卫于1938 年 12 月 29 日公开叛国投敌,给国民党中央党部和蒋介石发出"艳电",赞同日本《近卫声明》。汪精卫不但自愿充当日寇走狗,还向重庆国民党当局建议"和平",劝蒋介石向日本投降。汪精卫集团叛国投敌在全中国乃至全世界掀起了轩然大波,任何一个有良知、有底线的中华儿女必定以满腔的民族义愤谴责与诅咒这个无耻汉奸。

为帮助党内外群众及时认清形势,中共中央书记处在《关于汪精卫出走后时局的指示》(1939 年 1 月 5 日)中提出:"我们的任务是拥护蒋介石国民党的进步活动,坚决打击卖国的汉奸汪精卫和一切投降反共活动。"①南方局及

---

① 南方局党史资料征集小组编:《南方局党史资料·群众工作》,重庆出版社 1990 年版,第3 页。

所属各级党组织挺身而出讨逆贼,有力反击投降势力分裂阴谋。在南方局领导下的进步记者范长江,把德国电台有关汪精卫集团叛国投敌的惊人消息,有意识地透露给湖南邵阳地方报纸《力报》的记者,由该记者带回消息在《力报》上公开发表。国民党还没在湖南邵阳这个偏僻县城实行新闻检查,消息见报后舆论一片哗然。在这种情况下,国民政府不得不重申《严惩民族叛逆令》,国民党被迫召开中执委常委会临时会议,决定永远开除汪精卫党籍,撤销汪精卫党内外一切职务。以周恩来为书记的南方局在汪精卫叛逃过程中、叛逃后,进行了坚决斗争与无情揭露。周恩来于1939年1月就汪精卫叛逃问题对路透社记者发表谈话指出,汪精卫的投降阴谋早在策划之中,然其叛逆行动不能破坏中国内部团结,亦不能损害中国抗战力量。同时,《新华日报》发表了《汪精卫叛国》的社论,揭露汪精卫散布"亡国论"的无耻谰言,驳斥汪精卫卖国求荣的叛逆实质。此后,《新华日报》又连续刊登了《拥护政府重申惩治汉奸条例的命令》等一系列重要社论及署名文章,明确强调:"前方将士和后方民众都应当一致表示对于这个决定和命令的拥护热忱和对于民族叛徒的仇恨和声讨","这种声讨民族叛徒的浪潮,将会形成我全国人民的一种广大的动员"。① 此外,南方局在《新华日报》尚处于停刊的情况下,1939年7月7日至12日出版发行了《"七七"抗战二周年纪念特刊》(共14版),全文发表了《八路军全体将士通电》《中国共产党中央委员会为纪念抗战两周年对时局宣言》以及南方局领导人周恩来、博古、凯丰、邓颖超、董必武、叶剑英等撰写的纪念文章,《新华日报》社论文章还强烈呼吁大后方军民掀起"讨汪"浪潮,实行更大规模的抗战动员,为南方局广泛动员与精心组织大西南、大后方广大群众开展声势浩大的"讨汪"运动奠定了思想基础与群众基础。

---

① 中共云南省委党史研究室编:《中共中央南方局的群众工作》,中共党史出版社2009年版,第36页。

（二）开展声势浩大的"讨汪"运动

在南方局及所属各地党组织的推动下，首先起来开展声势浩大的"讨汪"运动的是新闻媒体。香港的示威区中自发起来几乎捣毁了汪派机关报《南华日报》；新闻界撰写了大量批判汪精卫集团叛国投敌的文章与社论；海内外、党内外社会各界人士纷纷通电"讨汪"，反对妥协投降，拥护抗战国策；香港青年记者公会、湖南新闻界，在"记者节"举行的纪念集会上也发表了"讨汪"通电。在南方局的动员下，一些境外的新闻机构主动回国宣传"讨汪"，以实际行动扩大"讨汪"运动的声势。中共广东地方组织积极领导香港三报反汪罢工工友组织"回国服务团"，他们一行22人于1939年12月22日回国，一路步行经广东淡水、惠阳、和平，江西信丰，广东南雄到韶关。在河源时，该团团副、共产党员施克积劳成疾去世。他们每到一地都积极写标语、出壁报，给当地的报纸写稿，进行"讨汪"反汉奸的宣传。"回国服务团"行程数千里，历经广东、广西、贵州、四川四省区，于1940年3月下旬到达战时陪都重庆，八路军驻渝办事处工作人员、《新华日报》总馆全体职工为其举行了热烈的欢迎会。《新华日报》总编辑吴克坚高度评价了香港三报反汪罢工工友所进行的英勇斗争。香港三报反汪罢工工友的行动，极大鼓舞了沿途各地人民群众的"讨汪"热情，使南方国统区以及部分沦陷区的"讨汪"反汉奸宣传更加深入人心。

在南方局及所属各地党组织的引领下，工人群众的"讨汪"运动如汹涌的怒潮澎湃开来。飞机修理厂、粤汉铁路、湘桂铁路、东阳渡兵工厂等中共党支部组织锄奸队，到处贴标语、画漫画，揭露汪精卫集团的汉奸罪行，"对于隐藏抗战阵营中之附汪分子亦应严加检举"[1]，"肃清汪派托派和一切公开暗藏的挑拨离间国共关系，制造和扩大摩擦的阴谋诡计"[2]，鼓励广大群众与叛逆汉

---

[1]　南方局党史资料征集小组编：《南方局党史资料大事记》，重庆出版社1986年版，第54页。

[2]　南方局党史资料征集小组编：《南方局党史资料大事记》，重庆出版社1986年版，第66页。

奸作坚决斗争。中共广东组织在中山、台山等地发动"讨汪"的"千人签名运动",在香港发动汪派汉奸《南华日报》《天演日报》的工人于1939年8月13日举行反汪罢工。同年8月15日,《自由日报》部分工人也参加了反汪罢工,此次罢工得到全国人民的声援,一场全国性的以援助香港反汪工友罢工工潮与反对妥协投降为主要内容的工人运动,迅速在南方国统区以及部分沦陷区广泛开展起来。毛泽东、董必武、王明、邓颖超、博古、林伯渠、吴玉章于1939年9月12日致函,对为反对汪精卫为首的投降派而举行罢工的香港工人表示慰问,并捐款350元。① 10月12日,中共中央职工运动委员会在全边区发起募捐运动。《新华日报》在发表香港工人举行反汪罢工消息的同时,发表了《工人伟大》的短评,1939年10月16日,又发起"援助香港三报反汪罢工工友"的运动,呼吁全国同胞,从精神上、物质上援助三报工友的英勇斗争。重庆广大工人立即热烈响应,纷纷写信慰问并捐款援助。捐款的人有青年、作家、各地八路军办事处以及《新华日报》总馆的职工、侨胞、女佣、伤兵、小朋友、老年人、城市居民、乡下农民、穷苦孩子,甚至还有乞丐。截至1940年3月底,仅《新华日报》代收的捐款已近万元。援助香港三报反汪罢工工友的运动,前后持续了半年多时间。

在南方局及所属各地党组织的领导下,学界群众开展了声势浩大的"讨汪"运动。1939年9月1日,全国文化界百余团体,全国各大专院校的校长、院长联名通电"讨汪"。江西省各界在吉安举行了"讨汪"宣传大会及火炬游行,省属各县同时分别举行"讨汪"大会,贵阳各界从9月1日开始举行"讨汪"锄奸运动周,各民众团体纷纷集会,组织宣传队进行宣传,同年9月6日,又在民众教育馆举行"讨汪"锄奸大会,200多个单位共1万多人参加,会上群众激愤,当场通过议案:通电全国声讨汪逆。9月初,湖南各界再次召开"讨汪"锄奸运动宣传大会。广西省临时参议会,中国教育界在港人士、香港劳工

① 《毛泽东年谱(1893—1949)》中卷,中央文献出版社2002年版,第137页。

及文化界领袖、各校学生通电"讨汪"。1939年9月18日,在云南,中共通过"民众歌咏团"发动西南联大、云南大学、工厂、职工团体,联合文化界进步人士共4000余人,举行纪念九一八示威游行,游行队伍高举"坚持抗战,反对投降","坚持进步,反对倒退"等标语牌,并高呼口号。云南全省各地中共组织和"民先",也都发动了大中小学师生、进步青年群众和各界爱国人士,以开座谈会、群众集会、出街头壁报、组织宣传队演讲或文艺演出等方式,开展了声势浩大的声讨汪精卫卖国投敌的宣传活动。

在南方局及所属各地党组织的感召下,大西南、大后方妇女群众打击汪派汉奸运动得以深入开展。面对严峻的抗战形势,南方局妇委领导大西南、大后方广大妇女开展了以"反妥协、反投降、反倒退"为主题的"反汪签名运动"。邓颖超明确指出,国统区妇女工作任务是"动员妇女深入开展反汪、反汉奸、反投降的斗争,支持长期抗战,争取最后胜利"。在邓颖超的直接领导下,南方局妇委于1940年组织各妇女团体在求精中学举行"反汪座谈会"27次,十余个妇女团体,5300余人参加了"反汪签名运动"。据统计,截至1940年9月18日,重庆妇女界签名已达13023人。

在南方局及所属各地党组织的发动下,湖南、重庆等地掀起了打击汪派汉奸的群众运动。1939年5月,衡阳各机关团体代表2000余人举行了"讨汪"锄奸大会,会上公开宣布了各锄奸队查出的105名汉奸的名单,并发出了通缉令。中共衡阳县委开设的湘江书店和附属印刷厂工人编印了《汪精卫叛国真相》一书,出版9000册,在湖南全省推销散发,使"讨汪"浪潮迅速推向全省。"讨汪"浪潮掀起之后,重庆市民激于民族义愤,在都邮街头焚烧了汉奸汪精卫的画像。重庆沙磁区各阶层、各民族、各团体人民群众于1940年夏在磁渝公路起点路口处积资,塑成汪精卫、陈璧君夫妇二人铁链缠身、赤膊俯首、双手反缚的青石跪像,专供过路人诅咒与唾骂,以警示国人。湘桂铁路全体员工自筹资金,用石头塑制与雕成汪精卫、陈璧君夫妇二人跪像,设于湖南衡阳火车西站广场,专供过往旅客唾骂与谴责。在南方局及所属各地党组织的积极推动下,大西南、大后方"讨汪"运动形成了一个高潮。

三、 引领各界群众奋起反抗侵略者

毛泽东在抗战全面爆发前就强调:"组织千千万万的民众,调动浩浩荡荡的革命军,是今天的革命向反革命进攻的需要。"①抗战进入相持阶段,南方局群众路线实践的一个显著转变,就是由形式上的轰轰烈烈、声势浩大,转为从思想上组织上队伍上的深入扎实、卓有成效的动员与武装,深入城乡发动组织群众,加入全民抗战的洪流之中。

(一)深入宣传抗日救亡

在南方局及所属各地党组织的精心组织下,各地战工团深入基层、深入城镇、深入乡村,发动各学校、各村寨、各镇街成立壁报组、话剧队、歌咏队、演讲队等宣传组织,兴办政治夜校,开办文化夜校,广泛宣传与动员广大民众参加抗战、支援抗战。以广西为例,南宁区战工团出版《瓶山报》,陆川县战工团出版《动员日报》,兴业县战工团出版《抗敌周刊》,详细介绍各地抗日救亡运动情况,广泛宣传全国抗日战争形势。中共湖南耒阳县马水支部把共产党员与进步青年组织成抗日救国宣传队,到街镇、乡村演讲,出漫画专栏,还组织了"钟声话剧"。衡山师范学校组织成立了抗日歌咏队。衡山乡师迁到湖南新宁县后,成立了民众抗日救亡团体"怒吼剧团",他们的演出生动逼真,激发了全县各界群众的抗日救亡热情。广东防城县战时后方服务团创办了《青年生活周刊》和《十万大山报》,宣传抗日救亡形势。1940 年 11 月,湖南省新生活运动促进会妇女工作委员会新宁县分会成立,创办了《新宁妇女》,提出了"团结妇女力量,完成抗战任务"的口号。江西省妇女指导处在中共江西地方组织的有力支持与实际帮助下,出版了《江西妇女》月刊、《农村妇女》月刊。妇

---

① 《毛泽东选集》第二卷,人民出版社 1991 年版,第 155 页。

女宣传队是福建省抗敌救亡组织中的一支劲旅,她们把救亡的种子撒向城镇、乡村、工厂、学校。

(二)培训输送抗战骨干

在南方局的坚强领导下,大西南、大后方各地党组织着力培养抗日骨干力量,提高开展群众工作的理论水平与工作本领。广西地方建设干部学校于1939年1月成立,两年间共开办了4期,培训了乡村骨干、行政职员、小学教员共1400人,不少学员后来成长为中共开展群众运动的骨干力量,有人把广西地方建设干部学校誉为"南方抗大"①。广西陆川县战时工作团派人参与组建县抗日救亡战时教育工作团,300余人参加培训;广西北流县战工团相继举办3期青年训练班,150余人参加培训,各县战工团培养的人员,充实了战工团、游击队和其他救亡团体的骨干力量。1940年3月,广东防城县成立了战时后方服务团,队员100多人,主要骨干是中共党员。他们举办培训班,培训了100多名青年知识分子,组成几个分队,到各区乡开展抗日救亡工作。安徽省民众总动员委员会在六安麻埠举办了4期干部训练班,共产党员周新民、狄超白担任班主任,干训班的几百名青年都成为安徽抗日的骨干力量。1940年春,中共组织干部和进步青年转移到淮南、淮北与皖中新四军的人数就有3000多名。1939年3月,广东省新生活运动促进会妇女工作委员会成立,有100多名工作人员,其中中共党员34人,积极培训妇女干部,发展基层妇运,开办战时妇干班,培养从事抗日工作的妇女干部,委托省政府办的干部训练团办女干部培训班,共培训了五六百人,提高了妇女的综合素质,激发了妇女抗战救国的热情。江西省妇女指导处在各县共训练区以下基层妇女干部6800多人,经省妇女干部训练班培训的县级干部300余人,各县训练的接生员共650余人,妇女指导处共有7万余人,她们活跃在40多个县的救亡战线上,动

---

① 中共广西壮族自治区委员会党史研究室:《中国共产党广西历史》,中共党史出版社2004年版,第275页。

员了 50 多万各阶层妇女参加各种形式的抗日救国活动。

(三) 发动群众参军参战

中共中央青委于 1939 年 4 月发出《关于大后方纪念"五四"青年节工作给南方局、中原局、东南局的指示》,其中指出:联合青年团体召开五四纪念会,并积极参加校内外的各种活动,依据当地的可能,抗战团体、劳动群众团体组织各种劳动服务与社会服务等。广西玉林所属几县战工团均已组建抗日武装,广西陆川县成立抗日自卫大队,全县 49 个乡均已成立游击中队,拥有 3000 多名队员,中共党员与进步人士担任了大部分乡游击队中队队长或指导员。日军占领广州后,中共广西省工委加紧了青年学生的救亡工作,组建了第三届广西学生军,学生军共 4200 多人,编为 3 个团。学生军独立或配合正规军和游击队对日军作战共 130 多次,群众誉称学生军是"兵王"①。广西博白县战工团在官洞、历山一带组织农民抗日自卫队,深入敌后,发动群众,侦查敌人军情,打击日伪政权,惩治汉奸叛逆,配合地方政府破坏日军运输线。广西南宁区战工团在上思等地组织抗日自卫队;广西陆川县战工团还组建陆城、米冲、山口等 4 支妇女游击队,有队员 160 多人;广西北流县战工团还组建一支妇女游击队,有队员数十人。女游击队队员同男游击队队员一样,日日扛枪操练,苦练杀敌本领,还为出征军人代耕。《广西妇女》《救亡日报》等报刊当时称赞这些女游击队队员为"南国的巾帼英雄""妇女解放的先锋""现代的花木兰"。沿海城镇乡村妇女踊跃参加"献力运动",她们自备粮食参加国防工程建设,不少妇女还纷纷集体或举家回国参战。

(四) 组织群众战地服务

广西各地战工团在日军入侵桂南后,广泛发动群众揭发检举汉奸,精心组

---

① 中共广西壮族自治区委员会党史研究室:《中国共产党广西历史》,中共党史出版社 2004 年版,第 265 页。

织群众协助抗日部队救护战斗伤员、运送粮草弹药。广州沦陷后,大批日货进入广西内地,转运至四川、贵州、云南,其间汉奸日探扮作商人偷运物资,刺探情报。面对这种情况,广西各县战工团精心组织民众检查团,沿着公路布岗设卡,对过往物资严格检查。广西陆川县战工团一次就检查出日本棉纱万余锭以及煤油火柴一大批。广西南宁区战工团一分为三,到同正县、隆安县、扶南县前线开展战地工作,民团指挥部相当支持当地战工团的抗日工作,战工团几名干部担任督导员,前往所属各县检查监督战勤以及指导协助其他抗日救亡工作。1939 年 11 月,日军入侵桂南,桂南会战爆发。学生军深入战地现场,广泛动员人民群众为当地正规军运送弹药、输送物资、供应粮草,救助伤员病员,寻驻地,当向导,而且还协助政府缉拿走私,打击奸商,收容救济难民,组织战地农工商贸,等等。沦陷后的上海,在中共妇女党员的支持下,仅 1939 年举行的物品义卖会就为新四军募集了 10 万套军装和救济款 2000 多元。广东省新生活运动促进会妇工委会广泛发动社会各阶层、各民族、各团体妇女群众踊跃参加抗日救亡运动,深入战地、乡村开展抗日宣传,发动和组织妇女参加征集、募捐劳军等工作,曾三次派战时工作队深入战地、乡村开展救亡工作,1940 年元旦组织了五个慰劳团共 250 多人到战区灾区慰劳军队、民众自卫队和伤兵,动员了千余名妇女参加战时工作,募集了现金 23 万元和价值约 29 万元的物资。重庆妇女界于 1943 年发起献金购买飞机“妇女号”的捐献活动,截至同年 9 月募集合计 210 万元、13 架计献机,而且重庆妇女界于 1944 年 12 月又献金 600 万元。

四、 发动各界人士以制止反共逆流

抗战进入相持阶段,国民党当局在抗战问题上表现出极大动摇,反共投降倾向日趋滋长,恣意策划发动反共摩擦,严重破坏团结抗战局面,导致抗日民族统一战线呈现严重危机。国民党五届五中全会(1939 年 1 月)确定“反共”“溶共”“限共”“防共”方针,秘密颁布一系列反共文件。蒋介石集团紧接着在国民参政会一届三次会上提出《国民精神总动员纲领》，掀起"国民精神总动员运动"，该运动的实质是宣扬与传播"一个党、一个主义、一个领袖"，这是国民党顽固派发动反共高潮的理论根据。蒋介石于1940年3月在全国军以上参谋长会议上指责八路军"制造摩擦，破坏抗战""游而不击"，并公开表示要严正军纪军令，国民党有关战区部队的参谋长听后争相发言，中伤诋毁共产党与八路军。南方局领导人叶剑英在第三天会议上全面报告了八路军两年半来在华北战场以及冬季作战的卓越战绩，严正驳斥了蒋介石、何应钦等人对共产党、八路军的诽谤诋毁，并通过八路军缴获的国民党军队作战文件，揭发国民党当局勾结日伪军袭击共产党、八路军的事件真相。与会者听后纷纷起身致敬，包括蒋介石、何应钦等人也不得不缓缓起立。毛泽东充分肯定了叶剑英在参谋长会议上的斗争与发言，推荐给中央领导人传阅，称之为"叶剑英舌战群儒"①。南方局在蒋介石集团破坏团结抗战局面的非常时期，勇于承担起与国民党当局交涉、联络、谈判的重任，坚决地站在政治斗争的最前沿，始终坚持人民抗战的权利，在不牺牲人民根本利益的前提下，以斗争之手，求团结之果，发动社会各界人士以制止反共逆流，扩大抗日民族统一战线的群众基础。

（一）揭露皖南事变真相，争取国内外舆论支持

新四军军部及其九千多直属部队于1941年1月奉命北移，从安徽泾县云岭出发，准备绕道苏南，待机北渡长江，但行至泾县云岭时，突遭国民党第三十二集团军总司令上官云相指挥的8万余人的包围袭击。新四军被迫抵抗，殊死奋战七昼夜，终因寡不敌众，弹尽粮绝，致使6000多新四军壮烈牺牲或不幸被俘，副军长项英、副参谋长周子昆在突围中遇害，政治部主任袁国平英勇牺牲，军长叶挺与对方谈判被扣，只有2000新四军得以分散突围，这就是骇人听闻的皖南事变。同年1月17日，国民党军事委员会发布所谓"通令"及发言

① 南方局党史资料征集小组编：《南方局党史资料·军事工作》，重庆出版社1990年版，第276页。

人"谈话",污蔑新四军"抗命叛变",将军长叶挺"革职","交军法审判",撤销新四军番号。南方局领导人周恩来获悉后,当即向国民党谈判代表张冲提出质问与抗议,并打电话怒斥何应钦说:"你们的行为(动)使亲者痛,仇者快,你们做了日寇想做而做不到的事。你何应钦是中华民族的千古罪人!"①周恩来指示《新华日报》总编辑章汉夫,把被检扣的文章的版面暂且以其他文章或消息补上,以应付国民党新闻检查人员。周恩来随后奋笔疾书,写下"千古奇冤,江南一叶,同室操戈,相煎何急?!"②"为江南死国难者致哀"的题词与挽诗,派人迅速送往报社,指示将题词与挽诗的手迹制版刊登于被检与文章的空白处。《新华日报》报馆按照周恩来的指示,巧妙瞒过了国民党新闻检查人员,随后加紧赶印没有送检的报纸,报纸的发行量猛增至5000份,题词与挽诗就是对国民党顽固派反共分裂罪行的揭露与抗议。蒋介石见到报纸后,大发雷霆,把陈布雷与戴笠骂了一通,说周恩来的题词与挽诗比一篇社论更重要,让远在延安的毛泽东亦"欣慰之至""为之神往"③。驻重庆的外国记者见报后,纷纷将周恩来的题词与挽诗译成新闻稿发往世界各地,由此引起国际舆论与海外侨胞的普遍关注。南方局印发了由军事组起草、经叶剑英反复修改的《新四军皖南部队惨被围歼真相》传单(1941年1月19日),周恩来审阅时作了"恰到好处"④的评价,该传单以迅雷不及掩耳之势向市内外、海内外广泛散发,将皖南事变的前因后果、来龙去脉原原本本地公之于众,使其事件真相大白于天下,对蒋介石政府攻击新四军"称兵作乱,破坏抗战"⑤进行了有力的反击,扩大了共产党与新四军的政治影响,得到了大西南、大后方各党派、各阶

①　中共重庆市委党史研究室编:《中共中央南方局大事记》,重庆出版社2004年版,第170页。

②　《周恩来年谱(1898—1949)》下卷,中央文献出版社2007年版,第498页。

③　《周恩来年谱(1898—1949)》下卷,中央文献出版社2007年版,第502页。

④　范硕、丁家琪:《叶剑英传》,当代中国出版社1995年版,第307页。

⑤　蒋介石1941年1月7日在重庆中央纪念周的讲话,转引自[美]哈里森·福尔曼:《北行漫记》,陶岱译,解放军文艺出版社2002年版,第180页。

层、各民族群众及国际舆论的广泛同情与有力支持。

(二)借助苏美英力量,对国民党顽固派施加压力

全面抗战爆发后,首先给予中国援助的是苏联,德意日法西斯轴心国正式形成后,转而对国民政府予以财力与物资方面的援助,提供援助的还有英美。因此,借助对中国抗战进行援助的友邦国家政府向蒋介石施加政治压力,是皖南事变后对国民党当局进行政治进攻的一个重要方面。在周恩来的坚强领导下,南方局组织外事组成员紧急行动起来,通过各种渠道、不同方式将皖南事变的事件真相以及中共的政策主张,传送给苏美英等各国使(领)馆以及国际组织、新闻记者、国际友人,以争取广泛同情和有力支持,同时对国民党顽固派施加压力。周恩来与叶剑英于1941年1月14日同苏联驻华使馆武官崔可夫就皖南事变问题进行深入交流。崔可夫是奉斯大林之命,带着援助中国抗战的500辆吉斯-5型汽车、100架快速轰炸机、150架战斗机、近300门炮等大批物资来到中国的。崔可夫获悉后明确表示,倘若国民党集团继续内战,他有权暂停援华军火。同年2月初,苏联驻华大使传出了"斯大林不愿意听到国共两军冲突的事"①的信息,苏联外交人民委员以拒绝出席国民政府驻苏大使宴会的方式表达苏方对蒋介石集团的强烈不满。南方局按照周恩来的指示,与各国大使馆尤其是苏美英大使馆及新闻机构一直保持着良好的交往与联系,披露事变真相,阐明中共主张,使苏美英等国的民间团体也表达了对国民党顽固派的强烈不满,对中共给予了积极支持与深切同情。周恩来于1941年2月14日同美国总统罗斯福代表居里会面晤谈,周恩来向居里提供国民党当局发动反共摩擦、破坏团结抗战的证据材料,一针见血地指出,蒋介石集团若不改变反共政策,必然导致国共内耗,抗战熄火,日寇南进。居里与周恩来秘密会晤不久,便向蒋介石声明,美国政府在国共纠纷未解决前,无法大量援华。

---

① 《周恩来年谱(1898—1949)》下卷,中央文献出版社2007年版,第503页。

美国政府也向蒋介石政府施加压力,美国神学院、中国人民美国友人社、美国青年大会、美国月刊社、美国青年协会、美国外交协会的负责人等纷纷致电蒋介石,对皖南事变表示强烈谴责与万分忧虑。在南方局的积极推动与国内外舆论的强大压力下,国民党当局在政治上因此陷入空前孤立,不得不对其反共分裂行径有所收敛,蒋介石作出"以后绝无剿共的军事"的"保证"。①

(三)争取国民党内外开明之士,孤立反共顽固势力

国民党是一个组织成分十分复杂的政党,虽然规模庞大,但是内部矛盾重重。除国民党左派、民主派外,在国民党当权派内也有不同派别,既有反共的顽固派,也有一部分主张国共合作团结抗战的元老派、开明之士。以周恩来为代表的南方局共产党人在践行群众路线中,注重广交朋友,特别是结识群众中有影响力的人物,发挥以点带面作用。南方局要求所属各地中共组织将"交朋友"当作一项革命性工作来做。南方局共产党人广泛接触群众,深入了解各种人并善于与各种人找到某些共同点,加强联系,建立友谊。经济学家马寅初于1940年年底因批评与谴责官僚资本而身陷囹圄,失去生活来源。周恩来获悉后指示《新华日报》报馆对其开付高稿酬、高稿费,圆满解决了马寅初的生计问题。国民党元老于右任因弹劾权贵受阻、气愤离渝,周恩来特地委托于右任女婿、民革负责人屈武,转达对于右任的慰问,鼓励其坚持抗争,赞赏其正义行为。周恩来说:"于先生和邓演达先生不同,他这块元老招牌老蒋还是要利用的,绝不会加害于他。"他要屈武转告"于先生鼓起勇气,对老蒋该顶的还是要顶"②。叶剑英等南方局负责人凭借其特殊地位与历史关系,对国民党军队开展了多渠道、多层次的团结与争取工作。叶剑英经常去探望冯玉祥,并通

---

① 重庆市政协文史资料委员会、中共重庆市委党校编:《国民参政会纪实》(下),重庆出版社1985年版,第887页。

② 南方局党史资料征集小组编:《南方局党史资料·统一战线工作》,重庆出版社1990年版,第217页。

过冯玉祥身边工作人员王冶秋、赖亚力(两人均系中共地下党员),对原西北军将领开展了许多联络与争取工作,加强与深化了中国共产党同西北军将领的联系与交往;叶剑英还对李宗仁、白崇禧等桂系上层人物进行团结与争取;通过云南讲武学校同学以及滇军旧僚的关系,叶剑英争取与团结了龙云、张冲、卢汉等滇军进步将领。更为重要的是,当民主人士、进步人士遭遇各种困难或挫折之时,南方局都能及时伸出友谊之手,给予切实支持与多方帮助。当章伯钧身患痢疾而危在旦夕之际,当宋庆龄、何香凝、茅盾、柳亚子、邹韬奋困滞香港而一筹莫展之际,当陶行知为筹办育才学校而疲于奔命之际,当张中府参政员资格被取消而处境尴尬之际,当左舜生女儿身患急病而无所适从之际,正是在南方局及所属各地党组织的关心帮助下,他们才顺利渡过了难关,看到了新的希望。南方局争取国民党内外开明之士并对其以诚相待,赢得了大西南、大后方民主党派与进步人士的一致拥护与积极支持。南方局最终与第三党、中华职教社、青年党、民社党、救国会、乡村建设协会等进步党派建立了密切的党派关系,与黄炎培、陈铭枢、邹韬奋、陶行知、沈钧儒、章伯钧等进步人士增进了相互了解、结下了深厚友谊。南方局团结与影响了大西南、大后方中间势力与进步人士,升华了中国共产党在南方国统区以及部分沦陷区群众工作的崭新境界,在政治上最大限度地孤立了反共顽固势力。

五、 团结各界群众以推动宪政运动

民主宪政运动是国民参政会的产物。1938 年 7 月,在武汉举行了第一届国民参政会议,随后迁往重庆。为积极响应全国宪政运动的形势与要求,党中央组织成立了领导宪政运动的专门机构。党中央指示南方局在参政会中发挥作用,在宪政运动中推进民主政治,着力促进与提高各党派及民众一致抗战的政治觉悟,掀起宪政运动的高潮。一届四次参政会后,中共中央南方局适时借助新闻媒体向群众宣传宪政运动的实质与方向。1939 年 9 月 21 日,《新华日报》发表社论《建立宪政规模》指出:这次参政会,对于抗战建国有意义的,莫过于实行宪政之决议。同年 9 月 22 日,《新华日报》又发表社论《召集国民大会与实施宪政的先决条件》指出:国民大会"应当是真正的能够代表全国人民意志和要求的全国人民的代表大会","而实行宪政,就是要把全国人民的公意和共同要求,用立法的手续把它确定起来",实行"还政于民"的诺言。①在南方局的积极主张与大力倡导下,社会各界群众积极参与到了宪政运动之中。

在南方局的有力支持下,大西南、大后方各民主党派以及无党派人士掀起要求民主、反对独裁的政治运动高潮。在参政员中有一定社会影响的各民主党派与无党派人士,对于促进当局改良政治、真正实行宪政有着很高的积极性。1939 年 10 月,参政员王造时、褚辅成、江恒源、莫德惠、张澜、章伯钧、左舜生、沈钧儒、张申府等 13 人在重庆市银行公会邀请各界关心宪政人士,举行宪政问题座谈会,参会者百余人。南方局及《新华日报》的潘梓年、吴玉章、董必武应邀参加。会议一致议决组织一个民众团体,协助宪政的实施。这个座谈会共举行了 8 次,董必武等南方局领导人积极参加并从各个方面支持了这些活动。

在南方局的坚强领导下,大西南、大后方工商界的民主运动逐渐活跃起来。1943 年年初,重庆工商界举行会议,要求民主,随后日益频繁地举行活动、召开会议,向国民政府与全社会提出要求经济民主,生产自由。工商界逐渐成为大西南、大后方民主运动中一支引人注目的力量。1944 年年初,一些工商界有识之士从原来只要参加一般性的社会活动转而积极参加政治活动,多次举行和参与宪政座谈会,并发出要求民主政治,要求解放生产的一致呼声。迁川工厂联合会、中国西南实业协会等五个工业团体举行宪政座谈会,80 位工业界代表强烈要求政治民主,要求生产自由,要求人权保障。

在南方局的严密组织下,新闻舆论界对国民党顽固派展开"要求开放民

---

① 中共云南省委党史研究室编:《中共中央南方局的群众工作》,中共党史出版社 2009 年版,第 52 页。

主""废除一党专政"的舆论攻势。中国青年记者学会总会于 1939 年 10 月召开宪政问题座谈会,江恒源、褚辅成、沈钧儒、邹韬奋、李中襄、张申府及新闻记者 30 余人到会。南方局及《新华日报》的潘梓年、吴克坚、徐冰出席,座谈会由范长江主持,与会人员对实施宪政、抗战建国纲领之意义、宪政运动中新闻记者的任务等进行了热烈讨论。《新中国日报》《宪政》《华西日报》《民宪》《国讯》《民主周刊》《华西晚报》《现代妇女》《再生》《时代评论》等报刊尖锐地批评了"国民党一党专政"。值得一提的是,《华西日报》于 1944 年 5 月至 6 月连发 18 篇要求开放民主的社论,强烈呼吁"非民主不能增加外援,非民主不能准备进攻与反攻"①。

在南方局的有力推动下,大西南、大后方的文化学术界积极行动起来,强烈要求国民党取消一党专政。自 1944 年 5 月 4 日起,各学校中有进步倾向的壁报纷纷出现,讨论时事政治、活跃学术与思想的集会经常举行。成都的燕京大学、华西大学、金陵大学,重庆北碚的复旦大学以及乐山的武汉大学,都先后举行了一些宪政座谈会、民主宪政与言论自由讲演会,对国家大事发表意见,要求国民党改良政治,取消一党专政;同时,还为争取言论、著作、出版自由,为改善作家生活条件而坚持斗争。1944 年暑假期间,金陵大学等六所大学 20 多名进步分子举行座谈会,一致认为:现在群众对国民党反动派日益不满,要求斗争,当务之急是如何尽快地把群众组织起来;每一个进步分子都应回到学校,用各种形式去组织群众。

在南方局妇委会的正确引领下,妇女界的宪政运动也极为活跃。1939 年 11 月,难民服务团、重庆新生活运动妇女指导委员会、反侵略分会、妇女慰劳会渝分会、渝市妇女会等 27 个妇女团体代表百余人举行宪政座谈会。南方局妇委委员廖似光、张玉琴出席。座谈会由史良主持,张玉琴、刘清扬、曹孟君、廖似光等就妇女宪政问题在会上发言。《新华日报》随后发表《妇女宪政运

---

① 《中国当前的民主运动》,《华西日报》1944 年 5 月 22 日。

动》的社论,高度赞扬了重庆市妇女宪政座谈会。妇女界 300 余人在昆明发表对时局宣言,对国民党统治表示不满:"国事一党把持,人民不许过问。宪政一再拖延,民主仍未实现。政权不能公开,党派不能团结。"①造成中国这种局面的主要责任者是国民党当局。在南方局妇女组的推动下,大西南、大后方妇女界加强了联系与团结。1945 年 4 月 28 日,在成立了十几个小型进步妇女读书会、座谈会的基础上,在重庆成立了中国妇女联谊会的筹备会。同年 7 月 15 日,正式成立了中国妇女联谊会。该会的成立,对争取抗战胜利、反对国民党独裁、提高妇女政治觉悟、努力团结与发动妇女,推动大西南、大后方民主运动起到了积极作用。

1945 年 8 月抗战胜利结束至 1947 年 3 月撤离南京返回延安,是南方局践行群众路线的收官高潮阶段。在此期间,南方局以最深入持久的群众组织工作与最广泛的群众动员工作,团结社会各界群众支持重庆谈判,号召社会各界群众维护政协决议,发动社会各界群众促成"第二条战线",有力地推动了大西南、大后方民主运动的高涨,极大地加速了中国民主政治及解放战争胜利的进程,最终使国民党反动派陷入政治上的孤立。

六、 团结各界群众以支持重庆谈判

"在抗日战争前后,国共双方实际上也正是把谈判当成是一种斗争的重要手段的,它甚至远比那些真刀真枪的摩擦和冲突更加具有威胁性,更加惊心动魄。"②随着抗日战争胜利结束,中国内部阶级关系发生了根本性变化,中共在这个阶段的主要任务是贯彻执行党的七大制定的政治路线,放手发动广大人民群众,坚决捍卫人民群众胜利成果,在巩固现有阵地基础上不断扩大解放区与人民军队;与此同时,在不放松武装自卫的前提下,同蒋介石集团进行协

---

① 中共云南省委党史研究室编:《中共中央南方局的群众工作》,中共党史出版社 2009 年版,第 142 页。

② 杨奎松:《失去的机会》,广西师范大学出版社 1992 年版,第 3 页。

商与谈判,最大限度实现和平建国。毛泽东提出:"对于蒋介石发动内战的阴谋,我党所采取的方针是明确的和一贯的,这就是坚决反对内战,不赞成内战,要阻止内战。今后我们还要以极大的努力和耐心领导着人民来制止内战。"①根据中共中央的方针和指示,在周恩来的领导下,南方局也制定了相应的方针政策。1945 年 8 月 16 日,周恩来为中共中央起草的给南方局的指示中强调:"目前国际国内形势均极有利于我们反对蒋之内战,望坚持此方针,以便放手动员群众,巩固和发展我们已得的胜利"②,要求积极宣传反内战反独裁,揭穿蒋介石的欺骗阴谋。

在广大人民群众强烈要求和平、反对内战的形势下,蒋介石于 1945 年 8 月 14 日至 23 日连发三封电报,邀请毛泽东前往重庆进行谈判,"共定大计"。同年 8 月 28 日,由毛泽东、周恩来与王若飞组成的中共代表团到达重庆同国民党谈判,受到社会各界群众的欢迎。山城重庆异常轰动,重庆各报纷纷发表社论,表示欢迎与预祝谈判成功;重庆的工人、农民、妇女、青年学生纷纷投书《新华日报》,表达其深情厚望与由衷喜悦。柳亚子先生兴奋地写诗,称赞毛泽东赴渝是"弥天大勇诚堪格"③,许多民主人士也评价毛泽东此行是"一身系天下之安危"的壮举。《华西日报》称"毛泽东的到来,是民主中国的曙光"。重庆谈判是国共两党的一场尖锐的政治斗争,从 8 月 29 日开始,到 10 月 10 日结束。在此期间,南方局及所属各地党组织广泛发动群众,践行群众路线,推动重庆谈判向圆满成功方向发展。周恩来、王若飞等南方局负责人在毛泽东抵渝当日就举行茶话会,邀请与招待社会各界进步人士,并就中共中央《对目前时局的宣言》的基本内容与精神实质作了简要说明。重庆谈判陷入僵局后,周恩来分别接见了妇女、文化、产业、新闻等各团体、各党派、各阶层代表人士,说明谈判陷入僵局的原因。《新华日报》担负起了中共在南方国统区以及

---

① 《毛泽东选集》第四卷,人民出版社 1991 年版,第 1125 页。
② 《周恩来年谱(1898—1949)》下卷,中央文献出版社 2007 年版,第 629 页。
③ 柳亚子:《赠毛润之老友》,《新华日报》1945 年 9 月 2 日。

部分沦陷区的舆论宣传重任,配合着国共谈判进行正确引导群众。

　　南方局"喉舌"对毛泽东在重庆谈判作了客观报道和正确舆论导向。国民党新闻媒体生怕"替共产党制造声势",始终对重庆谈判作低调处理。国民党《中央日报》总编辑明确要求:有关重庆谈判的报道要用得少、登得小,不写专访稿,不发表社论,新闻发布全部采用中央通讯社的新闻稿,旨在缩小重庆谈判的影响。为把事情真相告诉群众,驳斥一些媒体不正确言论。当中共代表团刚刚抵达,重庆《新华日报》发出号外,不仅在头版用大字标题最早刊登了毛泽东赴渝谈判的特大消息,第一时间刊载了中共中央《对目前时局的宣言》以及"和平、民主、团结"三大口号,山城人民争相阅读,奔赴相告。在整个谈判期间,《新华日报》每天都大量报道毛泽东、周恩来、王若飞等人的活动,及时公布谈判真相,大量刊登社会各界、国际友人、归国华侨对国是的主张与看法,及时回复读者的来信,并对重庆谈判中的重要问题作出客观公正的评论,利用权威发布引领舆论。毛泽东曾对其秘书王炳南说,告诉报馆,不要对我报道太多,不要突出个人,有些活动不必见报,可登些人民来信。《新华日报》大量登载读者来信,宣传广大人民群众对毛泽东赴重庆谈判的拥护与欢迎。为了积极宣传中国共产党的政治主张,《新华日报》及时刊登了一些"意见领袖"的言论,譬如,张澜《给国共两党领袖的公开信》、柳亚子《解决国事问题的最后方案》《中国第三党领袖章伯钧对目前时局发表谈话》等。通过"意见领袖"的发言与声明来呼唤真正民主化,用理性来透彻分析当前局势。除此之外,《新华日报》刊登了很多有影响力的社会团体与民间组织的声明,譬如,《中华全国文艺界抗敌协会为时局告国人书》《中国青年党对目前时局发表主张》《中国妇女联谊会对时局宣言》《成都文化界对时局的呼吁》等。通过对社会团体与知名人士的观点与言论进行报道,更广泛地引导群众舆论。与此同时,《新华日报》还大量刊登读者向党中央与毛泽东致敬、询问重庆谈判进度以及提出谈判意见建议的信件,逐一解答他们所关心的政治问题以及注意纠正其偏激观点。《新华日报》成为中国共产党在大后方的喉舌与联系社会各界群众的纽带,使国民党在国内外宣传上都陷入被动。

经过南方局广泛的宣传动员工作,国内各党派团体与知名人士纷纷对时局发表声明与呼吁,支持中国共产党的主张,督促国民党在谈判中必须考虑人民的呼声。中国民主同盟于 1945 年 8 月 15 日发表《在抗战胜利声中的紧急呼吁》中提出"民主统一,和平建国"这样一个旗帜鲜明的响亮口号,并提出十条具体主张。中国妇女联谊会在《对时局宣言》中提出:立即废除一切战时限制人民自由的法令,实行民主措施,取消特务组织;取消一切战时赋税、兵役,减轻人民负担;保障妇女在政治上、经济上、社会上及文化教育上与男子一样平等。加拿大九团体、纽约侨领李国钦、纽约中国留学生以及张澜、章伯钧、柳亚子等爱国知名人士纷纷致信致电国共两党领导人,提出取消一党专政,实行民主联合,主张用民主方法制止内战危机。成都文化界叶圣陶等 200 余人发表《对时局的呼吁》,提出严惩汉奸、立即结束一党专政、承认各党派合法地位、释放一切爱国政治犯、保障人民基本权利等六项具体措施。

重庆谈判,使中国共产党在政治上赢得了极大的主动,收获了国民党统治区的人心。[1] 经过 43 天的艰苦谈判,中国共产党代表周恩来、王若飞与中国国民党代表张治中、王世杰、邵力子于 1945 年 10 月 10 日共同签署了《政府与中共代表会谈纪要》(史称"双十协定")。"双十协定"是重庆谈判的主要成果,也是国共合作的重要历史文件。这一协定奠定了和平建国基础,并"为全国人民争取了许多民主权利(当然还只是写在纸上的东西),取得了我党和国民党平等的地位"[2]。此外,重庆谈判的一个重要成果是宣传了中共和平、民主、团结的政治主张,赢得了党心军心民心,扩大了中国共产党在国统区乃至全国人民中的政治影响,推动了大西南、大后方爱国民主运动的深入发展。毛泽东说:"我这次在重庆,就深深地感到广大的人民热烈地支持我们,他们不

---

① 周勇:《论周恩来同志的谈判艺术》,《南方局党史研究》1988 年第 2 期。
② 《周恩来年谱(1898—1949)》下卷,中央文献出版社 2007 年版,第 638 页。

满意国民党政府,把希望寄托在我们方面。"①

七、 号召各界群众以维护政协决议

(一)动员社会各界,促进政治协商会议成功

尽早召开各党派、各阶级、各团体代表参加的政治协商会议,共同研究与制定和平、民主、团结的建国纲领,是抗战胜利后中国社会各民族各阶层的强烈要求与共同愿望。中共中央南方局为促成政治协商会议的召开作出了突出贡献。中共代表团于 1945 年 12 月 18 日在渝举行中外记者招待会,周恩来强调,在政治协商会议中,停止内战是第一件事,第二件事是讨论出一个和平建国方案。同年 12 月 28 日,邓颖超在中国妇女联谊会上发表了关于召开政协会议的基本过程及会议性质的讲演,并介绍了延安及解放区妇女学习、工作及生活情况。周恩来、叶剑英、邓颖超纷纷出席各种茶话会、记者招待会,向社会各界人士表明中国共产党的政治主张。为了推动政协会议的成功,南方局领导人周恩来、董必武、王若飞、邓颖超、吴玉章等人代表中国共产党直接参与政协会议,就许多重大原则问题与国民党展开针锋相对的斗争。除此之外,南方局还发动社会各界人士与广大人民群众,推动政协会议成功召开。邓颖超于 1945 年 12 月 23 日在中国经济事业协进会茶会上指出:"政治协商会议会遇到困难,但只要全国人民能一致为民主奋斗,积极主张,发挥人民力量,督促政治协商会议,为真理奋斗,是可以成功的。"1945 年 1 月 9 日,陆定一、吴玉章出席了重庆文化艺术界、出版界七团体举行的茶会。吴玉章指出:政协会议只许成功,不许失败,要靠全国人民努力,靠文化界的努力,大家负起这个责任来。为促成政协会议成功,1946 年 1 月 25 日,根据南方局的指示,中共外围组织"新青社"组织领导驻重庆大学、中央工校、重庆市中央大学、中央大学附

---

① 《毛泽东选集》第四卷,人民出版社 1991 年版,第 1158 页。

中、育才学校、国立艺专、国立商业职业学校、重庆中学、蜀都中学、四川教育学院等院校 1 万余名师生,举行大规模游行示威活动,向政治协商会议提出七项国是主张:国家利益高于一切,放弃党派私争;政治民主化,军队国家化;政治协商会议没有成功以前,不许闭幕,等等。周恩来、莫德惠、孙科、陈启天、邵力子接见了游行师生。周恩来表示完全同意学生们提出的要求,他说,政协会议"开头就做了一件很大的事,就是停战;不过要使内战完全停止,还要靠大家来努力监督,使内战永绝"①。南方局及所属各地党组织积极发动群众推动政协会议的成功召开。昆明教育文化界、华中文化界、香港 12 报刊分别致函政治协商会议,要求政府实践四项诺言,停止军事冲突,改组政府。昆明文协、中苏友协、昆明学联及十多个进步团体成立了"政协会议昆明各界协进会"。

经过南方局与各民主党派的团结协作与共同努力,1946 年 1 月 10 日,政治协商会议在重庆开幕,1 月 31 日胜利闭幕,历时 22 天。参加会议的各方代表共同签署了五项协议,即《关于军事问题的协议》《关于政府组织问题的协议》《和平建国纲领》《关于国民大会的协议》《关于宪章问题的协议》,统称为"政协决议",迫使蒋介石集团承认各党派的平等合法地位,确定了民主政治改革的总原则与总方向。"政协决议"的签订,标志着国民党事实上承认了"联合政府"的主张,符合全国人民要求与和平民主愿望,代表了当时广大民众的利益,让社会各界群众看到了和平民主的曙光。

(二)发动各界群众,维护政协决议胜利果实

政治协商会议闭幕前后,一些顽固分子在国民党中央常委会上污蔑攻击"政协决议",宣称"政协决定不利于国民党","系国民党的失败",扬言国民党"几十年奋斗现在完事",甚至有人提议,让监察院弹劾国民党出席政治协

---

① 《周恩来年谱(1898—1949)》下卷,中央文献出版社 2007 年版,第 655 页。

商会议的代表们。蒋介石也公开表示："我对宪草也不满意,但事已至此,无法推翻原案,只有姑且通过,将来再说。"①

为庆祝政治协商会议胜利召开,广泛动员国统区人民群众敦促国民党当局履行"政协决议",重庆各界协进会、民主建国会、中国劳动协会等23个团体商定于1946年2月10日在重庆较场口举行庆祝政协会议成功大会,推选李德全为大会总主席,李公朴为大会总指挥,由郭沫若、马寅初、李公朴等二十多人组成大会主席团,准备邀请周恩来、董必武、李烛尘、邵力子、孙科、沈钧儒等政协代表出席讲话。2月10日上午,重庆各界群众及社会团体代表万余人到达较场口会场,准备开会。然而,早已密谋策划好破坏行动的国民党特务在会场大肆捣乱,他们夺取扩音器,抢占前排座位,并大打出手,马寅初、李公朴、郭沫若、施复亮等被国民党特务殴打致伤,他们以暴力手段破坏了陪都各界庆祝政治协商会议成功大会,制造了震惊中外的"较场口血案"。这是国民党重庆市党部直接策划公开反对"政协决议"的反动行径,充分暴露了国民党反动派破坏"政协决议"的险恶用心,引起社会各阶层、各民族、各团体人民群体的强烈反对。而且,国民党六届二中全会于1946年3月1日召开,会议通过的宣言及13项决议案,推翻了"政协决议",重弹"军队国家化乃和平建国之先决条件"的老调。同年3月20日,国民党召开第四届国民参政会,中共代表团决定不参加这届参政会,以抗议国民党破坏"政协决议"的反动行径。第四届国民参政会在中共参政员未到会的情况下,通过了攻击"政协决议"和反对中国共产党的许多议案,蒋介石在会议上做政治报告,公开撕毁"政协决议"与"东北停战协议"。

在南方局的领导与支持下,各界爱国民主人士通过进步报刊发表文章,举行中外记者招待会,揭露国民党反动势力制造流血事件的罪行。"较场口血案"发生的当天下午,《新华日报》《民主报》《商务日报》冒着被查禁的风险,

---

① 梁漱溟:《我参加国共和谈的经过》,《中华民国史资料丛稿》增刊第6辑,中华书局1980年版,第63页。

对"较场口血案"做了真实报道。重庆新闻界从业人员 221 人,联名发表《保障人权、忠实报道》的意见书,文化界人士田汉、周扬、巴金等 152 人联名发表《为"二一〇"血案告国人书》。南方局所属各地中共组织领导当地群众,积极声援重庆群众的斗争。1945 年 2 月 16 日,成都各界举行集会游行,抗议国民党特务在重庆制造"较场口事件",要求国民党政府履行政协决议,严惩凶手,追究主使者,并致电慰问受伤的施复亮、郭沫若、李公朴等人。1946 年 3 月 18 日,周恩来在中共代表团办事处举行中外记者招待会,指出"政协决议"是民主契约,绝不容动摇或修改,希望全国人民、盟邦朋友、各党派一致起来,监督"政协决议"全部实现。《新华日报》随即发表社论《出尔反尔——评国民党二中全会》,强烈申斥蒋介石集团的罪恶行径。4 月 28 日,周恩来出席重庆文化界人士集会,报告东北问题谈判的经过及中共一贯坚持的政治主张。当天,参加陪都各界庆祝政协成功大会的重庆二十余个团体,联合组织成立了民主运动联盟,推举民主建国会、东北政治建设协会、中国民主宪政促进会等九团体为理事,并决定发表宣言,呼吁东北停战。

(三)领导广大群众,开展反内战求生存斗争

南方局职工组于 1946 年 1 月成立,统一管理原来由南方局青年组、经济组、妇女组以及《新华日报》群众接待组分头联系的进步职工与骨干分子,统一领导工运工作。针对东北问题与"政协决议"执行问题,1946 年 3 月 12 日,南方局分别致电各省中共组织,指出:东北问题尽量鼓动各界发表主张,提出东北问题要用协商方式解决,实行民主;政治协商会议之决议案为最低民主表现,如有破坏决议或延误不实行都是摧残民主,应一致反对;努力促进工人罢工,以达反对官僚资本,反对物价高涨、改善工人生活待遇的目的。1946 年 3 月,上海妇女界在中共地下党组织的领导下,组织了两万多名妇女参加的"纪念三八节"大会,大会由许广平主持,发表了宣言与通电,要求实行停战协定、"政协决议"以及蒋介石的"四项诺言",要求妇女享有与男子同等参政、就业、

升学以及同工同酬的权利,会后还举行了声势浩大的游行示威。《新华日报》发表"纪念三八节"社论,号召中国妇女在抗战团结的基础上更加广泛团结起来,为建设和平民主、团结统一的新中国而努力。香港妇女界雷英、陈新等181人联名上书蒋介石与政治协商会议代表,请求彻底实现"政协决议"。根据南方局的指示精神,各省市中共组织领导群众积极开展争取生存权利、改善生活待遇的经济斗争,并在此基础上开展争取和平民主、反对内战独裁的政治斗争。据国民政府统计,1945年10月至1946年年底,仅重庆就发生"工潮"432起,参加工人近10万人,其中规模在千人以上者18次,5000人以上者3次。1946年1月,在中共上海地下组织领导下,上海法商电灯电车自来水公司的职工决定采取"大请客"的斗争方式,即车辆照样行驶,但不向乘客售票,迫使资方停止运营,最后做出让步,答应工人增发年奖的要求。

第三节　高潮收官阶段(1946年5月— 1947年3月)

南方局于1946年5月从重庆迁至南京,改称中共中央南京局(简称"南京局"),"南京局就是南方局"①,有一个前后相继的历史联系,其办事机构与组成人员均未重新调整。在美帝国主义的支持与策动下,蒋介石反动政府于1946年6月撕毁了停战协定,向各个解放区发起全面进攻。为配合其蓄意发动的内战,国民党当局强化了法西斯统治,加紧了对民主力量的迫害及镇压,相继逮捕了1.3万余名反对派人士,封闭了100多个社会团体。南京局因势利导地领导各界群众开展了针锋相对的斗争,引领社会各界反对政治暗杀,发动上海民众抵制美货斗争,组织各界群众抗议美军暴行,领导国统区群众开展三反斗争,促成了反对蒋介石反动的"第二条战线",有力地配合了人民解放

① 魏峡:《关于南方局几个问题的辨析》,《中共党史研究》1990年第5期。

军正面战场的斗争,对于"打倒蒋介石,解放全中国"发挥了重要推动作用。

一、 引领社会各界,反对政治暗杀

为了维护专制统治,蒋介石不顾全国人民的激烈反对,一意孤行,在其统治区内加强特务活动,加紧迫害与镇压爱国民主力量。1946年7月中旬,国民党特务先后在昆明暗杀了手无寸铁的著名民主人士、西南联大教授李公朴与闻一多,制造了震惊中外的"李闻惨案"。此罪恶行径在国内外引起强烈反响,遭到全国人民的谴责,更引起了南京局的严重关注。

周恩来、董必武及时以中共驻政协代表团的名义从南京发唁电到昆明:"公朴先生之牺牲,必将激起全国人民反法西斯暴行及争取和平民主运动的高潮,蔽代表团誓为后援。"1946年7月13日,中共云南组织领导昆明学联对李公朴被刺事件发表告全国同胞书,揭露国民党反动派卑鄙无耻的暗杀罪行。闻一多惨遭枪杀后,周恩来于1946年7月17日在南京召开的记者招待会上公开发表《反对扩大内战与政治暗杀的严正声明》,明确强调:"昆明两次政治暗杀,足以根本动摇全国各民主党派与国民党当局团结合作的大局。""这完全赤裸裸地暴露了国民党特务残暴的法西斯本质,采用了最卑劣的手段来镇压和平民主运动及其代表人物。"①周恩来又电唁闻一多夫人:"中国人民将踏着李公朴、闻一多诸烈士的血迹前进,消灭法西斯统治,实现中国之独立、和平和民主。"中共代表团向国民党政府提交抗议书,指出"如此野蛮、卑鄙手段,虽德意日法西斯国家政府犹不敢肆意为之"。为了统一各校学联的领导,中共云南省工委建立了昆明学生联合会党组,昆明学联利用其主办的《学生报》出版了悼念闻一多教授遇害的特刊,该报根据云南省大学生何丽芳的记录稿整理发表了闻一多的《最后一次演讲记录》,同学们自己拿到街头去叫卖,昆明市民争先恐后地抢购。昆明学联代表全市3万余名学生发出"告全国同胞

---

① 《周恩来选集》上卷,人民出版社1980年版,第237页。

书",严正提出严惩凶手及其幕后指使人等六项要求,并引发传单、张贴街头壁报,揭露国民党反动派的罪行,开展了声讨国米的斗争。在中共四川省委的发动组织下,重庆社会各界 6000 余人于 1946 年 7 月 28 日在青年馆举行追悼李公朴、闻一多大会,各界送去函电、挽联、花圈达 1200 余件。中共代表团驻渝联络代表与中共四川省委书记吴玉章出现并在会上致辞,吴玉章指出:全中国人民共同的要求是独立、和平、民主,而这要求决不会因屠杀之恐怖而停止。同年 10 月 4 日,上海各界 5000 余人举行李公朴、闻一多追悼大会,南京局群众工作委员会负责人邓颖超代表周恩来宣读了悼词:"我谨以最虔诚的信念,向殉道者默誓:心不死,志不绝,和平可期,民主有望,杀人者终必覆灭。"①

在全国一致声讨与国际舆论的压力下,国民党政府同意民盟派梁漱溟与周新民两人前往昆明调查被害情况。蒋介石最终处死了两名假凶犯,把国民党云南警备总司令霍揆彰撤职调离云南,由何绍周继任。"李闻惨案"进一步败露与显示出蒋介石集团的法西斯面目,他们不仅企图消灭中国共产党和解放区及其人民,同时也企图消灭一切民主人士,从而打破了一些企图走中间道路人的幻想,使国统区各阶层、各团体、各团体人民群众进一步认清了国民党当局的反动本质,"使一切中庸的、妥协的、有偏见的人都改正过来;使一切糊涂的、睡梦中的人都清醒过来;使一切还没有站起来的都站起来"②,更加把希望寄托于中国共产党。

二、 发动上海民众,抵制美货斗争

"中美商约"签订的结果,使美货充斥中国市场,压制民族工业的发展,逼使工厂商店纷纷倒闭,仅从 1946 年 8 月到 12 月,全国即有 200 多家工厂倒闭,民族工商业濒于危境,失业工人增至 30 万人,群众生活日趋困苦,百货职

---

① 《周恩来选集》上卷,人民出版社 1980 年版,第 239 页。
② 中共云南省委党史研究室编:《中共中央南方局的群众工作》,中共党史出版社 2009 年版,第 219 页。

工纷纷要求抵制美货。1947年2月初,中共上海组织指示上海百货业工会:广大职工群众有这样的爱用国货的迫切要求,工会就要领导群众有组织地开展"爱用国货、抵制美货运动"来配合解放战争。2月9日,百货业工会在劝工大楼工会会所举行爱用国货大会。会议正要开始,预先潜伏的200多名特务手持伪造请柬,蜂拥冲入会场,大打出手。他们在上海最热闹的地点——抛球场,在光天化日之下,足足打了40分钟。14名职工被打成重伤,其中受伤最重的梁仁达于当日下午在医院不治身亡,轻伤职工数十人。在场的国民党警察对此暴行置之不问,反而将身受重伤的职工拘往黄埔分局,百货业工会理事长陈施君也被拘押。当天警察局早已命令全市医院,凡是外科受伤者都是"政治犯",均不得医治,因此去医院治伤的职工也被警察局派警察抓走。

"二九"事件发生后,百货业工会在南京局的领导下设立了秘密指挥部,领导与发动职工群众展开反对国民党的镇压职工爱国自由的暴行运动。"爱用国货抵制美货运动委员会"登报发表声明,揭露事件真相,要求反动政府严惩凶手,抚恤死者家属及支付治丧费用,赔偿一切损失。接着成立了"梁仁达烈士治丧委员会",各单位分别召开群众大会,揭露国民党反动派制造"二九"事件的真相,引发了群众的愤怒,要求为烈士报仇的呼声迅速高涨起来。上海工人、学生以及各阶层、各团体人民群众都积极行动起来,支援百货工人的正义斗争,南京局及时引导,很快成立了"二九"事件后援会并发表宣言,要求严惩血案的指使人与共犯;解散一切特务组织;扩大爱用国货抵制美货的人民运动;等等。全上海职员、学生界也纷纷成立"二九惨案后援会",掀起了巨大的同情浪潮,支持"二九"爱用国货斗争。每天《大公报》《文汇报》《联合晚报》上读者的慰问信与捐款与日俱增,各项捐款总数达9000余万元,可买米700余石。这一巨大的同情力量,鼓舞了直接在斗争中的百货业职工,给国民党反动派以巨大压力,进一步戳穿了国民党假民主、伪宪法的真实面目,激励更多的人起来与国民党反动派展开斗争。南京局及所属各地中共组织及时领导了这场斗争,这为后来举行的"反饥饿、反内战、反迫害"运动打下了深厚的群众基础。

三、 组织各界群众,抗议美军暴行

国民党当局之所以敢于一意孤行,挑起内战,很大程度上是因为国民党当局同美国政府签订了一系列协定与条约,大肆出卖中国主权,以换取美国政府作后盾,而驻华美军更是横行无忌、恣意妄为。从 1945 年 8 月到 1946 年 7 月美军军车肇事之事件即达 1500 起;美军奸淫中国妇女 300 余人。[①] 1946 年 12 月 24 日晚平安夜,美国海军陆战队伍长皮尔逊等 2 人在北平东单操场强奸了北京大学选修班女生沈崇,引发了全国各地 50 万名学生相继参加抗议美军暴行活动,获得社会舆论的广泛支持。反对美国扶持国民党独裁政权的对华政策,就成为南京局领导各界社会群众开辟"第二条战线"的一项重要斗争。南京局主办的《新华日报》用两个整版的增刊发表了《一年来美国干涉中国内政纪要》,系统揭露了美国借"调停"国共矛盾之名,帮助国民党打内战的罪行。北平《新民报》等几家报纸于 1946 年 12 月 28 日冲破蒋介石集团的新闻封锁,公开报道了"沈崇事件"。北京大学民主墙上当日就贴满了表示要"誓雪耻辱"的壁报。次日,北京大学召开系级代表与各社团代表大会,1000 余名参会者以绝对多数通过"严惩暴徒及其主管长官""驻华美军当局公开道歉""美军马上退出中国"三项决议与要求,并成立负责组织相关活动的执行机构"北京大学学生抗议美军暴行筹备会",北京其他高校随之行动起来。北平 5000 多名学生于 1946 年 12 月 30 日举行抗议美军暴行大游行,高呼"美国立即改变对华政策!""抗议美军暴行!""美军退出中国!"等口号。为遏制广大群众的反美浪潮,国民党当局极力歪曲事件真相,并力图把美军暴行说成是单纯个人犯法事件,公然对广大爱国学生施加暴力,更激起了学生们的强烈愤怒。在南京局的坚强领导下,重庆、台北、青岛、天津、上海、杭州、南京、武汉等城市的

---

① 《中国共产党历史》(第一卷下册),中共党史出版社 2002 年版,第 911 页。

50 万名学生纷纷举行罢课与示威游行,一场席卷全国、规模宏大的抗议美军暴行运动轰轰烈烈地开展起来。全国学生抗暴联合会总会于 1947 年 3 月 8 日在沪成立,担负起了扩大抗暴运动、筹建全国学联的重要任务。学生抗议美军暴行运动得到了社会各界群众的广泛同情、积极配合、有力支持,迫使美军法庭不得不将强奸主犯皮尔逊判刑 15 年,帮凶普利查判刑 10 个月。持续 3 个月的抗议美军暴行运动沉重打击了美帝国主义的嚣张气焰以及蒋介石集团的独裁内战卖国政策,对解放区自卫战争发挥了积极配合作用,这标志着反对蒋介石集团的"第二条战线"在国统区的初步形成。

四、 领导国统区群众,开展"三反"斗争

"三反"斗争,即反饥饿、反内战、反迫害的群众斗争。据合众社南京 1947 年 1 月 12 日讯,南京有 500 家工厂、商店关闭,1.6 万工人失业。[①] 1946 年 7 月下旬,据中国工业协会统计,重庆分会所属 470 家工厂中一半停工,上海 3400 余家民营工厂、商店于去年下半年倒闭。大批工人、店员失业,仅上海一地,失业工人达 30 万人,占该市产业工人的三分之一以上。[②] 未失业的工人微薄的工资也远远赶不上飞涨的物价,厂方还经常无理打骂甚至解雇工人。国民党政府 1947 年军费开支已高达 213100 亿元,其占财政总支出的 52%。[③] 国统区饥民达一亿以上,人民群众在饥寒交迫的死亡线上挣扎,国民党反动派却加紧镇压国统区的民主运动,引起广大人民群众的强烈不满与奋力反抗,人民革命高潮逐渐兴起。"反内战、反压迫、要吃饭、要活命"就成了当时工人群众最强烈的呼声,他们自发的反饥饿、反内战、反迫害斗争得到厦门、香港、广

---

① 中共上海市委党史研究室编:《解放战争时期第二条战线·工人运动和市民斗争卷》下册,中共党史出版社 1999 年版,第 568 页。

② 中共上海市委党史研究室编:《解放战争时期第二条战线·工人运动和市民斗争卷》下册,中共党史出版社 1999 年版,第 565 页。

③ 《国民政府行政院 1947 年度重大行政措施检讨报告·财政金融部分》,中国第二历史档案馆藏。

州、上海、南京、汉口等地海员工会的响应与支持,造成了相当广泛的影响。针对这种情况,中共中央于1946年11月23日指示董必武等人:国统区情况日趋恶化,力争长春、南京、上海、重庆、北平五地留驻公开机关,以便宣传教育群众和团结争取群众。

南京局因势利导地领导国统区的各阶层群众与敌人展开针锋相对的斗争。1946年6月,全面内战迫在眉睫之时,中共上海工作委员会建议筹组"上海人民和平请愿团",由上海各界群众团体选派代表组成,前往南京请愿,呼吁和平民主,反对内战独裁,同时组织社会各界群众欢送代表与游行示威。同年6月23日,在中共上海市工委的坚强领导下,上海各界群众十余万举行示威游行,欢送上海人民和平请愿团陈震中、马叙伦、盛丕华、包达三、陈立复等代表赴南京请愿。代表们抵达南京下关车站时,遭到国民党特务殴打,造成"下关惨案"。周恩来、董必武、邓颖超等连夜赶赴医院慰问受伤人士,抗议国民党政府放纵特务制造"下关惨案",提出惩办祸首等六项善后办法。在南京局的推动下,1946年10月27日,香港九龙各界3000人齐集太平戏院,举行"港九各界反内战大同盟"成立大会,一致要求美军撤离中国,反对召开"一党国大"以及征工、征兵、征粮。在南京局及所属各地中共组织的领导与推动下,国统区各阶层人民群众除了广泛开展"反饥饿、反内战、反迫害"斗争,维护自己的经济利益与正当权益外,还从各方面与敌展开斗争,直接或间接地支援第一战线——人民解放战争的正面推进。国民党后院起火,削弱了蒋介石集团进行反革命内战的力量,他们像山洞里的泉水,里面在流动,外面却看不见,这种在地下悄然涌动的暗流,给国民党的统治造成的威胁是致命的。[①] 总之,南京局积极践行群众路线,以军事斗争为主的"第一条战线"同以政治斗争为主的"第二条战线",一武一文,一前一后,如同一个巨人伸出的两只手,推动着中国革命走向新高潮、新胜利、新天地。

[①]　中共武汉市委党史研究室著:《中国共产党武汉史》,湖北人民出版社1999年版,第545页。

第三章　中共中央南方局践行群众路线的策略方式

　　毛泽东提出："中国共产党是在复杂的环境中工作，每个党员，特别是干部，必须锻炼自己成为懂得马克思主义策略的战士。"①针对国民党顽固派对群众运动的防范压制以及群众运动形势的逆转局面，以周恩来为书记的南方局从抗日大局出发，坚决贯彻党中央"隐蔽精干"方针，执行"三勤""三化"要求，创造秘密组织形式，转变南方国统区以及部分沦陷区群众工作方式，与大西南、大后方广大民众建立起血肉联系，为后来大规模地动员广大民众投入解放事业提供了组织保证，奠定了群众基础。

第一节　落实"隐蔽精干"方针，有效转变群众路线实践策略

　　"当革命的形势已经改变的时候，革命的策略，革命的领导方式，也必须跟着改变。"②在国民党顽固派"溶共、限共、防共、反共"步伐加快的严峻形势下，中共中央积极总结以往的斗争经验，汲取政治智慧，提出"隐蔽精干"方

---

　　①　《毛泽东选集》第三卷，人民出版社1991年版，第793页。
　　②　《毛泽东选集》第一卷，人民出版社1991年版，第152页。

针,实现群众路线实践与时俱进,以应对复杂的政治局面。南方局及所属各地党组织积极贯彻"隐蔽精干"方针,及时转变群众路线实践的领导体制和活动方式,积蓄革命力量,"在思想上组织上巩固党,使西南党成为真正的彻底的地下党,成为群众的党"①。

一、 提出"隐蔽精干"方针,实现群众路线实践与时俱进

抗日战争期间,国共两党合作,共同抗击日寇,然而这种合作在很大程度上是迫于当时的舆论压力与严峻形势,蒋介石集团从未放弃"反共"的念头与决心,"讨、扣、捕、杀"共产党人与革命志士的阴谋与行径从未停止,污蔑中国共产党"变本加厉,加紧进行其危害国家,破坏抗战"②。国民党五届五中全会(1939年1月)确定了"溶共、限共、防共、反共"方针以及加强对民众运动控制的政策,"争取战区民众以巩固整个政权"。皖南事变后,国民党成立了"特别委员会",陆续制定与秘密颁布《防制异党活动办法》《共党问题处置办法》《沦陷区防范共党活动办法》等一系列反共文件。国民党顽固派在政治上制造分歧,在军事上制造摩擦,在国民党统治区内大肆捕杀共产党员与进步人士,特别是在贵州、湖南、四川、湖北、江西、云南等地制造多起破坏中共组织、惨杀中共党员的反共事件与流血惨案,譬如,中共川东特委青委书记杨述以及特委组织部干部相继被捕;中共贵州省工委、中共鄂西特委遭受严重破坏,八路军驻广东韶关办事处、八路军桂林办事处、八路军贵阳交通站被迫封闭、撤销。1940年4月1日,新桂系李品仙派部队将安徽省怀宁县一带坚持抗日斗争的第九游击纵队1000多人缴械。1941年年初,陈诚在鄂西大肆搜捕进步群众,鄂西各地被捕的共产党员和革命群众达400多人。③ 国民政府社会部

---

① 《周恩来选集》上卷,人民出版社1980年版,第111页。
② 荣孟源主编:《中国国民党历次代表大会及中央全会资料》下册,光明日报出版社1985年版,第828页。
③ 中共湖北省委党史研究室编:《中国共产党湖北历史》,湖北人民出版社1999年版,第594页。

于 1941 年 4 月 7 日发出训令:"以后一切文件上关于某党(即共产党)应一律改称为奸党,以正视听!"公开合法的群众性抗日救亡团体从此不断遭到限制打击与破坏解散,大批共产党员与进步人士被捕、遇害。

针对中共在国统区的群众工作形势日益恶化的局面,党中央及时提出应对策略,改变群众工作方式。中共中央书记处于 1939 年 5 月 26 日发出《关于在国民党统治区保存党员干部的指示》。1940 年 4 月 22 日,党中央在给湖南省委的指示中提出党在国统区实行"十二字方针",即"长期埋伏,积蓄力量,以待时机",稍后又提出"隐蔽精干"方针。针对新的斗争形势需要,周恩来于 1940 年 4 月 29 日在中央书记处会议上强调"领导机关要隐蔽起来,职业化。干部要隐蔽在群众中"①的群众工作策略。毛泽东于 1940 年 5 月 4 日在为中共中央起草的写给东南局的《放手发展抗日力量,抵抗反共顽固派的进攻》中指示:党"在国民党统治区域的方针,则和战争区域、敌后区域不同。在那里,是隐蔽精干,长期埋伏,积蓄力量,以待时机,反对急性和暴露"②。该指示第一次完整地提出"隐蔽精干,长期埋伏,积蓄力量,以待时机"的"十六字方针",成为今后一段时期内南方局领导国统区群众工作的主要方针。《中共中央关于目前国民党统治区学生工作的几个决定》(1940 年 6 月 3 日)指出:"今后在国民党统治区学生运动的根本方针,应是长期的潜伏发展,积蓄力量,争取人心",要求将党的工作重心由校外救亡工作转为校内学生工作,应当想方设法在国统区学校中建立短小精悍的党支部。1941 年 4 月 15 日至 5 月 22 日,周恩来在中共中央南方局会议上总结抗战以来国统区党的工作,提出"中共中央去年确定的隐蔽精干、积蓄力量、等待时机的方针很正确……目前西南党的任务仍是使党真正成为秘密的巩固的党,要决心建立一些巩固的堡

---

① 金冲及主编:《周恩来传》第二册,中央文献出版社 1998 年版,第 576 页。
② 南方局党史资料征集小组编:《南方局党史资料·党的建设》,重庆出版社 1990 年版,第22 页。

垒"①。这一系列方针政策及策略的制定,为南方局深入践行群众路线指明了
方向。

　　南方局及所属各地党组织坚持从抗战大局出发,坚定不移地贯彻执行党
中央"隐蔽精干,长期埋伏,积蓄力量,以待时机"的工作方针,改变抗战初期
比较暴露的抗日救亡群众运动的工作方式,党员干部要深入群众,扎根基层,
踏踏实实开展党的群众工作,从各个方面践行党的群众路线,增强抗击日寇的
民主力量。为了让共产党组织更加适应隐蔽斗争的需要,党的组织形式必须
加以改变,领导机构一般不设委员会,一律采用个别联系的方式进行活动。针
对一些党组织与党员不善于在公开活动中掩护自己身份与保守党的秘密的情
况,南方局从1939年上半年开始陆续印发《关于秘密工作的决定》《关于组织
问题的紧急通知》等指示,强调党的工作方式与斗争方式须做相应改变,建立
完全秘密的领导机关,把分散在南方十多个省区的共产党员转变为地下党员,
要求国统区内各地党组织从半公开状态转为秘密形式。周恩来指示,公开的
组织应"逐渐收缩","未暴露的支队,则应竭力隐蔽,做长期埋伏的打算"。②
国民党当局于1940年3月在成都制造"抢米事件"以后,南方局发出紧急通
知,要求各级党组织必须立即改变组织形式与工作方法,下决心迅速撤退已暴
露的党员干部。南方局组织部部长孔原于1940年6月5日在南方局常委会
上强调,坚持有理、有利、有节的斗争原则,切实做好应对各种困难的准备,并
提出应将南方局所属各省委、省工委、特委的负责人调来红岩,分别听取工作
汇报,给予明确指示。南方局于1940年7月召开常委(扩大)会议,专门听取
了廖志高对中共川东特委工作的详细汇报,周恩来在肯定中共川东特委群众
工作成绩的同时,也一针见血地指出其不足,认为中共川东特委对特殊形势把
握不够,要求长期执行"长期埋伏,积蓄力量,等待时机"的正确方针,始终坚

---

①　《周恩来年谱(1898—1949)》下卷,中央文献出版社2007年版,第511页。
②　《周恩来年谱(1898—1949)》下卷,中央文献出版社2007年版,第674页。

持"有理、有利、有节"的斗争策略,上层统战与下层群众工作"要分开"。孔原于 1940 年 10 月 9 日在南方局常委会上指出,党组织要以一切方法转入地下,要继续审查、调动配备好可靠的干部,撤退暴露的干部。审查干部的最终目的是"使干部得到一定的适当的工作岗位,让他发展"①。皖南事变发生之后,为了适应突如其变的斗争环境,南方局根据党中央"隐蔽精干"的指示精神,创造了一系列符合当时实际情况的工作方式,譬如,将公开工作与秘密工作区分开、上层活动与下层活动区分开,按照不同的工作任务与组织形式,实行具体化指导与个性化安排,以此解决处于地下状态的党员干部如何有效开展群众工作的问题。

二、 贯彻"隐蔽精干"方针,转变群众路线实践策略方式

南方局及所属各地党组织积极贯彻执行中共中央"隐蔽精干"方针。以周恩来为书记的南方局于 1941 年秋检查中共川东特委的转变工作并召开会议,确定了一系列贯彻执行"十六字方针"与隐蔽革命力量的办法。然而,南方局及所属各地共产党员中有相当一部分一时难以适应,很不习惯,从组织形式到斗争方式的整个转变,转变为地下的秘密斗争。这并非说一两句话就能办到的,而是要做大量深入细致的工作,必须耐心细致地讲清楚当时的整个形势,在发展中为什么要提出"隐蔽精干"方针,国民党当局为什么要破坏我们党,他们采取了哪些办法来破坏我们党,我们党应该怎么做,等等。总之,要把党中央与南方局的方针政策以及怎样贯彻这一方针政策给同志们讲清楚,并非三言两语即可奏效,加之南方局管辖范围宽广,这就更加艰巨和复杂。

（一）贯彻"隐蔽精干"的方针,转移暴露色彩的干部

为了革命的利益,南方局组织部部长孔原根据周恩来的指示,根据新的情

---

① 中共重庆市委党史研究室编:《中共中央南方局大事记》(修订本),重庆出版社 2004 年版,第 238 页。

况及时地、适当地改变自己的斗争方式与策略,采取紧急撤退、转移疏散南方局及所属各地共产党员的组织措施,第一时间部署应变对策。按照"宁断勿联""宁舍勿恋""宁缺勿露""宁少勿多"等基本原则,南方局及所属各地党组织对国统区党员干部进行具体分析与合理安排,对那些政治面目较暴露、有被国民党捕杀危险的党员干部,要么转移到新四军或延安等抗日根据地,要么在本地区范围内进行对调和交流,要么撤回南方局重新分配党的工作,要么疏散到较为偏僻的地区扎根埋伏,以有助于隐蔽与保存党的骨干力量;同时提拔任用新干部,替换已经暴露的骨干力量。对确定坚守、长期埋伏的南方局及所属各地中共干部必须具备三个条件:一是信念坚定、政治可靠;二是比较灰色,不易暴露;三是有独立工作能力,能独当一面。更为重要的是,南方局指示所属各地党组织利用各种社会关系,组派党的骨干力量打入国民党的生产经营、政府机关、武装保卫、文化教育等重要部门,将党的工作重心放在国统区"合法斗争"上面,要研究使党的工作生根于工人、农民、妇女、青年中间,长期埋伏,尽量避免组织被破坏,广泛开展党的群众工作,深入践行党的群众路线,积蓄力量,以待时机,应对可能发生的任何地方性或全国性的突然事变。毛泽东指出:"我们要准备蒋介石做贝当,准备他宣布我为反革命而发动全面反共,准备对付最黑暗局面。"①

在转移、撤退、疏散中,各省党员人数都有不同程度的减少。据 1941 年统计,从 1940 年至 1941 年,川康特委所属党组织党员,由 3000 余人减到 1400 余人;川东特委由 3000 余人减到 1900 余人。② 战斗在大西南、大后方隐蔽战线上的共产党人积极贯彻"隐蔽精干"政策,深入社会,积极隐蔽,扎根群众,艰难开拓,勇于创新,以"润物细无声"的言行与表率作用影响群众、动员群众,以期赢得大西南、大后方广大群众的信赖与钦佩。譬如,在周恩来与南方

---

① 《毛泽东年谱(1893—1949)》中卷,中央文献出版社 1993 年版,第 215 页。
② 南方局党史资料征集小组编:《南方局党史资料·党的建设》,重庆出版社 1990 年版,第 12 页。

局的指导下,中共湖南省委在 1940 年以后认真贯彻与坚决执行"长期埋伏,积蓄力量,等待时机"的方针,不仅整个组织转入地下,斗争方式也已转变,中共湖南省委成员减至三人,中共湖南省委机关也经常转移,中共湖南省委制定了《秘密工作条例》,继续完成应变工作,开展了保密意识教育与革命气节教育,要求当地党员干部社会化、职业化、合法化,以行商办厂等职业为掩护,以党组织的极端秘密与骨干力量的高度警觉随时准备应对可能发生的各种突然事变。南方局于 1941 年年初再次指示中共川东特委,抓紧巩固党组织,迅速疏散已经暴露的党员干部。对于在撤退、转移、疏散中有被捕危险的党员干部,中共川东特委将其中相当一部分先撤回南方局,随后再转送至新四军或延安等抗日根据地。据不完全统计,仅 1940 年到 1943 年,撤退和转移到延安的川东地区党员干部就有七百人。譬如,闽粤赣边区党组织深入贯彻落实党中央"隐蔽精干"政策,在整党审干之后,便将已经暴露或可能暴露的当地干部转入地下,分散隐蔽,或者撤退、转移、疏散到较安全地区。

(二)转变领导体制与活动方式,采取灵活的斗争策略

在长江局时期,所属各地中共组织及其活动相对比较暴露,然而在蒋介石集团反共活动愈演愈烈的危急关头,这种状况亟须改变,南方局开始考虑到要转变领导体制与活动方式,在南方国统区以及部分沦陷区隐蔽党的组织与骨干队伍。周恩来、孔原、钱瑛在总结中共鄂西特委遭到破坏的教训时指出:这次破坏客观上的原因是国民党顽固派的反共措施相当厉害,主观上的原因是秘密工作做得差,警惕性不高,机关没有按照党的秘密组织原则工作,何功伟等中共鄂南特委负责同志被捕后保守党的秘密,严守党的纪律,然而以往跑街似的领导方式与"救亡作风""害死人"。1940 年 4 月,南方局发出《紧急通知》,要求立即转变组织形式与工作方法,使整个组织适应于可能面临的恶劣环境以免遭受损失与破坏。周恩来一再强调,各级党组织务必隐蔽精干,真正走到地下,地方党组织与公开机关必须脱离关系,实现组织领导形式与工作方

式方法的完全转变。南方局委员、组织部部长孔原指出，支部把公开的硬斗硬的方式作为中心工作是不可取的。南方局明确要求，党组织之间、党员与党组织之间坚决实行单线联系。南方局是党在南方国统区以及部分沦陷区的秘密指挥中心，然而南方局的领导同志以及工作人员都有公开合法身份，他们是公开的、明确的中共代表，这些工作干部一般不与地下党组织发生直接关系，通常不直接负责地下党组织的秘密工作，做秘密工作的同志也不轻易与南方局领导接触。就领导体制而言，需要进一步缩小各级领导机构，严格秘密工作制度，建立平行支部，实行单线联系，尽量深入基层、深入社会、深入群众。在实际工作中，不但严格区分公开工作与秘密工作，而且严格区分上层工作与下层活动。从事地下工作的人一般不做上层人物的工作，直接做这些工作的特别是给国民党的头面人物做工作的都是南方局领导人或者由南方局特派员去做。地下党主要做下面群众的工作，做下层群众工作的人与做上层人物的人即使在同一个部门里，也不发生横向联系，彼此之间也不过问工作和交换情况。

中国共产党南方工作委员会（简称"南方工委"）严格执行与认真贯彻南方局的指示精神，第一时间要求与安排所属各地党组织转变领导体制与活动形式，扎实做好"隐蔽精干"工作。"南方工委"于1941年6月决定所属各地党组织由"党委负责制"改为"特派员负责制"，建立单线组织，实行单线联系，不举行任何大规模会议。为了适应长期斗争，"南方工委"于1941年9月指出，党的工作仍以巩固发展、稳扎稳打为主，坚决建立自上而下的平行组织甚至是平行特委组织，坚决放弃一切已经暴露的组织与关系，相互之间绝不发生任何横向联系。譬如，中共云南省工委于1941年4月对群众工作的领导机构做了相应调整，撤销了所属的青委、工委和妇委机构，指定一些人单线联系，逐步建立了"集中领导，分散经营，各个负责，互不打通"的组织形式，适应了新形势下领导群众斗争的需要。随着严峻形势的发展，川康、贵州等地党组织坚持执行周恩来与南方局的指示精神，果断采取相应的撤退措施与隐蔽行动，坚决改组特委与省工委,及时转变其组织形式与工作方式,南方国统区以及部分沦陷区共产党员与进步分子得以最大限度地巩固与保全。1940年下半年到1942年,南方局及所属各地党组织大体完成了改变组织形式的工作,多数共产党员磨炼成为坚强得力的、善于隐蔽的、与群众有密切联系的骨干力量。总之,南方局及所属各地党组织由于又好又快地转变党的领导体制与活动方式,使党的骨干力量在大西南、大后方得以保存与发展,使地下党组织站稳了脚跟,秘密开展党的群众工作,深入践行党的群众路线。

(三)促使"西南党组织"成为真正彻底的地下党,成为群众的党

中共中央提出"隐蔽精干"的"十六字方针"是积极发展、迂回渐进的方针,而不是消极等待、无所作为的方针。隐蔽并非躲避,埋伏并非藏起来,而是从公开、较暴露转向潜伏、更隐蔽,深入群众、扎根群众、联系群众,使党的社会根基更牢固,旨在保全与巩固党的骨干力量,锻炼与造就党的干部队伍。更为重要的是,到群众中去影响群众,宣传群众,吸引群众,积蓄革命力量,发展壮大党的组织,等待时局好转再率领周围群众起来战斗。只要真正做到了这点,也就真正成为彻底的地下党,成为群众的党,从根本上转变了领导体制与活动方式。周恩来强调,"现在要把工作转到地下去,要到工厂、学校、农村等基层单位去";"要加强党的领导,千万不要因为建立了统一战线就忘掉了国民党的反动性",最大限度防止与避免党组织遭受袭击与破坏。周恩来于1941年12月强调,"建设坚强的战斗的西南党组织"的一个重要前提,就是"要使五千党员成为隐蔽的、坚强得力的、与群众有联系并善于影响和推动群众的干部","要做到凡有群众的地方一定要去工作。这种工作是以社会的方式进行的"。只要我们做到这些,"我们西南党组织就是一个坚强的战斗的党组织,时机一到,立即可以起来战斗"。①

---

① 《周恩来选集》上卷,人民出版社1980年版,第111页。

根据党中央关于"隐蔽精干"的指示精神,中国共产党南方工作委员会及时调整群众工作方针,组织骨干力量通过各种社会关系,广泛打入国民党所管辖的生产经营、政府机关、武装保卫、文化教育等重要部门以及社会习惯所允许的各种群众性组织。譬如,利用识字班、青红帮、拳馆、父母会、姐妹会等进行联系群众与积蓄力量、长期埋伏的工作。学校党员与教师党员接触面极广,上至乡保长士绅,下有贫苦工农群众,利用工作之便,广泛联系同事、学生、家长,而且还利用学校这个教育文化中心,传播新理念新思想新文化,去实现党的抗战、民主、进步的方针。中共广西省工委1943年3月在武宣县通挽乡召开桂中南、桂西南部分党员骨干会议,决定把地下党的工作重点转移到农村,这次会议是广西群众工作的一个重要转折点。党的骨干力量按照会议精神,开展开辟新领域,深入农村、深入山区、深入群众,建立与发展党的群众组织与革命"据点"。"隐蔽精干"的另一种形式,就是组织党的骨干力量上山下乡,采取就地隐蔽形式,成为不显露的农民党员,他们一边学习当地习俗,参加生产劳动,一边搞好群众关系,践行群众路线,开展群众工作。譬如,中共广西省工委书记钱行在平乐区牛峒,同当地群众一样,上山开荒种地,割茅草石灰卖,当小贩,做挑夫,在艰苦险恶、复杂严峻的环境下就地隐蔽,坚持斗争;中共广西省工委机关的其他骨干力量,克服重重困难,有的帮人打工糊口,有的在私塾做教师,有的在寺庙当庙祝,与当地农民打成一片,最终在南方国统区以及部分沦陷区隐蔽下来,站稳了脚跟,使"西南党组织"成为真正彻底的地下党,成为群众的党。

三、 反观"隐蔽精干"效果,成功完成群众路线实践使命

在风雨交加、刀光剑影的斗争岁月里,南方局及所属各地党组织深入贯彻"隐蔽精干"方针,紧紧依靠大西南、大后方社会各界群众,保存与掩护了党的骨干力量,巩固与发展了党的组织,最大限度积蓄了党在南方国统区以及部分沦陷区的民众力量,最大限度夯实了党在大西南、大后方的社会根基,为抗日

战争时期以及解放战争初期风起云涌的民主运动奠定了广泛而坚实的群众基础。周恩来于1942年1月在总结南方局工作经验和教训时指出："目前的政治形势要求我们沉机观变。"南方局要求党的骨干力量要密切关注时局变化、分析各种政治力量的交替消长，做出科学判断与正确决策，真正做到"长期埋伏、善于隐蔽"。通过这些机动灵活而又切合实际的领导体制与活动方式，南方局及所属各地党组织在与蒋介石集团的斗争中，既在南方国统区以及部分沦陷区掩护与保全了自己，更出色地完成了党中央交办的各项任务。值得一提的是，西南地区党组织经得起考验，地下党的工作更加扎实有效，在广大人民群众中扎下了根，站稳了脚。譬如，中共川东特委的地址只有周恩来、董必武、孔原三位南方局负责人知道，但他们并不去。中共川东特委书记廖志高的住处，特委委员们也都不了解。廖志高的姓名也时常变更，以至他在中共川东特委工作五年，国民党特务还不知道他到底叫什么名字。实践证明，在敌强我弱的严峻形势下，只有讲求策略，隐蔽精干，避免硬碰，保存力量，在时机成熟之际开展党的群众工作，践行党的群众路线，才能推动与促进时局朝着有利于我们希望的方向发展。

在南方局的正确领导下，大西南、大后方中共组织对群众工作的组织形式与工作方式开始了切实的转变，逐步使群众工作按照"隐蔽精干"的方针深入推进。共产党组织隐蔽在人民群众中，人民群众又紧密地团结在中共的周围，使得皖南事变后的几年中，国民党特务千方百计破坏中共云南组织的图谋都未能得逞。历史表明，没有广大人民群众的信赖、支持与帮助，中国共产党就没有其发展土壤与生存空间。大西南、大后方中共组织与骨干力量不仅在社会与群众中隐蔽下来，而且通过各种渠道、各种方式践行党的群众路线。譬如，中共党员周可传利用与广西绥靖公署主任程思远的关系，安排一批党的骨干力量进入广西三青团部并担任各种职务，掌握了广西三青团部的实际领导权；共产党员邱文郁凭借昆明大中印刷厂校对员的特殊身份，建立了秘密印刷所，翻印中国共产党的文件资料；云南省工委书记郑伯克凭借金库办事员的有利身份,详细了解和全面掌握云南省政治经济情况并定期向南方局汇报;湖南党组织将党的骨干力量派入工会、合作社,安排党的骨干力量在农村争取小学校长、氏族总管、保甲长等比较有影响的职务,夯实了群众工作基点,扩大了群众工作范围,取得了群众工作实效。蒋介石集团虽然不断加强特务统治,企图破坏与消灭中共组织及其骨干力量,但事与愿违,绝大多数南方国统区以及部分沦陷区党组织,在隐秘战线斗争中得到了巩固与发展,领导机关与革命骨干得到了保全与壮大,进一步密切了党同群众的血肉联系,在迎接全国解放的最后决战中发挥了难以估量的作用。

反观"隐蔽精干"方针,南方局及所属各地党组织也有一些值得总结和深思的教训,一些骨干力量缺乏秘密斗争经验,使党的组织过于暴露,引起国民党特务机关的注意与仇视。毛泽东指出:"共产党人必须随时准备修正错误,因为任何错误都是不符合于人民利益的。"①1940 年 4 月,中共湘鄂西区委员会书记钱瑛到恩施检查工作,在听取施巴特委工作及学潮的情况汇报后指出:特委在反饥饿、反迫害斗争中,不注意斗争方法,暴露了党的力量,应该立即采取补救措施。施巴特委随即将一批已经暴露身份的党员与群众运动骨干以转学等方式向外地转移。1940 年 9 月,周恩来根据鄂西斗争形势,派共产党员杨第甫去鄂西工作,要求鄂西把建立农村党支部作为重点,强调所有干部都要合法化、社会化、职业化。周恩来提醒鄂西党组织,要有应付突然事件的精神准备。中共鄂西特委积极贯彻周恩来的指示,把工作重点从学校、机关转向农村,动员大批共产党员到农村开展工作。各级领导干部也相应取得各种社会职业为掩护,有的当小学教师,有的做小商贩,扎根于群众之中。南方局及所属各地党组织在敌强我弱、复杂恶劣的条件下,站稳了脚跟,保存与培养了大批骨干力量,与土地革命时期"左"的错误领导相比,它是相当成功的。

---

① 《毛泽东选集》第三卷,人民出版社 1991 年版,第 1095 页。

第二节 执行"三勤"要求,推进群众路线 实践深入发展

为了适应国统区的严峻形势与秘密工作的需要,南方局及所属各地党组织全面转入地下,隐蔽与发展党的骨干力量。那么,如何走出困境、打开局面呢? 周恩来在回顾与总结过去白区工作经验教训的基础上,最早提出"勤学、勤业、勤交友"这一极富创新性的群众工作路线。只有实行"三勤",才能使中国共产党在大西南、大后方成为密切联系群众的党,提高践行群众路线的觉悟能力,奠定群众路线实践的社会基础,扩大群众路线实践的覆盖面。

一、 实行"勤学",提高践行群众路线的觉悟能力

"勤学",即钻研学问,研究经典,就是南方局及所属各地共产党员要努力学好马列主义与毛泽东思想,做勤于学习的模范,用知识武装头脑,了解国内外形势,提高自己的觉悟与素质,增强自己认识社会的能力。这个问题不解决,或解决得不牢靠,无论搞革命,还是搞建设,是不可能兢兢业业的,也不可能做出什么成绩来。

南方局首先花大力气抓党性教育、阶级教育以及理论教育。周恩来反复要求,国民党统治区域的党员干部"要有学习精神",要"研究学问,学习主义"[1]。在周恩来的正确引领下,南方局倡导"学习、学习、再学习",一针见血地指出:"要在巨浪中站稳自己的脚跟,正确理解四周的环境,不迷惑运动的方向和前途。只有学好革命理论,才能运用好革命理论。"在南方局整风学习期间,周恩来亲自给广大党员干部授课,系统讲述了中国共产党从建党初期到1942年由小变大、由弱变强的发展历程,实事求是地总结与反思党的历史经

---

[1] 童小鹏:《风雨四十年》第一部,中央文献出版社1994年版,第246页。

验教训,号召广大党员干部自学马列主义以及毛泽东著作,使之深受教育与启发。南方局委员、组织部部长孔原十分重视对党员进行革命气节教育,经常给大家讲共产党人的英勇斗争事迹,在《新华日报》上公开发表《反法西斯的旗帜》《伟大的楷模》等理论文章,介绍和解读共产国际总书记季米特洛夫"大无畏的英勇和刚毅的精神,为党及革命事业奋斗的自我牺牲精神",还专门翻译了《季米特洛夫传》,呼吁南方局及所属各地共产党员向季米特洛夫学习,以高超的斗争艺术在严酷的政治环境中经受考验与夺取胜利。为纠正各种"左"的或右的错误观点,南方局组织部要求县级以上党的骨干力量利用紧张工作之余,设法寻找马列著作,坚持自学马列著作,当时学习的书籍有《社会发展史》《联共(布)党史》《共产党宣言》《政治经济学》等,以不断提高践行群众路线的觉悟与能力。在隐蔽中各条战线的共产党员,如饥似渴地研读马克思主义经典著作,汲取精神营养,充实理论知识,还通过阅读《新华日报》与《群众》周刊等报刊,自觉地对照自己的思想作风进行学习检查,改进作风,提高思想。

在学习时间上保证科学有序、争分夺秒。周恩来在重庆红岩村规定,星期四为"党日",每周这一日,南方局与八路军驻重庆办事处中层以上党员领导干部、《新华日报》编委以上党员领导干部,务必前往红岩村集中学习。随着党中央关于《改造我们的学习》《关于增强党性的决定》《关于调查研究的决定》等"整风"文件的发表,南方局都在第一时间组织党员干部进行学习与讨论,有时候还请专家学者作报告。董必武写下"不懂就钻,太忙就挤"的对联,以此激励自己争分夺秒,勤奋学习。周恩来专门将这一标语口号贴在墙上,作为南方局及所属各地共产党员抓紧学习的座右铭。为了保证学习效果,周恩来后来要求南方局与八路军驻重庆办事处的党员干部,建立科学有序的作息时间,每日努力工作八小时,睡觉休息八小时,坚持学习八小时,力求"健全自己身体,保持合理的规律生活"。通过认真学习马列主义、毛泽东著作以及党的理论方针政策,南方局及所属各地共产党员的思想政治素质与群众工作能力得到显著提高,后来开展了一系列卓有成效的团结与争取群众的工作。

在学习方法上注重以身作则、习作合一。周恩来在《我的修养要则》中提出:"加紧学习,抓住中心,宁精勿杂,宁专勿多。"①周恩来、董必武、孔原等南方局领导人在学习过程中始终率先垂范,多次参加小组学习讨论会,与同志们一起交流心得体会,极大地调动了南方局党员干部的学习热情与工作积极性,使得南方局机关的学习工作氛围相当浓厚。纵观整个南方局时期,党的骨干力量紧紧抓住勤于学习、善于学习这个基础环节,将提高践行群众路线的觉悟能力建立在扎实的学识学养与科学的理论基础之上。尤其在南方局整风学习期间,南方局领导人一再强调,勤于学习、善于学习、乐于学习,要将学习成果落实到工作实践中去,正如周恩来在《我的修养要则》中所提出的"习作合一,要注意时间、空间和条件,使之配合适当,要注意检讨和整理,要有发现和创造"②,主张不能空洞地、抽象地、孤立地谈学习,强调有意识地将"学习""锻炼""实践"这三者有机结合起来。在周恩来的积极倡导下,南方局及所属各地共产党员深刻地认识到,必须善于将党的群众路线理论与当时当地的具体实际相结合,才能将群众路线实践的可能性变成现实。可以说,对于群众路线实践问题,以周恩来为书记的南方局对条件(理论学习)、空间(国统区、沦陷区)、时间(抗战时期)进行了深入思考、系统研究、全面整合、充分利用,既有对历史经验的科学总结,也有工作方法的提炼创新,真正做到和实现了"习作合一"。

按照南方局的指示,大中学校的学生党员必须刻苦学习,成绩名列前茅,成为师生公认的好学生,在同学中有较高的威信,受到广大学生的信任与拥护,站稳脚跟,这为后来夺取学生会的领导权和开展党的群众工作创造了条件。西南联大的学生党员齐亮通过帮助同学克服学习困难,介绍学习方法,并从竞选伙食团长,改善伙食,努力为学生做好事,而得到同学们的支持与拥护,

---

① 《周恩来选集》上卷,人民出版社 1980 年版,第 125 页。
② 《周恩来选集》上卷,人民出版社 1980 年版,第 125 页。

当选为西南联大学生自治会主席与昆明市学联主席,成为昆明的学生领袖,以利于站稳脚跟开展工作。中共云南省工委还布置西南联大每个共产党员结合贯彻"隐蔽精干"方针的思想实际,联系社会实际情况写一篇调查报告。"勤学"提高了共产党员的文化技术水平与综合素质能力,并在此基础上稳定了大多数人的社会职业。

二、 实行"勤业",奠定群众路线实践的社会基础

"勤业",即巩固职业,隐蔽身份,就是南方局及所属各地共产党员要利用各种社会关系自谋职业,努力做好本职工作,以职业作为掩护,在社会上扎下根来,为践行群众路线、开展革命工作奠定社会基础。只有"勤业",勤奋工作,成为其中的佼佼者,才能赢得群众信任,真正站稳脚跟。一旦遇到敌人追查与迫害,就会有群众出来保护与讲话。

按照南方局的指示,不少党员找到了社会职业,有的当了公务员或合法团体的工作人员,有的进入工矿企业或公司、商店当了职员、工人或店员。当时的中共川东特委书记廖志高就在重庆税务局谋到一份差事,中共川康特委书记荣高棠在电力公司当了收入菲薄的小职员,更多的党员深入城乡当了中小学教师,许多乡镇中心小学与国民学校成了我们占领的阵地。无论从事什么职业,周恩来都要求地下工作者:头发梳好,皮鞋擦亮,服装礼仪要保持整洁,克服衣服邋遢、蓬头垢面的标签作风与细节习惯。周恩来指出:"30 年代地下工作同志不注意这方面细节,往往为特务辨认遭到破坏"[1],"党员要职业化,在职业中巩固"[2]。南方局派出王辉、杜海人、王励等一批人转入地下工作。王辉在江北县桶井镇中心小学任教,杜海人、王励在四川广安县及渠县中学任教。"尽管是启蒙工作,但将来的作用非常之大"[3],因为中学教员可以潜移默

①　中共重庆市委党史研究室编:《红岩精神研究》,中共党史出版社 2009 年版,第 155 页。
②　《周恩来年谱(1898—1949)》下卷,中央文献出版社 2007 年版,第 511 页。
③　金冲及主编:《周恩来传》第二册,中央文献出版社 1998 年版,第 623 页。

化地影响很多学生。为了搞好教学、巩固职业,王辉一改以往教师鞭打学生的
做法,对调皮学生耐心教育,在师生与家长中树立了威信,赢得了好评,被当地
群众当作正派而有学问的人。杜海人与王励先努力学习备课,认真批改作业,
处处为人师表,而且善于课后沟通,注意了解学生们的意见和建议,杜海人与
王励的教学能力与为人师表赢得了学生好评,深受校方、家长及地方士绅的敬
重。根据南方局的指示,王辉、杜海人、王励利用学校阵地,在教学之余积极开
展社会调查,对当地上层人物调查研究;通过与单位师生的接触交往,王辉、杜
海人、王励了解掌握了教师们的家庭经济情况、政治态度以及群众基础,还特
别注意当地党政机关以及从政人员的基本情况,了解掌握了一些带封建色彩
的群众组织哥老会以及文化界人士。值得一提的是,王辉、杜海人、王励高度
关注各方面主要人物的经济地位、政治态度、群众威信,并从中得到大西南、大
后方的抗战形势、国统区的政治动态。王辉、杜海人、王励对于当地的重要情
况,则牢记在心,每次返回南方局时都进行详细汇报。

在勤业方面,中共云南省工委要求共产党员都要利用各种社会关系自谋
社会职业,进入单位,融入团体,步入社会,努力做好本职工作,以职业作为掩
护,在社会上扎下根来,隐蔽开展党的群众工作。经过努力,包括省工委成员
在内的绝大多数共产党员,都先后有了相对稳定的社会职业。中共云南省工
委书记郑伯克通过刘浩以《民国日报》编辑的名义向云南省合作金库文书股
推荐,进入省合作金库担任办事员,他在金库管理、整理档案工作中,接触了大
量金融文书档案资料,了解了云南的许多政治经济情况,以后按中共中央的要
求向南方局写了调查报告。共产党员邱文郁经组织介绍到昆明大中印刷厂搞
校对工作,厂里的脏活累活他都抢着去干,工人谁有困难,邱文郁都尽心尽力
地给予帮助,工余时间还经常帮助工人补习文化知识。邱文郁以丰富的知识
和助人为乐的坦荡胸襟,逐渐影响与团结了厂里大多数工人,并以秘密读书会
等形式积蓄和发展革命力量,利用印刷厂的有利条件建立了中共秘密印刷所,
先后翻印了《打退第二次反共高潮后的时局》《中国共产党在民族战争中的地

位》《党的支部工作纲要》等,为宣传中共的方针政策做出了贡献。按照南方局的指示,这些以各种职业为掩护的共产党员,大多都认真钻研业务,做好本职工作,赢得群众信任,真正站稳脚跟,在自己周围凝聚与会集了一些进步群众。

三、 实行"勤交友",扩大群众路线实践的覆盖面

"勤学"与"勤业"的归宿与落脚点是"勤交友"。"勤交友",即广交朋友,积蓄力量,就是南方局及所属各地共产党员广泛联系群众,掩护隐蔽自己,扩大社会交往面,在交际交往中发现与发展进步力量。南方局在南方国统区以及部分沦陷区采取定形的组织形式与活动方式,易于遭受破坏与压制,但是广交朋友,积蓄力量,扩大群众路线实践的覆盖面,恰好具备适应南方国统区以及部分沦陷区特殊环境的潜在优越性,所以,南方局要求大后方的党员干部必须"把交朋友当成一项革命工作来做","我们的工作就是要广交朋友,善交朋友,在交友中宣传党的方针路线,使坚持抗战、团结、民主、进步的思想为人民大众所接受,使进步的队伍更加扩大"。① 南方局组织部部长孔原一再强调,交朋友是党支部工作的重要方式,也是一种好的经验,更是践行党的群众路线的具体体现。

"勤交友"过程务必贯彻三大原则:一是宽容谦逊。"对待朋友的态度,最重要的就是要有民主的作风,这就是说,我们要谦逊,不要自大,我们要真正在行动上尊重别人,能够容纳别人的意见","勤交友",必须高度重视社会关系与自己的社会地位,纠正孤独清高的错误做派。二是广泛交往。"不应采取排斥的态度,而应采取信任他们又抓紧做他们工作的态度。"②三是深入研究。"勤交友",必须对于交际交往对象的社会地位、历史脉络、思想惰性、政治倾向做全面分析与深入研究,必须让自己有使人钦佩的地方、让人亲近的优点。

---

①　张颖:《在南方局文委工作的日子》,《红岩春秋》2005 年第 1 期。

②　《周恩来年谱(1898—1949)》下卷,中央文献出版社 2007 年版,第 781 页。

在"勤交友"过程中,绝对禁止暴露自己的组织关系与政治背景,应以有求知心、爱国心、道德心及同情"三民主义",热心社会公益事业、重情重义重友谊、中间立场的社会正直人士面目出现,对于结交对象的说服批判,应具体对象具体分析,讲求适当方式与分寸,对于对方正确的批判也应当虚心诚恳接受,以求保持与升华友谊。

以广交朋友扩大政治影响。"勤交友"是南方局创造的一项行之有效的群众工作策略,是南方局及所属各地共产党员在南方国统区以及部分沦陷区的一项重大革命任务。通过"勤交友",南方局及所属各地党组织结交了一大批党外人士与进步群众。纵观整个南方局时期,周恩来几乎每晚前往重庆民生路《新华日报》门市部二楼会见社会各界朋友,不但谈国共合作、团结抗战,而且谈经济、谈哲学、谈历史、谈戏剧等,侯外庐、沈志远、邹韬奋、马寅初、翦伯赞、陶行知、郭沫若、邓初民、柳亚子等人都是周恩来与董必武经常接触与交往的朋友。每次与周恩来交流思想后,著名教育家陶行知都会由衷地产生"去时腹空,回时力无穷"的感触与慨叹。周恩来经常看望著名新闻记者邹韬奋,邹韬奋遇事也向周恩来请教,周恩来总是推心置腹地与之讨论分析,邹韬奋加深了对中国共产党的了解与信任,他常说:"周恩来先生的确是我的良师益友","是最可敬佩的朋友"。① 邹韬奋临终之前留有遗嘱:我死后"请中国共产党中央严格审查我一生奋斗历史,如其合格,请追认入党"②。周恩来在邹韬奋逝世五周年之际题词:"韬奋同志经历的道路是中国知识分子走向进步,走向革命的道路。"③此外,周恩来、博古、董必武等南方局领导人通过参观大西南、大后方民营企业,充分肯定民族企业家的爱国热情,鼓励其积极发展生产,踊跃支援抗战,特别参观过迁川工厂联合会举办的产品展览会、余铭钰的渝鑫钢铁厂、胡厥文的合作五金厂,等等,周恩来、邓颖超等南方局领导人每次

---

① 金冲及主编:《周恩来传》第二册,中央文献出版社1998年版,第509页。
② 魏明生、周锐京主编:《周恩来与四川》,四川人民出版社1998年版,第164页。
③ 魏明生、周锐京主编:《周恩来与四川》,四川人民出版社1998年版,第164页。

参观都题词相赠,从而升华彼此友谊,在交际交往中发现与发展进步力量。在周恩来的积极推动下,南方局于 1944—1945 年多次举办民营企业家的座谈会,有时参加者有三四十人之多,使民族工商界人士加深了对中国共产党的认识。此外,南方局通过《新华日报》《群众》周刊,宣传党的财政经济政策,支持民营企业家的经济政治斗争,还刊登了胡厥文、李烛尘、卢作孚、吴蕴初、胡子昂、古耕虞等民营企业家抨击国民党经济政策的重要讲话与理论文章。总之,通过真诚交往,使民营企业家逐步接受了中共的政策主张。更为重要的是,南方局及所属各地共产党员注意与国民党、三青团等有关人士结交朋友,秉持谦诚态度与之交往,帮助与鼓励其做好人,做好事,走正道,以转移反共特务的工作目标。以周恩来为代表的南方局共产党员的这种高尚人格与谦诚态度,使国民党许多高层人士成为国共合作的坚定拥护者、团结抗战的忠实推动者。

以结交新友扩展工作空间。南方局及所属各地共产党员通过"勤交友"来践行党的群众路线,培植党的生存土壤,积蓄党的革命力量,扩展党的工作空间。八路军驻桂林办事处被迫撤销后,南方局派李亚群前往桂林建立了统战工作委员会。周恩来嘱咐李亚群:"桂林这个阵地不能丢,一定要保存下来大大发挥作用;广西同其他地方有差别,要充分利用这个差别,做好交朋友的工作。"①南方局机关在广泛结交新友、扩展工作空间方面的一个典型案例,就是对著名爱国民营企业家、民生公司经理卢作孚先生的团结与争取工作。在抗战相持阶段,民生公司对将沦陷区的物资转运到大西南、大后方做出了突出贡献。对经理卢作孚除南方局直接工作外,中共地下党员也积极对他的下属职员做工作。卢作孚的秘书肖林是中共秘密党员,与肖林直接联系的先后有廖志高、钱之光。当时中共有一笔活动经费无法保存,廖志高就托肖林帮助藏在他那里。对公司经理这些人的联络与争取工作,大量由南方局的人员做,中

---

① 金冲及主编:《周恩来传》第二册,中央文献出版社 1998 年版,第 648 页。

共地下党员做该公司的海员、领工及船员工人的工作,还派遣黄亦仁等到海员工会里去,派遣其他人员到别的工会,民生公司的绝大多数海员工人已被中共地下组织联系掌握。中共地下党员与民生公司职员黄觉安建立起良好的朋友关系,皖南事变后,延安给重庆的中共地下组织配了电台以及一些年轻的机要员,廖志高就安全地隐蔽在黄觉安的家中。南方局及所属各地党组织在"勤交友"方面形式灵活多样:第一种是"宝塔式"交友,即一个共产党员周围交3—5个进步朋友,通过这些朋友再去交朋友,形成"宝塔式"联系;第二种是"个别式"交友,即一个共产党员周围有若干朋友,个别来往;第三种是"读书式"交友,即多数大中学校以及国民政府在工厂、公司、机构里都组织有秘密读书会,在南方局及所属各地党组织领导下,不露声色地进行活动;第四种是"团体式"交友,即南方局及所属各地党组织利用公开合法的群众团体进行联系,在工厂,他们通过"新运妇指会""劳协""福利社"等公开合法团体,举办工人识字班,紧紧依靠与团结工人群众;在农村,则以拜把会、互助会、兄弟会、姊妹会等方式交友;在机关,他们通过广交朋友,调查研究,践行群众路线,广泛搜集情报;在学校,以体育队、学生会、壁报社、剧艺社、同乡会等形式团结与引领群众,利用家庭访问、辞旧迎新等方式深入群众。南方局及所属各地党组织通过形式多样的交友工作,建立了与群众的广泛而密切的联系,扩大了中共在各阶层人民中的影响。

以祝寿庆典团结文化精英。为鼓舞士气,扩大影响,南方局及所属各地党组织在大西南、大后方文艺界创造性地开展了一系列以"祝寿"为代表的纪念庆典活动。周恩来在劝告郭沫若举办五十寿辰暨创作二十五周年庆祝活动时说:"为你祝寿是一场意义重大的政治斗争,为你举行创作二十五周年纪念又是一场重大的文化斗争",周恩来专程到会并发表致辞,称"郭沫若便是新文化运动的主将"[①],学术界、新闻界、文化界、各民主党派人士两千多人赴会,气

---

① 南方局党史资料征集小组编:《南方局党史资料·文化工作》,重庆出版社1990年版,第33页。

氛的热烈堪称一时之盛。在南方局的积极推动下,该纪念活动得到国统区各地文艺界、新闻界、学术界的热烈响应,持续半年之久方才落下帷幕。这次"祝寿"活动是皖南事变后进步文化界的第一次聚会,极大地团结与凝聚了大西南、大后方进步文化界的力量。随后,沈钧儒七十寿辰、应云卫四十寿辰、老舍创作生活二十周年、欧阳予倩五十六寿辰、茅盾五十寿辰、张恨水创作生活三十周年、洪深五十寿辰、柳亚子五十七寿辰、叶圣陶五十寿辰、梁希六十寿辰等纪念庆典活动也有声有色地开展。1942 年 12 月,周恩来与董必武邀请梁希等七位科学家到《新华日报》编辑部共进午餐,看到桌上摆着寿桃与酒菜,周恩来含笑说:"今天是梁老六十寿辰,我们为他老人家祝寿","中国需要科学家,新中国更需要科学家"。梁希十分激动地说:"我无家无室,有了这样一个大家庭,真使我温暖忘年。"①南方局及所属各地党组织对每次活动都高度重视,积极造势,呼吁各地文艺团体积极配合,力求"一方面对他表示慰劳的意思,另一方面彼此互相共勉,加倍地振起精神来,一同走以后的路"。在南方局及所属各地党组织的坚强领导与积极推动下,"文艺界的大多数人士,能够团结在党的抗战进步的旗帜下,形成了一支进步的文艺队伍",使诸多文艺精英的先进精神得以广泛传扬。实践证明,南方局"三勤"政策的严格执行,有效粉碎了国民党当局破坏中共地下组织的阴谋,更使南方局共产党人深入了群众,经受了锻炼,站稳了脚跟,积蓄了力量,"一经上级推动,即在民主来潮时起到了模范的作用"②。

第三节　贯彻"三化"要求,切实转变
群众路线实践方式

"三化"(职业化、社会化、合法化)是以周恩来为书记的南方局对中国共

---

① 金冲及主编:《周恩来传》第二册,中央文献出版社 1998 年版,第 652 页。
② 中共云南省委党史研究室编:《隐蔽精干积蓄力量》,云南人民出版社 1994 年版,第 31 页。

产党建党以来白区工作经验教训的深刻总结,"实际上就是'长期隐蔽,积蓄力量,以待时机'方针的具体化"①,也是南方局及所属各地党组织践行群众路线的创新举措。"职业化、社会化、合法化"方针,开创了党在大西南、大后方践行群众路线的全新途径,使党在南方国统区以及部分沦陷区站稳了脚跟,争取了人心,积蓄了力量,既隐蔽了组织又团结了群众。

一、 实行"职业化",奠定群众路线实践的职业基础

所谓"职业化",就是南方局及所属各地共产党员将社会职业作为个人谋生的主要手段,掩护自己开展秘密革命活动,提升自身职业素养技能,使党员不但不脱离社会,而且要深入社会。"职业化"是"三勤""三化"群众工作路线的核心。

周恩来强调,每个党员都要有社会职业,职业要同生活联系起来,斗争也要在生活中进行。诚然,倘若没有固定职业掩护,就难以做到合法化、社会化,就易于暴露政治身份;倘若没有立足之地,何谈积蓄力量、以待时机? 南方局及所属各地共产党员的职业并非由党组织代替找,而应当由自己设法去找。《中共中央关于大后方党组织工作的指示》(1941 年 5 月 8 日)指出:凡是暴露了的干部应以调到偏僻而特务不注意的地方找职业,譬如,设法在土匪、生产、民团中找职业。孔原在 1941 年 4 月至 5 月的南方局常委会上指出,党员要"职业化",要使党员认识自己的职业是做党的工作的一种方式,认识职业环境即是自己的工作环境,要在职业上提高自己的政治、思想及技术素质,要注意对职业党员进行教育,党员要牢记使命,独立开展工作而不是依靠组织的介绍。南方局及所属各地共产党员要利用师生、同学、亲戚、同乡、朋友等各种社会关系,打入社团组织或军政机关,亦可以当教师、做小贩、当挑夫、做帮工等方式隐蔽下来,参加识字班、兄弟会、姐妹会,等等。在职业界隐蔽的党员干部

---

① 南方局党史资料征集小组编:《南方局党史资料·党的建设》,重庆出版社 1990 年版,第 60 页。

以一般社会人士面目出现,是大后方地下党组织在社会上的"据点",应安心巩固自己的职业,绝不准随便暴露其政治身份与组织关系;南方局及所属各地党组织应很好地保护在职业界隐蔽的共产党员,绝对纠正随便利用之错误观点,只指定个别可靠同志与其单线联系。

为加强对各地中共组织贯彻"三化"要求的指导,南方局派出一部分共产党员到各省开展活动。1942 年,南方局派党员赖卫民、李晨到贵州工作,他们的任务是利用社会关系站稳脚跟,把从省外转移到贵州的一批共产党员的组织关系接上,按照"职业化"的政策积极稳重地开展工作。在中共云南省工委的直接领导下,在职业界隐蔽的党员干部认真贯彻与坚决执行"职业化"的方针。共产党员利用各种社会关系打入《中央日报》《朝报》《民国日报》《云南日报》等报社,这些共产党员利用编辑、记者身份,想方设法宣传民主进步与团结抗战,绞尽脑汁削弱与抵制报纸的反动宣传。刘浩等在昆明秘密出版《战斗岁月》,这是在中共云南组织直接领导下出版的革命刊物。皖南事变发生后,在云南出版发行中共党报党刊与革命理论著作的,主要有共产党员李天柱等开办的高原书店,共产党员周天行、孙仲宇等开办的康宁书店,蒋仲仁、孙起孟等在昆明开办的进修出版教育社,李公朴在中共帮助下创办的北门书屋与北门出版社。他们在极端困难、异常危险的环境下,将革命文学作品、中共党报党刊、革命理论著作广泛传播,给予处于隐蔽之中的南方局及所属各地共产党员以思想武器与精神营养,引导与帮助大批进步青年、工农群众、成年妇女认清社会形势,走上革命道路。共产党员李群杰在云南省政府秘书处担任主任科员,并在云南党政军联席汇报会做秘书,他为中共云南省工委提供了许多有价值的情报,李群杰后来出任昆阳、邓川县长等职务,为中共云南省工委提供了一些活动经费。

在职业界隐蔽的共产党员务必严格按照职业要求扮演各种社会角色,一切言行、一切服饰都必须与其职业、身份、地位相匹配。在职业界隐蔽的共产党员,既要隐蔽好南方国统区以及部分沦陷区的党组织,又要发挥其先进性与纯洁性,做好本职工作,用各种方式与群众接近,有效影响群众,广泛团结群众,成为其知心朋友。郭佩珊(中共云南省青委委员)进入国民党空军第十飞机修理厂后,凭借精湛的技术,设计、制造了蜂窝式炸弹架,简易轻便的机枪架阿和整流罩,改进了 B-25 轰炸机的性能,给入侵滇西的日军以重大杀伤,盟军特准郭佩珊晋阶三级,任命他为修造课课长。此外,还有共产党员黄沅昌、方金城、张执中、张鸿奎、吴世霖、李家琳、宋文溥、纪翠碧、张蕴璞、盛其德、任学源、赵国徽、刘光卿等打入国民党县、区、乡党部以及政权机关,从事党的革命工作,在贯彻执行"职业化"中隐蔽下来,并在广大群众中扎下根来。南方国统区以及部分沦陷区共产党员"职业化"的实施,就可以社会职业为掩护,使党员干部长期埋伏、深藏和扎根于群众之中,保证党的骨干力量的安全,使南方局及所属各地共产党员可以在"敌人鼻子底下"有序、从容地践行党的群众路线,真正做好南方国统区以及部分沦陷区党的群众工作。

二、 实行"合法化",厚植群众路线实践的政治基础

"合法化",就是南方局及所属各地共产党员利用一切社会关系与条件,进入国民政府的行政部门或合法团体,获得社会职业与合法身份,做到职业、身份合法以及所开展的社会活动合法。

南方局及所属各地党组织充分利用合法团体与公开组织吸引与争取群众,参加到各种合法团体与公开组织中开展工作。通过工作启发群众、掌握群众,以至掌握整个组织或团体。譬如,基督教青年会、民先、抗敌后援会、救国会、读书会、劳协甚至国民党、三青团发起组织的团体或公社。只要是群众性社团、群众性组织,不管它们是灰色的,还是黄色的,都要想尽办法打入进去。在群众性社团、群众性组织中工作的共产党员要有明确分工,少数同志要争取成为领导成员,多数同志要长期深藏和扎根于群众之中。不要求将群众性社团、群众性组织的领导机构全部占据,每个里面有一二人成为领导成员即可,担任了团体领导人和公社负责人的通常都要同深藏和扎根于群众之中的共产

党员断绝联系。如此一来,既有利于组织发动群众又不容易暴露身份,即使暴露了也可以及时转移党的骨干力量。根据南方局的指示与规定,在合法团体与公开组织中工作的共产党员,不能与在非法组织与秘密组织中工作的共产党员发生直接联系;担任了合法组织负责人的共产党员,不能与本组织内部的秘密党员轻易发生联系,这是保全、巩固、发展南方国统区以及部分沦陷区党的革命力量的一项关键措施,也是增强群众路线实践的政治基础的一条重要经验。

善用国民党内有地位有影响的亲朋好友作掩护,是实现"合法化"、增强群众路线实践政治基础的重要一环。蒋介石集团不允许共产党在其统治区域合法存在。南方局再三要求,要尽一切可能借助国民党内有地位有影响的亲朋好友,来掩护党的机关及党员从事革命活动。在南方国统区以及部分沦陷区内工作,依靠群众是最基本的,但不可忽视利用国民党的组织及人员,特别是一些国民党内地位较高又与中共有某种关系的人员,我们党正是利用这些关系,派出党员干部打入了国民党机关。譬如,董必武的秘书侯甸有一个亲戚,与广西国民党上层人士有密切联系,董必武借助这层关系,将秘书侯甸派往广西担任县长,以公开合法身份作掩护,巧妙开展党的群众工作,深入践行党的群众路线。共产党员何世庸是国民党立法委员何遂之子,董必武借助这层关系,把何世庸派到国民党西安盐务总局工作,以公开合法身份作掩护,开展党的秘密工作与群众工作,干得相当出色。南方局在中国红十字会建立了特别支部,由郭绍兴、毛华强、章文晋先后担任特支书记,共产党员二十多人。红十字会特支到达贵阳后,其组织关系直接由八路军贵阳交通站领导,开展了一系列的工作,主要是利用运输股各汽车队往返于交通运输线上的便利,以合法形式发起成立了"红会书报供应社",公开输送进步书刊;广泛动员大西南、大后方医务人员到抗日根据地去工作,先后动员组织了二十余个医疗队到延安以及敌后抗日根据地进行医护工作,还组织动员了一批青年医务工作者参加了八路军;通过特支的广泛宣传,一部分高级医学专家,譬如卫生工程专家过祖源与郑恒兴、公共卫生专家马家骥与荣启荣、医学专家陈朴、X 光专家荣独山等，都倾向与赞成中共的抗战主张，从而扩大了中共在红会的政治影响。

实行"合法化"的一个棘手难题是中共秘密党员加入国民党的问题。抗战进入相持阶段，蒋介石集团通令军政教育机关公务员必须全部加入中国国民党，否则不得任职。当时国民党当局在所有政府机关、社会团体以及学校强迫人们参加国民党或三青团，中共地下党员不参加是立不住的。针对国民党当局实行"党化全国"的手段，中共中央决定在组织上"实行革命的两面政策"来对付其反动的组织政策。中共中央发出《关于秘密党员加入国民党问题的指示》(1940 年 5 月 5 日)，要求凡秘密中共党员被迫加入国民党的，应即加入，而相当暴露的共产党员被迫加入国民党以便迫其自首反共的则应拒绝加入，宁可牺牲职业而逃亡别处工作，被迫或由地下党决定加入国民党或三青团的，必须经常对其进行工作方针教育，使其能长期埋伏，谨慎策略地进行与群众联系的工作。周恩来对此形象地说：我们在国统区搞工作，就要像在舞台上演戏一样，要根据情况随机应变，要有多方面的面孔，但要做到形变心不变，要忠于共产党。

三、 实行"社会化"，拓展群众路线实践的社会领域

"社会化"，就是南方局及所属各地共产党员通过学习社会知识，参与社会生活，提高生活技能与劳动技能，把自己塑造成符合社会要求的人，为践行党的群众路线奠定扎实的社会基础。

在实行"社会化"方面，按照南方局的指示，各地中共组织结合自身的斗争环境与工作实际，通过各种方式进行了有效尝试，有的地方还创造了不少新途径、新做法，在各条战线以各种方式隐蔽在群众中开展党的工作。第一种是采取封建的、自发的或为当地群众所习惯的方式。南方国统区以及部分沦陷区共产党员与进步青年深入当地农民群众中，以拜弟兄、结姊妹等方式隐蔽于群众之中，以互助会、兄弟会等方式团结群众或以喝鸡血酒、拜把结盟等方式

交朋友。第二种方式是以中小学为据点隐蔽共产党员,组织秘密读书会,建立中共外围组织。第三种方式是打入国民党党政部门,共产党员打入敌人阵营后外化内不化,同流不合污,不露政治面目,多方面开展上层活动,以巩固已有的地位。第四种方式是共产党员与进步青年深入少数民族聚居地区,与少数民族贫苦农民交朋友,尊重其风俗习惯,学习其语言,有的甚至脱下汉族服装,穿上少数民族的土布或麻布衣裳,在姊妹会、兄弟会基础上组织农民翻身会,要使党员自觉地、必须深入社会的大众化才能保全与巩固党组织,隐蔽起来。在实行"社会化"方面,南方局及所属各地党组织采取各种隐蔽形式,在无声无息中加强了革命力量。

在执行"社会化"过程中,南方局一些同志曾倡议国统区中共地下党员"行动起来",要"敢说、敢骂、敢哭、敢怒、敢打"。周恩来对此进行了严厉批评与深刻教育,引导其认识到实行"社会化"、转变组织形式与活动方式的极端重要性。周恩来指出,国统区的共产党员必须"深藏在群众中",从下层做起,学习社会知识,参与社会生活,"决不应忘记自己是个共产党员而消极隐蔽,每个共产党员都要更好地发挥作用"①,这是南方局及所属各地党组织的任务所在,也是其存在与发展的重要依靠;脱离了群众,不但无法开展党的群众工作,也根本无法立足与生存。如此一来,轻浮急躁的作风渐渐下降,研究社会的作风渐渐建立起来。从这个意义上说,这主要归功于南方局的正确领导与政治智慧,正是周恩来领导南方局开创了大西南、大后方群众路线实践的新局面。

第四节 创造秘密组织形式,依靠"据点" 践行群众路线

在缺乏民主政治资源的前提下进行革命斗争,深入群众、扎根社会不但是

---

① 《董必武传》,中央文献出版社 2006 年版,第 374 页。

党组织赖以存在的基本策略,也是党组织开展群众工作的重要手段。建立团结进步青年的秘密组织形式——"据点",这是南方局深入群众、扎根社会、团结青年的一个"伟大创造"。周恩来明确指示,南方局青年组要联系青年实际,通过"据点"有计划地提高青年觉悟,大西南、大后方的共产党员要在内在感情上与外在形象上融入青年群众之中,使青年群众工作从巩固中发展深入。

一、 初步建立"据点",团结进步青年

"据点"是皖南事变后南方局所属各地中共组织的工作重点。皖南事变后国民党统治区社会政治环境更加恶劣,国民党实行特务政策,残酷地镇压爱国青年的抗日救亡运动,各地中共地下组织曾经一度也采取过各种形式的"铁对铁"对抗,导致南方局及所属各地党组织在大西南、大后方的组织活动更加艰难、群众工作更加被动。为保证革命任务的完成,南方局及所属各地党组织只能采取"个别联系"的方式。在这种特定条件下,南方局将地方党的工作重点"主要放在学生青年与职业青年上去",并在实践中探索创造了新的组织活动形式,成为国民党高压下中共联系进步青年群众的桥梁。周恩来将这种新的组织形式称为"据点",他说"干脆就叫'据点'吧! 我们在敌后安插了几个据点,在这里也应该安插几个'据点'"①。"据点"完全建立在彼此熟悉信任与共同政治见解的基础上,在同一地区、同一部门,由相互熟悉与彼此信任的青年人组成。所谓共同政治见解,就是"坚持抗战、争取民主、加强团结、为民服务",愿意接受中国共产党的领导。"据点"这个名称,只有与南方局青年组直接联系的少数骨干力量知道。"据点"成员又分别联系若干个小"据点",各"据点"之间不发生横向联系。"据点"成员转移到其他地区或其他单位之后不转移关系,仍然同原"据点"保持联系或者另外建立新的"据点"。由于"山城"重庆是南方局机关所在地,所以南方局青委直接领导重庆地区"据

---

① 南方局党史资料征集小组编:《南方局党史资料·群众工作》,重庆出版社1990年版,第444页。

点"工作,但是其他省区"据点"工作则由当地党组织直接负责。

南方局青委高度关注和直接领导陪都重庆的"据点"工作。第一批"据点"建立起来之后,周恩来对其注意事项与操作办法做了一系列重要指示:"青年喜欢组织,有了一个便不肯去掉。故无章程、无纲领的感情的或文艺的小组是否可以,只要人数不多是可以的。"周恩来于1942年5月25日在致电中共中央青委、报告南方局青年组工作的电文中谈到:南方局青年组已建立四个"据点",现有非常关系150人,包括经济军事、文化教育等政府机关的进步青年以及大中学生。这种"据点"是由三五人组成的、小规模、不定形小组,以学习职业为主,研究时事问题与重要政治文献,还做调查研究与通信工作。今后工作主要是巩固现有"据点",对留校学生进行启发教育,利用回乡同学作农村调查。周恩来于1943年4月在南方局青年组《一九四二年度工作》的报告上作了多处眉批,其重点内容是:"据点"不能超过五人,多则需要分开;建立"据点",顺其自然为好;加紧职业青年工作,建立平行"据点"、模范"据点"、分散"据点";要创新学习方法与工作方式,教育青年要有多方面知识储备;要有计划地提高青年群众的政治觉悟,向中层发展;经过较长时间联系的青年要求入党,可将其申请书与履历书收入登记,并报党中央青委,但加入则不必;《青年生活》要联系青年现实问题表态,也要有思想斗争文章。周恩来还批评了青年工作中的"关门主义",明确要求今后的青年工作应"从巩固中发展并深入"①。

在南方局青年组及各种中共组织的指导下,根据"三勤""三化"方针隐蔽下来的南方局及所属各地共产党员,深入群众、深入基层、深入实际,默默无闻地做了大量党的群众工作,在自己周围积聚与汇集了一大批进步力量。早在1942年,重庆高校首先形成了以共产党员为骨干、以进步分子为中心、以职业单位为阵地、以三五人为规模、联系群众广泛、活动灵活多样的秘密进步组织。

---

① 金冲及主编:《周恩来传》第二册,中央文献出版社1998年版,第621页。

中央大学建立第一个"据点",其他高校的共产党员随即相继建立起自己的"据点"。这些"据点",第一,无名称;第二,不定形;第三,机动灵活。因此,"据点"相对隐蔽,不易暴露,致使国民党军警特务看不见、摸不清、抓不到。南方局负责人董必武说过:"我们没有固定的组织形式,国民党要打击我们,正如铁打棉花打击不着……"①"据点"这样一个非固定、无名称的秘密组织形式,深藏于社会之中,广泛团结了周围的青年群众,有效积聚了身边的进步力量,成为党组织联系党员干部以及进步青年群众的桥梁与纽带,起着掩护党的组织与聚集革命力量的重大作用。

二、 发挥"据点"作用,积聚进步力量

"据点"是中共联系进步青年、积聚进步力量的一种新式纽带与重要桥梁,它既无固定形式,又非中共内部组织,它通过共产党员或进步分子去保持一定的党群关系。"据点"这种新式纽带的存在方式与活动形式,有效解决了战时艰苦时期隐蔽要求与公开活动的矛盾,为保存与壮大南方国统区以及部分沦陷区党的骨干力量,开创党的群众工作与情报工作新局面做出了突出贡献。

(一)建立领导核心,积聚积极分子

南方局青年组在大西南、大后方的主要任务之一就是扩大中共的社会基础。经过交朋友与团结积极分子,建立领导核心已初步具备了一定基础。有计划地培养非共产党员的青年干部,帮助他们克服过"左"的工作作风,提高他们的政治认识与独立工作能力,提高他们的学习情绪,鼓励他们精通自己的业务,掌握一定的学术知识和专业特长,长期地坚守职业岗位,做埋头的工作。在一个"据点"发展到相当规模之际,就要着手创建有领导核心的中心小组,

---

① 中共中央党史研究室科研管理部、中共重庆市委党史研究室编:《见证红岩——回忆南方局》,重庆出版社 2004 年版,第 641 页。

中心小组负责人由小组成员推选产生。参加各个"据点"中心小组及各个"据点"的人大都是新民主主义青年,他们赞成中共的政治主张,有着抗战、民主、团结的志向,少数有共产主义理想的准备走进中共队伍中来。在已经有了"据点"中心小组的地方,南方局青年组积极帮助推进他们的领导工作,使他们的工作与学习走上正轨,并根据他们的具体情况去研究工作规律和总结经验,使他们在原有的基础上巩固起来。在南方局青年组的坚强领导下,"据点"工作于 1944 年与 1945 年年初进入较快发展阶段,一方面,"据点"数量比以往增加了,交友范围比以往扩大了;另一方面,"据点"的工作内容和实际经验也比以往丰富了,并且有了模范"据点"。截至 1945 年,南方局青年组联系的"据点"有 48 个,"据点"成员有 989 人,积聚与团结了南方国统区以及部分沦陷区一大批进步青年。"据点"工作能够有效开展又能隐蔽与掩护自己,归功于"据点"负责人及其成员们在工作上、学习上、生活上都能够以身作则,成为青年群众的学习榜样与钦佩对象。"据点"的绝大多数骨干力量在工厂是技术高超、踏实肯干的工人,在学校是品学兼优、积极向上的学生,在机关是克己奉公、勤政务实的职员,在团体是热心公益事业、坚持任劳任怨的员工。"据点"打破了青年组织的公式主义,团结与凝聚了一大批积极分子,是南方局及所属各地党组织深入群众的一支重要力量,因此赢得了群众的拥护与上级的信任,站稳了脚跟。

(二)改进宣教方式,引领青年思想

开展群众宣传教育工作是各个"据点"的日常工作之一,主要方式有:一是推销与传阅宣传品。以地下的非卖品、小册子等方式推销,这些地下读物中的许多信息是报上看不到的,很受青年读者的欢迎,而各个"据点"即是推销品的组织者与发行中心。二是推销《新华日报》以及为《青年生活》写稿。青年组所联系的青年朋友实际上就是《新华日报》的积极读者与支持者,他们在分享《新华日报》所提供的精神食粮的同时,积极给日报写稿与推销。三是介

绍进步的文艺作品。收集与介绍各种能够激发青年的正义感、反抗性、革命热情的作品，特别如高尔基、鲁迅、邹韬奋及罗曼·罗兰的作品，同时关于敌后的、边区的也加强收集与介绍，对大西南、大后方青年特别是中学生的思想启蒙起了积极作用。四是举办公开的讲座。聘请专家做专门问题的公开演讲，如邀请姚雪垠、老舍、沙丁等做文艺问题的演讲，经济学家马寅初的演讲听众达 800 余人，聘请的对象不仅限于作家与专家，而且扩大到有自由主义倾向的教授与专家，以及有正义感的、在青年中有影响的社会名流等，通过公开合法的学术讲座来联系、团结以及教育青年。五是具体解释说明与个别口头宣传。坚持具体对象具体分析，具体人物具体宣传，通过个别谈心谈话来启发与引领青年朋友的思想，促使中央大学师生在当时政治高压形势下敢于在文化界对时局宣言上签自己的名字。

（三）开展生活互助，升华革命友谊

"据点"是广交朋友、扎根群众的产物，通过"勤交友"建立起由若干进步青年组成的工作"据点"。开展生活互助是结交朋友与巩固"据点"的重要途径。在战时大西南、大后方生活艰苦的条件下，实行朋友之间的互助救济很有必要，大西南、大后方的"据点"抓住了时机，采用多种渠道、多种方式开展生活互助，升华革命友谊。譬如，共同储蓄的办法，就是按照个人收入的比例拿出一部分来作为储蓄与救济朋友的基金。当某个朋友患疾病的时候，或在失业的时候，以及遭受政治压迫处于逃亡困境的时候，可以得到帮助和保障。同时有些"据点"也采取共同创办事业的方式，要么举办一种股份公司形式的商业，要么经营一种小范围小规模的生产，通过这些事业来援助与解决朋友之间的生活困难。有一个工人"据点"就有二十多个工人共同开了一家小商店，帮助那些患病的朋友，或者对发生别的重大困难的朋友施以援助。最后一种互助的办法就是帮助朋友们解决职业问题和升学就业问题。在当时大西南、大后方就业困难的情况下，各"据点"不但要照顾自己所联系的朋友，就是对一

般青年也加以援助,一方面,要了解和调查自己朋友的特长与能力等;另一方面,要去调查各个朋友的社会关系和可以介绍职业的机关和部门,南方局青年组专门组织了一个介绍职业的三人委员会。

(四)开展反特斗争,提高政治警觉

针对特务活动日趋猖獗的不利局面,南方局青年组对各"据点"的反特务工作作出指示:一是提高对特务斗争的认识,采取必要的应付办法与防御方法。要提高政治警觉,采取必要的措施与步骤,掩护与保存自己的力量。各"据点"朋友要正确认识特务政策,以及周密调查自己所在部门的环境及特务活动情形,再按照这些调查规定出自己行动与秘密工作的原则。二是要总结反特务斗争的经验及严格遵守秘密工作的原则。加强秘密工作的教育,研究反特务斗争的经验,使据点与青年组的接头转到外面去。三是反对特务机关的"红旗政策"。特务机关无论在学校、工厂、职业部门都指定一定的人以左的面孔出现,接近进步青年,而青年朋友大多天真热情,对识破这种人缺乏经验。例如,有一个"据点"的一个奉行"红旗政策"的人,以进步热情的面目赢得了进步青年的好感,把他当成志同道合的朋友,有一次"据点"负责人外出办事时把一个皮箱给他,他立即将皮箱带回特务机关,发现皮箱里全是宣传品和进步书籍,结果迫使"据点"的四五个朋友逃难。青年组要求各"据点"通过群众路线来发现这种"红旗政策"的人,对于自己所联系的人,应该经常地和定期地进行审查,要看他的行动和生活,以及研究这个人的真实历史。通过开展反特斗争,提高政治警觉,来顺利开展结交朋友与巩固"据点"的工作。

(五)扎根基层群众,支援全民抗战

1944 年年底,日军攻占贵州独山,重庆直接处在日军威胁之下,大西南、大后方军民的抗战压力进一步增大。为把全民族抗战进行到底,坚持持久游击战争,南方局号召"知识青年到农村去",到广大农村建立根据地。中共川东组织在南方局青年组统一部署下,先后派出一批共产党员与青年积极分子分赴四川各地农村。派往上下川东的共产党员与进步青年,主要分布在达县、合川、广安、大竹、渠县等边缘地区与国民党统治薄弱地区。这些青年组成一个个工作组,以合法身份与公开职业做掩护,扎根在群众中,逐步积蓄了力量,建成多个农村"据点";有的打入国民党乡村政权,控制了乡镇保甲组织,建立了一批"两面政权",掌握了一批武装,有效地掩护了中共地下组织。1944 年,根据周恩来的指示,育才学校驻城办事处、中央大学、复旦大学等处的"据点",先后发动与组织了 510 名进步知识青年到中原新四军五师。1945 年 4 月,通过南方局青年组,又将 81 名懂英语的青年知识分子选送到张家口解放区,有力地支持了解放区的抗日战争与革命斗争。

（六）扩大交友对象,团结周围群众

南方局青年组各个"据点"交友的范围、对象是广泛的。尽量利用现有的合法团体,使每一个朋友都参加进去,克服"小圈子"的孤立生活。交朋友的对象是各种各样的,在所交朋友中间,不仅包括各种阶层、各种职业、各种民族的朋友,而且包括各种不同的文化水平与思想意识形态的朋友。当时大西南、大后方的青年,在思想上大致分为三类:第一类是进步的、要求民主的青年,从思想意识来看,既有新民主主义的,又有旧民主主义的;第二类是中间派青年,他们对政治的兴趣并不高,主要是希望在学术技术上得到成功或者为了生活;第三类是落后青年,既有国民党、三青团的中上层干部及下层积极分子,又有悲观厌世或者生活腐化的青年。青年思想意识分布呈"两头小、中间大"的情形。大西南、大后方青年有着一些共同点,就是在当时大西南、大后方政治、经济、军事、文化的客观条件下,都处在一种痛苦的、苦闷的、没有出路的状态,同时摆在他们面前的出路也比任何时候都更加明显,或者是民主的中国,或者是照旧地生活下去。现实的教训比国民党的欺骗更有力量,中共的政治主张以及华北敌后胜利的影响,对于大西南、大后方的青年都是莫大的推动与刺激。

这一切促使南方局青年组认识到扩大交友对象、团结周围群众对于开展革命工作的重要性,同时也了解到交友对象是极其广泛和极端复杂的。南方局青年组开展广泛的交友工作,善于与各种不同对象找到各种共同之处,从共同的学习生活与兴趣爱好中接近与认识对方,与之合作,结为好友,引导他们沿着正确方向前进。在周围团结与聚集各种不同志趣的朋友,在生活中打成一片,慢慢地建立起与朋友的感情与相互的信任。在与朋友的交往中设法去了解朋友的过去与现在,譬如,他们的特长爱好、社会出身、家庭环境、文化水平、社会关系、工作能力以及现在的思想情绪、经济状况等。了解朋友不仅从他的言论上去了解,还要从他的行动方面、生活方面去把握。在大西南、大后方特务政策的包围下,南方局青年组考虑到单纯由青年组联系外边的朋友,不仅人力上感到困难,而且受到环境的限制。于是,把交朋友的中心转到外线,在外边建立起新的工作"据点"。由新"据点"直接担负起联系、团结与教育青年的责任,并独立地推动交朋友的工作。由此,"据点"的工作在各个地方陆续地建立起来。许多"据点"在人数上已发展到几十、成百甚至达到两百余人。由于"据点"工作的发展,又考虑在"据点"中建立起中心小组。可见,"据点"是南方局及所属各地党组织与群众联系的关键纽带与新式桥梁,也是推动抗战后期民主运动的重要支柱。

三、 升华"据点"形式,成立进步团体

随着国统区民主运动的兴起,"据点"的组织形式与活动方式已不适应迅速发展的革命形势。为了适应新形势新要求,南方局指示西南地区党组织在"据点"已积聚起进步力量的基础上,建立中共秘密外围组织。按照南方局的指示精神,中共秘密外围组织与公开进步团体在"据点"的基础上相继成立。1944 年 7 月,以复旦大学为基地成立了"中国学生导报社",并于同年年底创办了公开发行的《中国学生导报》。1944 年 10 月,成都建立"民主青年协会";1945 年 1 月,昆明建立"民主青年同盟";1945 年 7 月,重庆建立"新民主主义青年社",昆明建立民主青年同盟、新民主主义联盟。这些公开进步团体

都继承了"据点"的优良传统,成为南方局及所属各地党组织领导群众运动的得力助手,在国统区民主运动中发挥了先锋作用,为大西南、大后方党组织后来发展壮大奠定了深厚的群众基础。

抗战胜利后,"据点"工作的客观环境与现实条件发生了很大变化,中共中央南方局根据"据点"工作的情况,对"据点"工作今后的发展方向提出了新目标与新要求。第一,将来一个时期在收复区,那里中共组织尚未建立或很薄弱,群众组织亦无基础时,尚可以个别共产党员或进步群众建立工作"据点"。第二,如果在同一地区有几个"据点",尚无中共领导机关,在平时这些"据点"仍应互不打通,不互知组织情形,只在某一种共同行动时由中共派人去领导,并把各"据点"负责人召集起来磋商某种问题以便配合。第三,当"据点"已经发展到需一定的组织形式时,即是说群众基础扩大,党仍薄弱,如昆明、成都则应按各业务阶层的群众不同的要求、不同的具体环境,组织不同形式的广大群众的核心组织,不应如昆明的"民青"或成都的"民协",重庆的"民工",以一种名称、形式、纲领、章程,统一大中学以至职业青年及工人。这样发展下去,更加庞大,势必不能保密,也不适合各阶层群众的要求。遵照南方局的这一新要求,"据点"由此向着组织形式更加严密、活动方式更加隐蔽的形式发展。随着各地中共组织的建立,民主运动的开展,各地中共组织利用各种公开合法的形式联系与组织广大群众,由"据点"的形式逐步发展为公开的同情小组、群众座谈会、研究会等,"据点"也逐步被形式多样、组织层次更高的群众活动、群众团体、群众组织所取代。

第五节　加强宣传教育引导,扩大党在国统区的政治影响

以周恩来为书记的南方局以《新华日报》与《群众》周刊为思想舆论阵地,旗帜鲜明地宣传党的政治路线与群众路线,在公正、正义立场上支持配合南方局及中共中央政策,广泛传播马列主义及抗战进步文化,坚持正确舆论导向,

宣传教育引导群众,有效引领社会心理,使《新华日报》与《群众》周刊赢得了"抗战号角、人民喉舌"①的美誉,为大西南、大后方党的群众工作营造了良好的舆论氛围,扩大了党在大西南、大后方的政治影响,赢得了海内外各方面力量的理解与支持。

一、 广泛传播马列主义，扩大中共政治影响

《新华日报》与《群众》周刊是中共在长江局时期首次在大后方公开发行的党报党刊,也是党在国统区唯一公开的宣传舆论阵地。武汉失陷后,按照中共中央书记处的指示,董必武率领《新华日报》《群众》周刊以及八路军武汉办事处部分人员先期抵达战时陪都重庆,逐步恢复出版《新华日报》与《群众》周刊,建立党在国统区新的思想舆论阵地。后来,《新华日报》在桂林、成都等地设立分馆,在贵阳、昆明、雅安、宜昌、南充、自贡等地设立分销处,扩大了党报党刊的影响力与覆盖面。周恩来在《新华日报》创刊时题词:"坚持长期抗战,争取最后胜利",明确了该报的办报方针。周恩来要求《群众》周刊负责人"从理论上批判一切不利于抗战以致破坏抗战的反动谬论"②。在周恩来与南方局的正确领导下,国统区进步知识分子广泛宣传马克思主义这一指导中国抗战的坚实指导思想,使大后方广大人民接受了党的方针与政策,掌握党的立场观点方法,将抗日战争引向光明与胜利的前途。

在重庆,南方局把党报党刊办到了黑沉沉的大后方,使之成为传播马克思主义的重要阵地,燃起了先进思想文化的"明灯"。南方局借助八路军驻渝办事处、苏联大使馆、中苏文化协会,从苏联、延安运来大量马列原著、毛泽东著作。在重庆,南方局通过进步的出版社,出版发行了大量马列著作,胡绳、许涤新、艾思奇、潘梓年等著名理论家对马列著作做了深入宣传。《新华日报》借

---

① 钱之光:《敬爱的周恩来同志战斗在重庆》,见《不尽的思念》,中央文献出版社 1987 年版,第 90 页。

② 《周恩来年谱(1898—1949)》上卷,中央文献出版社 2007 年版,第 407、426 页。

助马克思、恩格斯、列宁的诞辰纪念,发表了大量纪念文章与社论短评,以迂回、渐进、韧性的方式宣介马克思主义,代表性纪念文章有葆荃编译的《恩格斯的生平著作及其事业》,李卜克内西著、曼生翻译的《作为革命者的导师和教育者的马克思》《纪念人类的伟大导师列宁》等,代表性社论短评有《纪念两个伟人马克思和孙中山》《纪念恩格斯的诞生》等,而且还刊载了一系列毛泽东著作及其生平事迹的宣介文章。《群众》周刊与《新华日报》不同的是,刊载内容更偏重于专门化与理论化,经常刊载介绍《政治经济学》、联共(布)党史、《资本论》《社会发展史》等马克思列宁的著作,广泛传播马列主义,不断扩大共产党的政治影响。此外,还发表了大量结合抗战实际学习马克思主义的理论文章,譬如,许涤新的《怎样研究政治学》、陈云的《到什么地方学习》、潘梓年的《学习什么、怎样学习》等。

在桂林,《新华日报》桂林分馆、生活书店、新知书店、读书生活出版社等利用相对宽松的政治环境,发表介绍《资本论》等马列著作,苏共党史的文章,介绍国际共产主义运动的历史经验,出版发行了《社会主义从空想到科学的发展》《共产党宣言》《共产国际纲领》《法兰西内战》《家庭、私有制和国家的起源》等马列原著。与此同时,还公开发行或秘密出版了毛泽东的《论持久战》《新民主主义论》等著作。

在成都,《大学月刊》《大声周刊》等先进报刊也大量刊载马列主义、毛泽东著作,介绍马列主义原理,宣传抗日战争主张。此外,昆明、贵阳等地马列主义的传播也呈现出风起云涌之势,"形成了南方局马列主义传播的鼎盛时期"[1],为大西南、大后方人民提供了精神食粮与思想武器,"它不但是当前抗战的武器,而且是在思想上干部上准备未来变化"[2]。南方局尽最大可能加强

---

① 中共四川省委党史研究室编:《中共中央南方局的文化工作》,中共党史出版社 2009 年版,第 365 页。
② 南方局党史资料征集小组编:《南方局党史资料·文化工作》,重庆出版社 1990 年版,第 4 页。

宣传教育引导,帮助大西南、大后方各阶层、各民族、各团体人民科学认识与正确把握了抗日战争前途与历史发展规律,扩大了中国共产党的政治影响。毛泽东在重庆谈判期间,曾在红岩村会见了"小民革"主要负责人王昆仑、屈武、许宝驹,谈了一个通宵。毛泽东回到延安后说:"这些朋友对党的政策了解得透,理解得深。"①

二、 坚持正确舆论导向,宣传教育引导群众

《新华日报》自创刊之日起就强调"人民的报纸",坚持代表人民群众、服务人民群众、引导群众斗争的办公宗旨。周恩来高度重视党报党刊与人民群众的密切联系,要求多反映老百姓的生活与要求。针对有人反映"最近时局沉闷,新闻线索较少。有的报道枯燥乏味,读者也不要看"②的情况,周恩来一针见血地指出:"这是因为你没有深入群众,不了解读者的愿望和要求"③,倘若"你实在没有线索,不妨到茶馆里去坐坐,听听群众在谈些什么,想些什么"④。为了将大西南、大后方处于分散状态的社会各界人士充分调动起来,《新华日报》陆续开辟《妇女之路》《工人园地》《青年生活》《读者信箱》等专栏专页,广泛吸引社会各界群众参与,把与国统区群众利益最直接、反映最强烈的事实作为政策宣传的突破口,满怀深情地报道国统区人民群众的劳动生活与社会活动状况,抓住那些与群众利益息息相关又牵动整个社会的敏感问题进行舆论引导,同时真正反映全国抗战的动态,帮助大西南、大后方人民群众真正认识与深刻理解巩固与发展抗日民族统一战线的重大现实意义。《新华

---

① 南方局党史资料征集小组编:《南方局党史资料·统一战线工作》,重庆出版社1990年版,第311页。

② 中共四川省委党史研究室编:《中共中央南方局的文化工作》,中共党史出版社2009年版,第37页。

③ 中共四川省委党史研究室编:《中共中央南方局的文化工作》,中共党史出版社2009年版,第37页。

④ 陆诒:《在周总理领导下做新闻工作》,见《新华日报的回忆》,四川人民出版社1979年版,第36页。

日报》在新闻界广交朋友,建立新闻界的统一战线。《新华日报》有时尽量收集、发表各种新闻,揭露事情真相,用事实说话,从而反击谣言与正面宣传,有时停止刊发一切刺激性、揭露性稿件,以示和缓;有时则进行旁敲侧击,转弯抹角地迂回作战。《新华日报》逐渐成为大西南、大后方人民群众最喜欢的报纸,被誉为国统区的"指路明灯"。同时,《救亡日报》开设"街谈巷议""今日话题""小言"等栏目,坚持正确舆论导向,宣传教育引导群众,"讲人民大众想讲的话,讲国民党不敢讲的,讲《新华日报》不便讲的",既宣传党的方针政策,又避免故作姿态地空喊政治口号,有效引领与有力推动了抗战进步文化的健康发展。

南方局充分利用文协、国民政府军委会政治部第三厅、文化工作委员会、桂林八路军办事处等公开机构开展慰问活动、编印抗战宣传品,宣传《在延安文艺座谈会上的讲话》以及党的文艺政策,发展国统区进步思想文化,深入践行党的群众路线,引领国统区进步文化人士,鼓舞军队与民众的抗战斗志。皖南事变后,南方局以戏剧为突破口,利用雾季艺术公演开展政治斗争,在国统区掀起一场规模空前、影响深远的进步文化运动,从而冲破了国民党顽固派的政治围剿,增强了民众抗战必胜信念,使以"抗战、团结、民主"为旗帜的抗战进步文化成为大西南、大后方文化主流。国民政府军委会政治部第三厅在重庆期间编印了《日寇暴行录》《抗战墙报》《抗战文艺》《抗战小丛书》等宣传资料,揭露日军的战争罪行,刊载抗击日寇的文艺作品,介绍中国军民的抗战业绩,在国统区民众与军队中广为散发。南方局还根据政治形势的变化,对文化阵地与力量进行及时合理的调整,以重庆为中心,香港、成都、桂林、昆明、贵阳等为重要文化据点,使国统区文化界既保存实力又充分发挥作用。南方局于1943 年发动进步文化人对蒋介石《中国之命运》进行了深刻揭露与批判。由此产生了郭沫若的《十批判书》《甲申三百年祭》,吕振羽的《简明中国通史》,翦伯赞的《中国史纲》等一大批以历史眼光批判封建法西斯文化的学术成果,达到了教育群众、团结群众的效果。南方局所领导的进步文化运动,大大增强了党在大西南、大后方爱国知识分子中的向心力与凝聚力，培养造就了一支高举抗战民主大旗、为民族解放呐喊战斗的文化大军，在大西南、大后方社会各界人士坚持抗战、争取民主中发挥了巨大鼓舞激励作用。

毛泽东强调，要抗战必须发动群众，因此宣传工作的任务很重要。据不完全统计，周恩来相继在《新华日报》上撰写发表 58 篇文章、题词 11 次，在《群众》周刊上撰写发表 13 篇文章。以周恩来为书记的南方局在抗战宣传上，既报道歌颂抗日根据地、八路军新四军英勇顽强、浴血抗敌的事实，也及时多方面报道歌颂国民党正面战场及一切英勇抗战的国民党将士。譬如，八路军于 1940 年 8 月至 12 月对华北日军发动了驰名中外的"百团大战"，《新华日报》对"百团大战"的报道足有十多篇，内容涉及战果报道、国际反应、战局分析、大战意义等。《新华日报》于 1942 年 8 月 3 日以"棋盘陀上的五个神兵"为题详细报道了冀中"狼牙山五壮士"的英勇壮举。该报对国民党正面战场也进行详细报道，譬如，桂南会战中的昆仑关大捷、上高战役的胜利。衡阳保卫战尽管失败，但也发表了《向衡阳守军致敬》的社论。根据周恩来关于必须争取公开合法，"办出一份左、中、右三方面的人都要看、都喜欢看的报纸"的指示，《救亡日报》在宣传艺术上采取灵活策略，以"超党派"的面孔出现：大力报道蒋介石集团的抗战言行，突出报道其表示团结进步的姿态；同时又以"三民主义"与"三大政策"吁请团结抗战与全面抗战，接过蒋介石"积小胜为大胜、以空间换时间"的口号宣传中国共产党"持久战"的思想，组织"讨汪"的舆论攻势打击投降派等。

《新华日报》等进步媒体既反映中国共产党的政策主张，也反映其他党派以及无党派的一切有利于抗战团结的意见和主张。1942 年 1 月，毛泽东明确指出，改进《新华日报》，"使之增强党性与反映群众"①。周恩来立即向《新华日报》传达动员，得到报社全体工作人员的热烈响应。周恩来 1942 年在负责

---

① 《毛泽东年谱(1893—1949)》(中)，中央文献出版社 1993 年版，第 369 页。

《新华日报》整改时要求："使这份报纸不仅成为反法西斯的论坛,并要成为民主的论坛。不仅常登进步分子的文章,还要登中间分子的文章。"①南方局以报刊作为群众路线实践的中介,一方面邀请社会各界人士在《新华日报》上发表看法,另一方面主动与民营大报建立互信合作关系,譬如,与《大公报》《新民报》的合作。《新华日报》每逢重大节日及创刊纪念日,均以增刊刊登国民党抗日派的文章,内容大都是鼓励人民抗战到底,争取最后胜利。南方局在开展对国民党民主派的团结和争取工作时,常常借助《新华日报》的舆论作用,对他们积极抗战、反对独裁的进步行为进行大力宣传,以此来鼓励他们促进国共合作,坚持团结抗战。《新华日报》于1941年1月14日在冯玉祥六旬寿辰之际特出专刊祝贺,周恩来发表了《寿冯焕章先生六十大庆》的文章,赞扬冯玉祥坚持御侮,反对投降,呼吁团结,致力联苏,说人所不敢说,为人所不敢为。这些文章的刊登表明中国共产党愿与各抗日党派坚持合作,风雨同舟,"今天团结在民族统一的战线中的各党派,是确确实实的患难之交"。这些报刊做到了既宣传中国共产党的抗战活动与政治主张,又对维护与发展抗日民族统一战线发挥了重大作用。《新华日报》根据党中央的总方针政策,在各个形势变化的重要时刻及时发表言论,广泛宣传党的方针政策与抗日主张,宣传八路军与新四军抗日战绩和抗日根据地的辉煌成就,反映国统区广大人民群众的呼声,揭露旧社会一切不合理的现象,支持国际反法西斯斗争以及一切进步事业,为国统区人民群众指明了正确方向,使大西南、大后方人民群众呼吸到新鲜空气,成为国统区人民群众的"精神食粮"。因此,苏联《真理报》、英国《工人日报》评价《新华日报》为"抗战旗帜,团结灯塔"。《新华日报》在国统区"是一张'北斗报',大家都寄希望于它,望着它,跟着它走";毛泽东称赞《新华日报》是"八路军、新四军以外的另一个重要方面军";董必武说,《新华日报》是共产党的"喉舌",广大进步文化人通过《新华日报》来了解中国共产党的精

---

① 《周恩来年谱(1898—1949)》下卷,中央文献出版社2007年版,第540页。

神、来指导行动和组织活动。总之,在南方局的直接领导下,国统区抗日文化运动沿着健康轨道与正确方向不断发展前进,增强了大西南、大后方人民群众坚持团结抗战的决心与抗战必胜的信心,起到了宣传抗战、鼓舞人心、引导群众的重要作用。

三、 加强对外宣传报道,争取国际舆论支持

向全世界华人宣传中国共产党的抗日主张与方针政策,紧紧依靠国内报刊作用十分有限,因此,南方局及所属各地党组织有必要将党的宣传阵地扩展到海外,以各种国际组织为讲坛,向全球宣传中国共产党的抗日战绩与政治主张,直接在华人华侨身边营造舆论氛围,争取海外民众对中国革命事业的帮助与支持。中共六届六中全会通过决议提出,当前紧急任务之一是:"加紧对外宣传,力争国外援助,实现对日制裁。"毛泽东于 1940 年 11 月致电周恩来,指出要与英、美作外交联络,以期制止投降。遵照中共中央指示,周恩来把"同苏、英、美、法等国团体联络,向他们提供消息"作为南方局外事工作的一项内容。① 中共中央当时在国外办了一份很有影响力的正能量报纸——《救国时报》,周恩来对于这份报纸的成长高度重视与大力支持,希望《救国时报》能承担起在广大华侨中广泛传布中共抗日思想与实践的重要责任。周恩来还亲自撰写发表文章,加强对外宣传报道,争取国际舆论支持。譬如,周恩来于 1938 年 11 月同廖承志、叶剑英、潘汉年联名致信《救国时报》,揭露日寇践踏根据地的罪行,宣扬八路军在敌后的战绩,号召广大华侨支援抗战。再如,周恩来于 1939 年 3 月与廖承志、叶剑英、潘汉年联名发表《第八路军致华侨社团的公开信》,向广大华侨介绍了共产党抗战的英勇事迹,敬希"诸公领袖同侨胞","迅速动员当地全体侨民,予以有效之援助,我八路军健儿,誓与日寇不共戴天"。在南方局的正确引领与积极推动下,乔冠华等主办"香港中国通讯社",

---

① 《周恩来年谱(1898—1949)》下卷,中央文献出版社 2007 年版,第 486 页。

黄药眠、范长江等主办"国际新闻社",新闻界著名人士创办《文艺阵地》《大地画刊》《耕耘》《世界知识》《华商报》《大众生活》《青年知识》等进步报刊,扩大了中国共产党对全世界的宣传报道。中国民主政团同盟于1941年9月在香港出版发行机关报《光明报》,于同年10月向国内外公开发表政治宣言,提出"加强团结、贯彻抗日、实践民主、结束党治、实现宪政、保障自由"等政治主张。这些报刊积极宣传党的抗日政策与政治主张,揭露日本帝国主义的侵华罪行,及时介绍中国军民抗击日军的辉煌战绩,动员侨胞支援祖国抗战。同时,共产党员冀朝鼎、徐永煐、唐明熙等曾相继在太平洋学会工作,该学会是以研究与交流太平洋地区情况为主旨的国际性民间学术团体,曾影响了美国政府、美国舆论的对华政策。通过加强对外宣传报道,争取国际舆论支持,南方局汇集了民族解放的巨大洪流,震动了海内外,让广大爱国侨胞所信赖与接受。

以周恩来为书记的南方局高度重视香港在海外抗日宣传中的地位,南方局在香港直接成立了一个"国际新闻社",主要业务就是向国外与华侨报刊供稿,把中国共产党的声音传递出去。周恩来指示廖承志要全力帮助与支持南洋华侨进步社团创办报刊、出版社等文化机构。当南洋侨领陈嘉庚先生向周恩来提出,希望中国共产党派一个人去帮其办理《南洋商报》,周恩来立刻敏锐地觉察到,这是一个很好的机会,可以加强对南洋侨胞的抗日宣传教育,扩大党在侨胞中的影响。周恩来随即派著名报人胡愈之亲赴香港、南洋等地参与领导针对华侨的宣传工作。胡愈之在南洋以无党无派的身份主编《南洋商报》,办报宗旨十分明确,"就是按党的指示,开辟海外宣传阵地,使《南洋商报》成为团结华侨、一致抗日救亡,实现党的抗日民族统一战线政策的有力工具"。该报在选编稿件与编写社论中突出强调中华民族团结与南洋华侨团结,及时准确报道国内抗战的最新消息以及发生的重大事件。皖南事变发生后,由于蒋介石集团的新闻封锁,事件真相报道受到种种限制,《南洋商报》不但如实报道了皖南事变,还连续发表几篇社论,深刻揭露国民党顽固派的分裂倒退行为,在南洋华侨界引起强烈反响。《建国报》发表《枪口一致向外》的社论,严正指出:"凡我爱国同胞,无论其属于任何党派或无党无派者,均不愿意看见我们国家民族由分裂而灭亡,我们再一次大声疾呼,枪口一致向外。"由于报道准确及时、客观公正,香港进步报刊与海外华侨报纸纷纷转载这些通讯文稿。《华侨日报》在侨胞中有很大影响,动员广大华侨积极支持中国抗战,销量曾达5000多份,深受海外侨胞与港澳同胞的欢迎。

　　抗战期间,一些世界著名通讯社、报刊社纷纷向重庆派驻媒体机构与新闻记者,譬如,德国的海通社、英国的路透社、法国的哈瓦斯社、美国的合众社、苏联的塔斯社,以及法国的《巴黎日报》、苏联的《消息报》、美国的《时代周刊》《纽约时报》、英国的《泰晤士报》等。周恩来在1940年12月24日致毛泽东等人的电报中说:统计抗战以来,英美记者宣传中国共产党及八路军、新四军的书籍不下二三十种,影响我党信誉极大,并发生一些外交影响。这些媒体记者站在正义立场上宣传战时首都重庆、报道中国抗战进程,他们在这方面发挥了独特作用。周恩来领导南方局外事组经常会见外国记者,举行记者招待会或演讲会,向国际社会大力宣传中国抗战形势与中国共产党方针政策,向外国驻华机构及其工作人员散发各种英文小册子,介绍中国共产党领导人的讲话、毛泽东的著作、党报党刊重要文章、八路军新四军的抗日战绩、解放区民主建设的情况等,扩大了中国共产党在全世界的政治影响,争取了海内外各方面力量的同情与支持,有效融入了世界反法西斯统一战线,在尖锐复杂的斗争中保持与维系了国共合作、共同抗日的良好局面,为中国革命朝着有利于中国人民的方向发展创造有利的国际环境。

　　事实证明,按照周恩来提出的"宣传出去,争取过来"①的工作方针,南方局领导的海外群众宣传工作效果明显,广大华人华侨就是通过这条途径接受了中国共产党作为重要抗日力量存在的事实。当皖南事变发生后,南洋侨胞

————————

① 《周恩来年谱(1898—1949)》下卷,中央文献出版社2007年版,第587页。

看到"我们的小册子"时,都很同情与支持中国共产党,而痛斥与谴责国民党当局无理,纷纷给新四军以捐款捐物与人道支援,而银行业巨子陈光甫在香港召集华侨商业界领袖商讨在国内投资问题时,恰逢皖南事变消息纷至沓来,"大家均以为政府要干内战,抗战局面危殆,谈不到投资,皆辞幸而退"。美洲洪门领袖阮本万、司徒美堂等人更是分别致电蒋介石与毛泽东,"大意谓获睹朱、彭、叶、项复何佳电,既知军事当局确曾下令新四军移防,国军二十万五道封锁陕甘宁边区,深感祖国内战危机。若不幸战争局面分崩离析,则不特英勇将士头颅空掷,全国同胞惨遭劫运,而且海外侨胞之捐输牺牲亦属枉费"。以周恩来为主要负责人的南方局加强对外宣传报道,积极争取国际舆论支持,为党在海外群众工作营造了良好舆论氛围,在中国共产党新闻宣传与理论工作上留下了光辉的一页。

第四章 中共中央南方局践行 群众路线的鲜明特色

南方局及所属各地党组织在南方国统区以及部分沦陷区的群众路线实践与解放区及边区的群众路线实践相比较,有其固有的鲜明特点,在工作对象上有青年、工人、农民、妇女之分,在工作范围上有农村、城市的群众路线实践之别,为中国共产党创造了新鲜的、特殊的、有益的经验。

第一节 始终坚持以学生运动为主导

青年学生是群众运动的急先锋与生力军,争取与发展青年进步力量是中共一贯坚持的重要群众工作。"以学生运动为主导"是南方局在群众路线实践中逐步摸索与凸显出来的。青年学生有知识有文化,对时事敏感,学习场所相对集中,便于组织与发动。为了做好青年学生工作,南方局专门成立了青年工作委员会,南方局所属中共组织有条件地成立了青年工作委员会,还直接联系了一些基层组织。积极争取与稳步发展学生进步力量是南方局一贯坚持的一项重要群众工作,南方局领导开展的青年工作主要以学生为重点,凡在南方局期间爆发的一系列重大群众运动,以学生参加者为众或者以学生运动为多。

一、 西南联大——全国性的"民主堡垒"

抗日战争时期以及解放战争初期的国立西南联合大学是一所享有盛誉的国内最高学府,也是一所具有光荣革命传统的知名联合大学,由私立南开大学、国立北京大学、国立清华大学西迁组合而成,带着五四运动、一二·九运动中追求真理、蓬勃向上的革命精神西迁至昆明,与云南的中共地下组织与革命力量相结合。因此,西南联大有许多师生受过革命思想的熏陶与政治斗争的锻炼,一大批进步教授、知名专家、民主人士以及知识青年都云集在此,成为对云南省国民政府主席、西南地方实力派龙云团结与争取工作的重要活动"据点",使昆明的民主运动有着比较坚实的政治氛围与群众基础。中共云南省工委适时地在西南联大建立党支部,开展党的工作,使青年学生党员队伍不断发展壮大,多达 206 名共产党员,将西南联大建设成为党在云南的重要活动"据点"与思想舆论阵地。许多人就是从西南联大开始接受或接触马克思列宁主义,逐渐摒弃传统落后思想而加入中国共产党、走上革命道路的。西南联大"内树学术自由,外筑民主堡垒",被誉为抗战时期全国的"民主堡垒",在大西南、大后方开展爱国民主运动中发挥了重大作用。

以西南联大为重点,开展爱国民主运动。郑伯克于 1941 年年初担任中共云南省工委书记,周恩来、董必武、孔原、钱瑛等均与郑伯克进行了亲切交谈,指示郑伯克到达昆明以后要以西南联大为重点,做好各方面党的群众工作,开展爱国民主运动。根据南方局领导同志的指示精神,郑伯克到达昆明后积极开展党的群众工作。然而,联系上组织关系的共产党员并不多,值得庆幸的是,有一部分原来撤退的共产党员陆续回校复学,有一部分共产党员刚刚考进西南联大。这样一来,地下党组织的力量逐渐增强、规模逐渐扩大。此时,南方局又派来刘清、侯方岳两名同志,他们与郑伯克组成中共云南省工委。郑伯克于 1942 年后同马识途等接上了组织关系,他们于 1943 年在西南联大重新建立了党支部,马识途担任书记,阿志运、何功楷、齐亮分任委员。在中共云南省工委领导下,西南联大党支部组织共产党人与进步青年学习马列著作、党的文件以及党在国统区"三勤""三化"的工作方针。首先,努力学好专业知识,赢得师生的好感与认同;其次,组织各种公开合法的社团,以满足广大青年学生多种不同兴趣,譬如,剧社、读书会、壁报社、歌咏队、美术社、体育会、同乡会等,党组织在这些社团活动中要求共产党员时时事事处处以身作则,热心服务,踏实肯干,广交朋友,获得同学们的一致好评。在党支部书记马识途同志的授意下,西南联大历史学会于1944年5月3日晚举办纪念五四座谈会,由历史系学生李晓主持,吴晗教授提出要"打破我们所受到的思想文化上的束缚";周炳琳教授在会上有声有色地讲述了五四运动的来龙去脉;闻一多教授回忆了在五四运动时他用工笔抄写岳飞的《满江红》贴在清华饭厅以激励爱国感情的情景;张奚若教授在发言中把五四运动与辛亥革命作了比较,认为五四运动的价值在辛亥革命之上,是一场伟大的思想革命。纪念五四座谈会是在西南联大最大的教室举行,参加者有几百人,有的只能站在窗外。学生们慷慨激昂,纷纷发言,表达对时局的忧虑以及对民主的渴望,几年以来西南联大校园内的沉郁空气一扫而空。1944年5月3日,西南联大的民主墙上贴出《文艺》《生活》《现实》等二十多个壁报,内容是论所谓"还政于民",还组织了各种文体活动,整个西南联大校园群情振奋。5月8日晚上,文艺社举行文艺讲演会,沈从文、杨振声、罗常培、朱自清、冯至、李广田、闻一多等教授分别作了有关五四运动与新文学运动的精彩讲演,参加者有3000多人。值得一提的是,在南方局的影响下,云南省国民政府主席龙云站在民主力量一边来,保护了一大批共产党员与爱国民主人士。正因为如此,云南昆明在抗战期间没有发生过大规模的反共事件与流血惨案,这是国民党滇军高级将领龙云对爱国民主运动的特殊贡献。正如云南民盟主委楚图南所指出的:"龙云先生的一生经历了曲折的道路,但在不断的转变中为人民的事业做了许多有益的工作。"

蒋介石对云南浓厚的民主氛围感到非常恼火,他于1945年10月以"统一军令政令"为名,将龙云从云南省国民政府主席赶下台,派其亲信李宗黄为云南省国民政府代主席,对云南实行特务统治,蒋介石曾指示李宗黄必须将云南的"三害"(民主堡垒、学生运动、地方实力派)全部消灭干净。国民党当局于1945年12月1日竟然指使大批特务暴徒撞入西南联大校舍、西南联大师院,公然行凶杀人,炸死四名师生,打伤三十多人,制造了骇人听闻的一二·一惨案。该惨案引起了云南广大师生极大愤慨,群情愤激,著名教授闻一多写道:"一二·一惨案是中华民国建国以来最黑暗的一天,但也就在这一天,死难四烈士的血给中华民族打开了一条生路。"①在南方局的发动与领导下,昆明大中学校相继罢课,一致控诉国民党当局的滔天罪行,一个以学生为主体,有各民族、各阶层、各团体广泛参加的民主运动蓬蓬勃勃地向前发展,"全国各地都爆发了为援助昆明学生的游行示威……一时席卷了整个国民党统治区"②。西南联大为炸死的四名师生举行公祭时,在一个半月之内,前来参加祭吊的社会各界群众达十五万人,约占昆明全市人口的二分之一,社会团体达七百多个。公祭期间,共收挽联、悼诗一千多件③,灵堂成为控诉反动派、教育人民、激励斗志的大课堂。中央机器厂一部分工人捐赠一万元,附言说:让我们携起手来,摧毁法西斯匪徒集团。国民党的一名上校军官捐款一万三千元,表示:"决心不参加内战,并自即日起辞职回家。"原云南省国民政府主席龙云的夫人顾映秋捐款50万元,次子龙绳沮也捐款10万元,以示支持。反内战民主运动呈现出得道多助的动人场面,用一种新的手段来进行反对内战争取民主自由的工作。《新华日报》(1945年12月26日)指出:"从这次斗争中,我们可以看出站在斗争第一线的虽然是学生,但支持和参加这个斗争的却包括着极广泛的阶层,这证明民主阵线逐渐扩大。"《新华日报》(1946年3月14日)发

---

① 闻一多:《一二·一运动始末记》,见《一二·一运动史料选编》(上),云南人民出版社1980年版,第6页。
② 吴玉章:《美蒋和平阴谋的破产》,见《解放战争回忆录》,中国青年出版社1961年版。
③ 《一二·一运动史》编写组:《一二·一运动史》,云南大学出版社1989年版,第92页。

表社论:"一切民主力量对国民党保持法西斯统治的企图,给予严重的打击。"蒋介石在南方局及所属各地党组织的正义呼声威力下,在云南青年学生的强烈抗议声中,被迫宣布免去刽子手李宗黄所兼各职。李宗黄这个双手沾满昆明人民鲜血的云南省国民政府代主席,终于被云南青年学生赶下了台,悄悄地溜走了。1946年3月17日,被炸死的四名师生被出殡安葬。至此,一二·一运动取得了圆满成功,同时拉开了解放战争时期"伟大的正义的学生运动和蒋介石反动政府之间的尖锐斗争"①的第二条战线的序幕。这是昆明学生的胜利! 这是西南联大的胜利! 这是群众路线的胜利!

二、 市中事件——以学生为主的民主运动

在争民主、反独裁斗争中,成都发生的以学生为主导的"市中事件",是抗战以来大西南、大后方出现的第一次大规模的群众运动,是大后方群众运动从低潮转入高潮的转折点,从而促成了民主运动的高涨。在南方局的号召下,一个以学生运动为主的民主运动,一时席卷了整个国民党统治区。

成都市政府于1944年10月命令市立中学将已被开除的三个特务冒充的"学生"复学。全校学生群情激奋,一片哗然,要求市立中学重新开除这三个特务学生。同年10月31日,该校学生800余人举行反对特务统治大罢课,成都市警察局长、特务头子方超率警察近千人包围并冲进成都市立中学,打伤学生三十余人,捕走四十余人,并封锁市立中学,不许出入。市立中学学生冲破重重阻碍,四处呼吁求援,到处张贴"市中血案真相"。市中事件发生后,立即激起了成都市各大中学生、家长及社会各界民众的愤慨。文化界人士"除对于这一次蹂躏人权的丑恶暴行向全社会人士提出控诉外,更向你们谨致最高友情的慰问"。成都市各中学首先起来声援市中学生的斗争,个别中学还举行了罢课抗议。成都民主青年协会召开了各校民协负责人紧急会议,决定

---

① 《毛泽东选集》第四卷,人民出版社1991年版,第1224—1225页。

成立包括各大学民协在内的民协校级委员会,声援市中事件。四川大学民协成员和进步学生利用学术社团的名义,出墙报、发传单、揭发国民党当局的暴行,并向各大学呼吁援助。华南大学民协成员分头在自己所在的社团、班级、宿舍宣传发动学生,在民协成员带动下,各社团一批批学生去医院慰问受伤学生,许多市中学生到各校报告事件经过,抗议警察暴行。各校的广泛宣传活动,引起了社会各界群众的同情和支持。

市中事件发生后,中共南方局、中共川康特委通过各种方式、各种渠道组织社会各界群众同国民党特务统治展开斗争。金陵大学学生王煜第一时间将斗争情况向中共川康特委负责人作了汇报,讨论研究了如何发动成都群众、支持各大中学联合行动等问题。根据中共川康特委负责人的意见,民协校级委员会研究了市中事件发生后的基本形势、反动派动向、斗争策略、群众情绪等问题,决定采取针锋相对的斗争措施:一是全力支援市中学生的抗争,尽量争取以各大中学生自治会或系级学生会等名义出面进行公开合法活动;二是成立各大中学生声援市中学生后援会,由各校各级各类学生组织派代表参加组成;三是采用各种方式宣传揭露国民党警察殴打学生的暴行并与受伤学生家长取得密切联系,行动上彼此配合;四是把斗争矛头对准成都市市长余中英与警察局长方超;五是根据群众的发动情况力争举行一次游行示威与群众大会。为了保证大会顺利进行,设立秘密游行指挥部,选出与南方局青委有联系的三位同志负责。金陵大学生自治会于1944年11月6日出面召开成都市各大中学生代表会议,成立了"成都市各大、中学声援市中学生后援会","后援会"的工作实际上由"民协"领导。"后援会"举行了一次由报社记者与学生家长参加的座谈会,发表了《告全市人民书》,组织慰问与讲演等活动。1944年11月11日,在中共地下组织及民主青年协会的精心组织下,"后援会"在华西大学广场出面召开了声援市中学生的群众大会。金陵女子大学、中央医学院、四川大学、齐鲁大学、华西大学、燕京大学、金陵大学等多所高校以及成都市立中学等29所中学的7000多名学生参加大会。成都市立中学代表在群众大会上血泪控诉国民党当局的可耻罪行,各校代表纷纷发言予以声援,场面十分热烈与感人。学生们在群众大会之后举行了示威游行,游行队伍浩浩荡荡,途经成都市主要街道向省政府进发,沿途高呼"民主自由万岁""反对党化教育""打倒余中华""保障人身自由""反对奴化教育""打到方超"等口号,高唱《热血歌》《义勇军进行曲》,沿途张贴标语,散发传单。市民涌向街头,他们深为学生们的正义行动所感动,自发地向游行队伍致意。有一位老人说:"自辛亥革命以来,从未看见过如此悲壮伟大的场面。"游行队伍到达四川省政府后,由各大学推选出两名代表面见省主席张群,提出严惩凶手、向学生及家长道歉、保障学生人身自由、严禁军警干涉学校行政四条要求。学生代表与省政府秘书长李伯申进行了谈判,社会各界群众的力量迫使政府接受了学生要求,市中事件斗争取得了初步胜利。在运动中,各校还改组了过去被国民党特务把持操纵的学生自治会,民主选举了新的学生组织。在中共川康特委的坚强领导与成都学生群众的巨大压力下,四川省警察局局长方超、成都市市长余中华于1944 年 11 月 13 日被迫引咎辞职,被捕学生全部获释。

　　这场以成都学生示威游行为标志的民主运动,斗争矛头公开指向国民党特务统治,是学生斗争从各校分散活动走向全市统一行动的转折点,也是大西南、大后方群众运动从低潮走向高潮的转折点。反对特务统治,既是争取民主又是同国民党独裁统治作斗争的重要方面。在南方局的正确领导下与广大人民群众的大力支持下,斗争取得了胜利。南方局与周恩来充分肯定了市中事件的伟大胜利,认为这"是国民党统治区群众运动新高涨的一个信号"。中共中央在《关于目前形势与任务的指示》(1944 年 12 月 25 日)中认为这是"1935年一二·九学生运动以来第一次大运动"[①]。市中事件的重大胜利,使国统区社会各界群众看到了自己的力量,提高了信心,增强了斗志,从而促成了大西南、大后方民主运动的高涨。

---

　　① 中共重庆市委党史研究室编:《中共中央南方局大事记(修订本)》,重庆出版社 2004 年版,第 294 页。

三、 沈崇事件——学生联合抗议美军暴行

在抗议驻华美军在北平强奸北京大学女学生沈崇的暴行中,也以国统区大中小学为烈,引发了一场声势浩大的、以学生为主力军的要求美军撤出中国的爱国运动。1946 年 12 月 24 日晚,年仅 19 岁的北京大学先修班女学生沈崇去东长安街平安电影院看电影《民族至上》,散场后路上被美国海军陆战队伍长威廉士·皮尔逊伙同下士普利查德架至东单练兵场的树林中施行强奸。适有路人刘玉丰经过此地,闻呼救声即报案,中美警察宪兵联络处派员赴肇事地点查看,当场抓获美兵 1 人。第二天,民营的亚光通讯社首先报道此消息,引发了一场声势浩大的抗议美军暴行,要求美军撤出中国的爱国运动。国民党政府唯恐得罪"盟邦",不仅不为受害学生讨回公道,反而变本加厉地防范与镇压广大学生及各界群众的抗议美军暴行运动。

中共中央立刻致电南京局董必武、吴玉章等并转上海工委,发出《关于在各大城市组织群众响应北平学生运动的指示》:在国民党统治区发动群众举行反对美军强奸中国女学生的游行示威或请愿、组织后援会支持学生的爱国运动,要求美军全部撤出中国等,"务使此运动向孤立美蒋及反对美国殖民地化中国之途展开",要"造成最广泛的阵容","采取理直气壮的攻势"。在南京局的积极组织与领导下,昆明、北平、上海、重庆、武汉、南京、成都等全国几十个大中城市的学生相继罢课,举行声势浩大的反美抗暴游行示威,纷纷发表声明或宣言,派代表到美国驻华领事馆提出抗议,并组织反美抗暴宣传队以"美军退出中国"为中心口号,分赴城乡进行宣传,把斗争开展得十分深入。在中共四川省委的直接领导下,重庆市学生抗暴联合会于 1947 年 1 月 6 日举行了有 63 所大中学校、1.5 万人参加的游行示威,不少专家、教授也加入其中,发表了《致全世界青年书》《致沈崇慰问信》《致国民党当局》《告全国同学书》《致杜鲁门总统》《致司徒雷登大使》等多项文告,并派出代表向美国驻渝领事处递交抗议书,提出严惩凶手、美军立即撤出中国等强烈要求。会后成立了

"陪都人民抗暴委员会"等组织,开展广泛的宣传活动。在中共云南组织的坚强领导下,昆明学联于1947年1月6日组织三万名大中学生在云南大学广场召开抗议美军暴行大会,当众宣读了《昆明学生联合会抗议美军暴行大会宣言》,强烈要求"撤退全部驻华美军"等五项要求,会后举行了声势浩大的游行示威,同学们高唱《你这个坏东西》等歌曲,高呼"废除中美商约""美军滚出中国"等口号,到达美国驻昆明领事馆,由中共地下党员、昆明学联代表蒋永尊向美领事馆递交了抗议书。

这场反美抗暴爱国运动持续两个多月,参加这一运动的学生达55万之多。通过此次群众性反美抗暴游行示威活动的沈崇事件,激发了学生的爱国热忱及民主意识,增强了学生们的思想政治觉悟,帮助大西南、大后方人民认清了美帝国主义与蒋介石集团的反动本质,"标志着蒋管区人民斗争的新高涨"①。民主爱国运动的基础正日益扩大,与解放区自卫战争的胜利已渐能起着配合作用,而美蒋的统治则日益孤立。② 中共中央于1947年1月高度评价此次反美抗暴爱国运动:此次学生的反美示威,成绩甚好,影响甚大。通过南方局及所属各地党组织的积极努力,党在国统区的青年学生工作开展得十分活跃,对动员广大人民群众参加抗日救亡与爱国民主运动起到了积极作用。这些以青年学生作为中国共产党开展群众工作的先导与主要对象的人民运动,很快发展成为中共领导的配合人民解放战争的武装斗争、反抗国民党独裁统治的第二条战线。在第二条战线的形成过程中,青年学生充当了爱国民主运动的生力军与急先锋。以爱国学生们的爱国民主运动影响与教育更多的群众,发动更多的群众觉醒与行动,形成了第二条战线的雄厚群众基础。

---

① 中共上海市委党史研究室编:《解放战争时期第二条战线·工人运动和市民斗争卷》上册,中共党史出版社1999年版,第38页。

② 中共重庆市委党史研究室编:《中共中央南方局大事记》,重庆出版社2004年版,第445页。

第二节 形成工农妇女学生运动合力

在南方局的群众路线实践中,学生运动、妇女运动、工人运动、农民运动并非彼此孤立、各自为政,都有明确的政治目标与统一的组织领导,首先是打入学生群众,重要产业工人中,开展职工、青年学生及妇女群众运动并进行群众工作,从而使学生运动、妇女运动、工人运动、农民运动,相互影响,彼此支援,形成强大雄厚的、势不可当的革命合力,冲击与荡涤着国民党的反动统治。

一、 组织工农并建立同盟军

中共中央书记处发出《中央"五一"工作的指示》(1940年4月16日),该指示指出:领导工人运动的重点在于改良工人生活,中国共产党应在团结抗战原则下,力谋工人生活改良,并指出领导开展职工运动的方式与途径,主要采取公开合法的斗争形式与组织形式去团结与凝聚广大工人群众。南方局选派共产党员与革命青年深入工厂、农村,做宣传与发动工人与农民的工作,建立同盟军。譬如,中共武汉地下组织派女党员、大学生张谨格到第一纱厂去做工运工作,张谨格与女工们打成一片,团结与发动工人群众,开展革命斗争。南方局及所属各地党组织专门举办了大中学生、青年积极分子训练班,经过培训后再派到广大农村开展党的群众工作,践行党的群众路线。南方局青年组于1945年春节至8月直接秘密组织投身农村工作的进步青年就多达160人。这些人分布在川东、川中、川北的25个县区农村,湖北竹山、三斗坪,贵州铜仁、遵义以及云南陆良等地。中共云南省工委从城市选派一些经过培训与锻炼的共产党员及"民青"等革命知识青年与中共外围组织成员到云南省农村去开展工作,建立"据点",组织与发动农民。后来,在城市学生民主运动中暴露的同学及时转移到农村,开展党的群众工作,积蓄党的革命力量。

二、 学生运动支援工人运动

上海工人协会曾公开发表《告工友职员书》指出:学生运动是中国革命运动的先锋,学生是工人的同盟军;学生运动直接支持工人运动,与工人运动相呼应。中共领导上海百货业职工开展"二九""爱用国货、抵制美货"斗争中,上海学生积极行动起来建立"后援会",发表宣言,支持其正义斗争,掀起了巨大的同情浪潮,鼓舞了直接在斗争中的百货业职工,激励了更多的社会民众起来与国民党反动派展开斗争。青年学生在南方局的领导下,积极参加抗议国民党特务制造"胡世合惨案"的民主运动。1945 年 2 月 24 日,国民党特务田凯公然枪杀前往"中韩文化协会"饮食部检查违章用电的重庆电力公司工人胡世合,制造了震惊全国的"胡世合惨案"。社会各界群众获悉后义愤填膺,舆论沸腾,尤其学生与工人。南方局顺应民意,因势利导,利用"胡世合事件",领导开展贯彻"隐蔽精干"方针以来的第一次震惊全国的反对特务统治、以工人为主体的群众运动。周恩来指出,要当机立断抓住已经激起公愤的"胡世合惨案",发动一场胜利的斗争,打击国民党的嚣张气焰,为大西南、大后方民主运动的高涨开辟道路。南方局领导人王若飞与青年组的刘光、朱语今等组织和领导了一场声势浩大的反对国民党法西斯特务统治、争取民主自由、争取人权保障的群众运动。重庆沙坪坝一群大学生写了抗议书,在重庆北碚的复旦大学通过学校的学生联合会、壁报联合会等系统,召开多种形式的座谈会,到会者纷纷结合国民党特务在复旦的罪行进行揭发与控诉,进一步激发了与会者对国民党专制独裁的仇恨以及对受害者的同情,团结了大批师生积极参加声援胡世合的斗争。复旦大学等院校学生还冲破敌特的阻挠,到胡世合灵堂对死者表示哀悼。许多学校、工厂、企业发表声明与宣言,声讨特务罪行。

在强大社会舆论与群众声势与的压力下,国民党当局起初准备采取分化、欺骗、威胁手段将此事平息下去,妄图将杀人凶手田凯保下来,但是最终在青年学生、工人群众的共同斗争中归于失败。杀人凶手田凯于 1945 年 2 月 26 日被绑赴刑场枪决,这标志着"胡世合事件"获得了决定性胜利。为扩大影响与战果,将反特务斗争推向高潮,南方局领导青年学生、广大工人转入对胡世合举行公祭与隆重送丧方面。在国民党当局准许对胡世合实行公祭与送丧期间,重庆广大学生、工人、市民举行了声势浩大的公祭活动。迫于严峻形势与舆论压力,重庆市市长贺粗祖不得不亲临"主祭",还给胡世合家属发放 10 万元抚恤金。据不完全统计,从 1945 年 2 月 27 日至 3 月 1 日,约有 20 万人参加胡世合公祭与送丧游行,"胡世合事件"发展演变为斗争激烈、规模空前的"胡世合运动"。"胡世合运动"沉重打击了国民党特务统治的嚣张气焰,振奋与鼓舞了大西南、大后方社会各界群众坚持斗争的勇气与决心,成为"新的群众运动"新高涨的标志,为国统区工人运动、人民民主运动不断高涨积累了新的经验,开辟了新的道路。

学生运动支援工人运动,是南方局践行群众路线的鲜明特色。首先,它说明只有中国共产党的领导,才有革命的学生运动,离开了党的领导,学生运动就会走上歧途而失败。其次,它说明学生运动与工人运动的一致性,青年学生的利益同以工农为主体的人民大众利益的一致性。离开了党领导下的人民革命的总目标,离开了人民的根本利益,学生运动就没有前途。最后,学生运动支援工人运动史还说明,学生运动与工人运动必须紧密结合,紧跟时代发展潮流,才能推动时代前进,若背离这一方向,就会遭到人民的反对,被时代所抛弃。

三、 妇女运动积极加以配合

抗日战争时期,中国妇女从苦难中觉醒,"以英勇的姿态出现在抗战的各个工作部门",并"表现了惊人的成绩"。这种局面的形成同南方局妇委的正确领导与精心组织密不可分,邓颖超先在武汉长江局妇委任委员,后来在重庆出任南方局委员、妇委书记,直接领导党在南方国统区以及部分沦陷区的妇女工作,是大西南、大后方妇女抗日运动的"一面旗帜",为发动妇女参加抗战救亡,推进大西南、大后方妇女抗日民主运动,扩大南方国统区以及部分沦陷区妇女统一战线做了大量实际工作。

(一)团结依靠知名进步妇女,开展抢救难童运动

抢救难童是抗战相持阶段南方局妇委的一项重要贡献。在战时儿童保育会成立之初,以邓颖超为代表的南方局妇委同志不辞辛苦,深入南方国统区以及部分沦陷区各阶层、各党派、各团体妇女群众,尤其是社会上层进步妇女中去做宣传动员工作。在充分了解与深入分析了社会上层进步妇女的政治态度后,邓颖超明确强调:在国统区团结依靠知名进步妇女做儿保工作不但是必要的,而且是完全可能的。基于以下几点考虑:首先,知名进步妇女中有一大批坚定拥护中共政治主张的杰出人物,譬如,五四运动中妇女主将刘清扬,负有盛名的《妇女生活》主编沈兹九,"救国会"中"七君子"之一的著名女律师史良;其次,知名进步妇女中有热心公益事业的国民党爱国将领的夫人,譬如,武汉市市长吴国桢的夫人黄卓群,黄琪翔将军的夫人郭秀仪,爱国将领冯玉祥的夫人李德全;最后,知名进步妇女中有宗教界人士,譬如,基督教汉口女青年总会干事陈纪彝,办事认真的张蔼真,她们还是宋美龄女士赏识与信赖的同学。总之,为了挽救中华民族的幼苗,凡能浇灌一瓢水者,邓颖超与南方局妇委都会积极争取并为战时儿保运动出力。

南方局妇委正是依靠与团结这些进步妇女力量,通过滚雪球的方式,开展抢救难童运动。南方局妇委在调查研究基础上,联络与组织184名知名进步妇女签名发起成立"中国战时儿童保育会",并计划于1938年3月10日召开成立大会,然而国民党特务获悉后企图破坏成立大会。邓颖超立即与刘清扬、史良、沈兹九商量,希望她们去拜见宋美龄女士,邀请宋美龄出面主持这项工作,宋美龄答应了所请。经过一个多月的努力,"战时儿童保育院"成立大会终于在汉口界限路圣罗汉女子中学如期召开,后改称"战时儿童保育总会",

出席大会的社会各界妇女代表 70 余人,宋美龄也应邀出席了大会并被推选为理事长,邓颖超当选为常务理事。宋美龄的出面支持对"战时儿童保育总会"的成立及其工作的顺利开展,起着至关重要的作用。邓颖超在战时艰难时期与刘清扬、沈兹九、李德全、史良等杰出妇女代表除经常在公开场合接触外,还保持着密切的私人关系,凡遇到棘手问题都同她们交心与商量,听取她们的意见与建议,以争取她们的支持与配合。沈兹九因拒绝宋美龄要她参加国民党的劝告,引起宋美龄的强烈不满,沈兹九一怒之下离开了"妇指会"。邓颖超事后坦率地指出:"这是一种意气用事的做法,对统一战线工作是不利的。"这种开阔的胸襟与诚恳的批评,使沈兹九心悦诚服。以邓颖超为主要负责人的南方局妇委积极动员大西南、大后方各阶层、各团体、各民族妇女群众,组成宣传队到农村、工厂、街头、难民收容所等地去宣传抢救与收容抚育战时难童,南方局妇委同志在风雨如磐的斗争岁月里与难童共甘苦,带领难童参加生产劳动,推行生活教育与社会教育,培养难童们的学习兴趣,变保育院为温暖的家。

(二)坚持抗战,反对投降,发动"反汪签名运动"

抗战进入相持阶段,汪精卫集团公开投降、叛变。尽管蒋介石集团仍然留在抗日阵营,但发生了严重动摇与分裂,对日妥协倾向不断滋长。面对复杂险恶的抗战形势,以邓颖超为主要负责人的南方局妇委团结带领大西南、大后方妇女群众进行了具有重大政治意义的坚持抗战、反对妥协、反对投降的"反汪签名运动"。邓颖超在《新华日报》(1939 年 4 月 19 日)一文中指出:"汪逆的妥协投降与全国人民的坚决抗战是针锋相对的,故须力量集中,意志集中。实施国民精神总动员,以造成共同的国论,坚持抗战到底。"[①]后来,邓颖超进一步指出:国统区妇女工作任务是"动员妇女深入开展反汪、反汉奸、反投降的

---

① 《新华日报》1939 年 4 月 19 日。

斗争,支持长期抗战,争取最后胜利"①。在南方局妇委的坚强领导下,重庆各妇女团体于 1940 年在求精中学举行了 27 次反汪座谈会,十多个妇女团体、5300 多人参加了"反汪签名运动"。据 1940 年 9 月 18 日统计,重庆妇女界签名者多达 13023 人。邓颖超在国统区妇女界领导开展的"反汪签名运动",有力配合了中国共产党在抗日民族统一战线中开展的"坚持抗战,反对妥协!坚持团结,反对分裂!坚持进步,反对倒退"的斗争策略,对蒋介石集团继续留在抗日阵营,没有走汪精卫集团公开叛国投降的道路发挥了一定的推动与保障作用。

(三)举办妇女训练班,培养女性骨干力量

邓颖超明确指示:我们要更多地"培养妇女干部和造就更多的女专家、女科学家,支持抗战,争取最后胜利"②。在邓颖超的正确领导下,南方局妇委在广泛发动妇女群众参加抗日救亡运动的同时,还高度重视对南方国统区以及部分沦陷区妇女干部的教育培养。为贯彻落实中共中央关于培养妇女干部、建立健全各级党委妇女部或妇委的指示精神,在南方局妇委的精心组织下,"新妇运指会"于 1938 年 1 月开始举办大西南、大后方妇女干部训练班,开设21 门课程,包括"宣传妇女""组织妇女""教育妇女""新生活运动""妇女与家庭""妇女与社会"等。邓颖超十分关心、关注南方国统区以及部分沦陷区妇女干部训练班,亲自为训练班学员讲授相关课程。妇女干部训练班总共举办了五期:1938 年夏天,在湖北汉口举办第一期妇女干部训练班,共计 47人;1938 年秋天,在湖北汉口举办第二期妇女干部训练班,共计 70 余人。这两期妇女干部训练班毕业之后,随即分赴湖北各地参与组织抗日救国的宣传与服务工作。武汉失守后,"新妇运指会"西迁至战时陪都重庆。1939

---

① 《新华日报》1940 年 5 月 16 日。
② 《新华日报》1941 年 12 月 2 日。

年 6 月,"新妇运指会"组织举办第三期训练班妇女干部训练班,共计 448 名女兵;1939 年年底,"新妇运指会"组织举办第四期妇女干部训练班;第五期训练班是高级干部训练班,顾名思义,训练对象是女性高级干部,直到 1940 年 5 月结束。"新妇运指会"组织举办的五期妇女干部训练班总共培养了一千多名妇女干部,大大增强了党在大西南、大后方的骨干力量,对于党在南方国统区以及部分沦陷区深入发动和有力组织妇女群众参加抗日救亡运动意义重大。

(四)开展抗战宣传教育运动,激发妇女抗敌热情

为激发妇女抗敌热情,以邓颖超为主要负责人的南方局妇委高度重视抗战宣传教育运动的开展。邓颖超再三强调:"当前急务是组织妇女参加民主运动,教育团结全国妇女大众,培养她们参加国事的能力,开展妇女各种抗战工作。"①邓颖超每逢三八妇女节或者其他重要历史节点都要发表重要讲话或理论文章,以加强对妇女运动的指导与帮助。邓颖超先后公开发表《检讨"三八"节工作以增进妇女运动的更好开展》(1939 年)、《二期抗战中的妇女运动》(1939 年)、《纪念"三八"节开展妇女运动》(1939 年)、《目前形势与妇女》(1940 年)、《坚持抗战与动员妇女》(1940 年)、《"三八"的献词》(1941 年)、《动员太平洋上各国妇女积极参加各民族的抗日统一战线》(1942 年)、《今年妇女运动的方向》(1943 年)、《加强妇女动员》(1943 年)等理论文章或重要讲话。这些理论文章或重要讲话认真总结和归纳了南方国统区以及部分沦陷区妇女运动的成功经验,及时纠正和弥补了大后方妇女运动的缺点和不足,并且提出了新的工作方向、工作思路、工作要求,对南方国统区以及部分沦陷区妇女运动的高涨起到了相当好的指导作用。

为将抗日宣传推向城乡,南方局妇委借助纪念八一三事变、三八节,通过

---

① 南方局党史资料征集小组编:《南方局党史资料·群众工作》,重庆出版社 1990 年版,第 34 页。

"新妇运指会"在农村与工厂开展妇女宣传教育工作。1943年年初,邓颖超在《今年妇运努力的方向》一文中强调:中国的妇女运动"要展开对妇女大众的启蒙教育,使妇女工作与组织,都能向着群众与民主性的方向,求进步的要旨"①。在邓颖超和南方局妇委的领导下,重庆农妇、女工、女学生、女教师、女公务人员等五千多爱国进步妇女于1939年参加了三八节纪念大会,南方局妇委还联合一些妇女团体,派出演出队、宣传队,深入街头巷尾、深入农村场院,作抗日演讲、演抗日戏剧、发宣传传单、唱抗日歌曲,极大地鼓舞了大西南、大后方广大妇女群众。

南方局妇委还借助女性进步力量,在国内外积极宣传共产党团结、抗战、进步的政治主张。当时重庆基督教女青年会有两个进步女记者,南方局妇委开会经常邀请她们参加,主动同进步女记者研究工作方针并请她们写新闻报道,通过进步女记者把党的方针政策与政治主张传到各省各地的"新妇运指会"。而且,邓颖超还加强同国际反法西斯女战士的联系与交往,通过国际反法西斯女战士向世界发出了正义的声音。譬如,美国著名女记者史沫特莱在中国一待就是12年,足迹遍及全国,目睹了日本对中国的野蛮侵略,邓颖超多次同史沫特莱共同探讨中国妇女解放问题、国际妇女运动问题。史沫特莱在抗战期间写出了《中国人的命运》《国民党反动的五年》等大量文章,生动地记载了中国妇女在抗日战争中的历史功勋,加强了世界各国对中国抗战的了解与支持。再如,日本作家、国际主义战士绿川英子长期从事对日广播宣传,同中国人民同甘共苦,深刻揭露日军侵华给中日两国人民带来的深重灾难,一生致力于中日两国人民的友好。邓颖超鼓励绿川英子"我们并肩战斗",绿川英子在《新华日报》上发表了《黎明的合唱》等充满国际主义激情的诗篇,向国内外介绍中国妇女英勇抗敌的感人事迹,赞叹中国妇女"创造了史实,为妇女运动增添了光彩"。

---

① 《新华日报》副刊《妇女之路》第45期。

四、 关心团结知识分子群体

毛泽东在《大量吸收知识分子》(1939 年 12 月)一文中强调:"只要是愿意抗日的比较忠实的比较能吃苦耐劳的知识分子,都应该多方吸收,加以教育,使他们在战争中在工作中去磨炼,使他们为军队、为政府、为群众服务。"①南方局设立文化工作委员会,对南方国统区以及部分沦陷区抗日文化运动既在政治思想上引领,又在组织领导上加强。国民党三厅与文工会都有党组织和共产党人,郭沫若的家成为南方局与文化界进步人士的实际联系"据点"。知识分子崇尚自由平等,不愿别人对其发号施令,可以说是很有个性的一群人,周恩来主张要通过"勤交友"来关心团结他们。

(一)在政治上引领团结知识分子

抗战期间,周恩来担任国民党军委会政治部副部长,郭沫若担任国民党军委会政治部第三厅厅长。在周恩来的坚强领导下,南方局坚决支持知识分子的进步活动,对其做了大量政治指引工作,团结与争取了大批进步知识分子。

发挥《新华日报》与《群众》周刊的政治导向作用。党报党刊反映党的一切政策,具有政治导向作用。中共于 1938 年起开始建立全国性的党报党刊——《新华日报》与《群众》周刊。抗战进入相持阶段,南方局利用《新华日报》与《群众》周刊进行政治宣传,充分发挥其新闻舆论阵地的强大作用,直接宣传马列主义、毛泽东思想以及"抗战、团结、进步"三大口号,起到了唤醒知识分子、启迪知识分子、引领知识分子的作用。皖南事变发生后,中共通过《新华日报》向知识分子等大西南、大后方人民群众揭露了皖南事变的真相与实质,表达了对蒋介石集团的强烈抗议,宣传了中国共产党的抗战主张,为南方国统区以及部分沦陷区知识分子指明了前进方向。这样一来,大西南、大后

---

① 《毛泽东选集》第二卷,人民出版社 1991 年版,第 619 页。

方进步知识分子积极投入到抗日战争的火热战场,更为重要的是,大西南、大后方进步知识分子扮演着宣传者、组织者、引领者的角色,发挥了不可替代的桥梁作用,从而实现了南方国统区以及部分沦陷区各族民众的大团结,为抗战胜利提供了坚实的群众基础。

支持科学工作者组织起来,明确政治方向。周恩来与上海医学院地下党负责人计苏华有过一次关于出国留学深造问题的长谈,周恩来指出:"党不仅需要政治家,也需要自己的科学家、专家,而且从现在起就需要注意培养。"周恩来明确指示计苏华,应设法到外国去深造,"要联络思想进步,倾向共产党的理、工、农、医科大学生,争取机会,出国学习科学,掌握科学……也许有人出去了一时不肯回来,那也不要紧。水归大海,叶落归根,只要我们的工作做得好,他们是会回来的"①。以周恩来为书记的南方局十分重视对南方国统区以及部分沦陷区科技工作者的团结与争取工作。章汉夫、潘梓年等南方局负责同志于 1939 年春在重庆邀集了近 20 名有正义感、比较进步的爱国科技工作者,成立了"自然科学座谈会",每两周开会一次,主要学习《新华日报》社论、专论,学习马列主义及唯物辩证法,了解中共中央的精神,还组织科技工作者讨论国内外形势。"自然科学座谈会"主张,广大自然科学工作者应该团结在抗日民族统一战线的旗帜下,全力支援抗战,为人民服务。这些自然科学工作者当中,有农学家金善宝、气象学家涂长望、林学家梁希、心理学家潘菽等。南方局于 1945 年还帮助与指导科技工作者成立了"中国科学工作者协会",该协会的影响遍及海内外,著名科学家严济慈、竺可桢、李四光等也参加了"中国科学工作者协会"的工作。大西南、大后方进步科学工作者还组织举办了"民主科学座谈会",以继承五四精神、要求团结抗日、争取民主自由、反对独裁统治为宗旨,有力地配合与推动了大西南、大后方抗战民主运动的进程。更为重要的是,南方局还极有远见地安排一批共产党员与"青科技"成

---

① 李尉:《周恩来与知识分子》,人民出版社 1985 年版,第 11 页。

员赴美留学,抓住一切机会,利用各种关系,通过不同渠道派出一批学有专长的共产党员通过官方考试或自费赴美留学,要求他们刻苦研读,广交朋友,为新中国的建设发展培养了一大批科技精英,储备了一大批有生力量。新中国成立后,一批批留美中国科学工作者协会成员便相继回国,形成了一次次高级科技人员回国高潮。① 正如周恩来所说:"在百忙中要下几着闲棋,将来用。"综上,南方局通过建立团体组织、广泛结交新友、安排出国留学,指引与团结了大批爱国知识分子,并对其教育引导与帮助鼓励,使许多知识分子明确了政治方向,投身于抗日民主运动,并在斗争中走向进步,走向革命。

(二)在道义上声援支持知识分子

在南方国统区以及部分沦陷区艰苦的生活条件下,以周恩来为书记的南方局相当关心、关注、关爱知识分子,特别是当他们受到不公正待遇时,南方局经常会在道义上声援支持知识分子,周恩来称赞郭沫若"他不只是革命的诗人,也是革命的战士"②。譬如,当郭沫若因创作话剧《屈原》遭到国民党打击迫害时,周恩来与南方局挺身而出,在道义上给郭沫若以声援支持,在安全上给郭沫若以保护守卫。周恩来亲自主持召开座谈会,讨论话剧《屈原》的政治意义,指示《新华日报》开辟专栏,刊登郭沫若谈话剧《屈原》以及各方对该剧的评价文章。这场斗争打击了国民党当局的反动气焰,提高了大西南、大后方广大群众的爱国热情与胜利信心。马寅初因"严厉谴责蒋政府的贪污腐化",大骂蒋介石"不是民族英雄,而是家族英雄"而被国民政府非法逮捕。当马寅初在狱中度过他六十寿辰时,南方局与重庆大学地下党组织不顾国民政府的禁令,发动重庆大学师生与社会各界人士在重庆大学举行"遥祝马寅初六十寿辰大会",社会各界人士与中外记者数百人到场,上百幅寿联称赞马寅初仗

---

① 薛宝鼎:《百忙中的一着闲棋》,《红岩春秋》1998 年第 2 期。
② 金冲及主编:《周恩来传》第二册,中央文献出版社 1998 年版,第 636 页。

义执言、刚正不阿,表达了对蒋介石集团的不满。周恩来、董必武、邓颖超三人也联名书写"桃李增华,坐帐无鹤;书琴作伴,支床有龟"的寿联相赠,表达了党对进步知识分子的支持。在南方局的积极推动下,重庆文化界多次发起鲁迅逝世周年纪念大会,号召人们"向鲁迅学习",进一步声援与支持进步知识分子,为抗战胜利作出了突出贡献。

(三)在生活上关心帮助知识分子

抗战期间,南方国统区以及部分沦陷区知识分子与大多数民众一样水火倒悬,大部分作家贫无所告,病不能医,死不能葬,连纸张都难以保证。1944年7月15日,《新华日报》刊登了"文协"的《发起筹募援助贫病作家基金缘起》,文章指出:"近三年来,生活倍加艰苦,稿酬日益低微,于是因贫而病,因病而更贫;或呻吟于病榻,或惨死于异乡。卧病则全家断炊,死亡则妻小同弃。"①以周恩来为书记的南方局及时向大西南、大后方知识分子伸出了援手,"必须给文艺作家以生活上的保障和改善"。在这前后,周恩来十分关心知识分子的生活与安全,在南方局的坚强领导下,中华全国文艺界抗敌协会于1945年发起了募集捐助贫病作家基金运动,及时关心与资助南方国统区以及部分沦陷区知识分子的实际困难。著名经济学家千家驹从香港返回桂林后,长期没有正当职业与固定收入,只能靠打杂来维持生活,生活处境十分艰难。千家驹当时有一部《财政学大纲》讲义稿,想要"卖几文钱",然而,书店均因其中有"阶级斗争观点"而不敢出版。正在千家驹无所适从之际,一位姓曹的先生主动找到他,想要出版千家驹的书。《财政学大纲》讲义稿拿走后不久,千家驹就收到了两千元的稿酬,他后来激动地说:"我知道,这是中共地下党对我的支援。"著名戏剧家洪深在政治上事业上深感没有出路,"一切都无办法,政治、事业、家庭、食衣住种种如此艰难,不如且归去,我也管不尽许多了"②,

---

① 《新华日报》1944年7月15日第3版。
② 金冲及主编:《周恩来传》(上),中央文献出版社1998年版,第635页。

1941年2月全家服毒自杀,未遂。南方局闻讯后,立刻派人前去慰问,从经济上生活上关心帮助,并资助洪深一家到桂林治疗休养,给知识分子以实际援助。田汉于1943年在桂林家庭经济困难,生活十分窘迫,他在一篇文章中心酸地写道:"说来真有点黯然,田汉的笔尖挑不起一家八口的生活负担,近来连谈天的豪兴也失掉了,一桌人吃饭,每天的菜钱是三十几元……一片辣子,一碗酸汤……"周恩来获悉后,专门从重庆托人带给田汉一笔款,让他贴补家用,以便安心写作。著名作家王鲁彦因贫病去世,周恩来对此深感痛心,亲自发去唁电,安慰问候家属,托人转送抚恤费一万元法币,安排专人将王鲁彦的家属接往重庆。三十五年以后,覃英(王鲁彦的夫人)回忆说:"周恩来同志对一个普通作家的家属这样无微不至的关怀和照顾,时隔三十五年,我仍怀着深深的感激!"

(四)在危难时解救转移知识分子

日寇侵华使大批知识分子有生命危险,南方局多次运用组织的力量,千方百计将大批知识分子从危险区域转移到安全地带,使之免遭日寇的毒手与国民党的迫害。抗战期间,为了保护知识分子的生命安全,南方局先后组织了两次大规模的转移行动。

第一次是将大批文化界人士与民主人士从内地转移到香港。抗战初期,大批知识分子滞留在上海、南京,无法脱身。周恩来指示上海的潘汉年设法将上海、南京的知识分子转移到广州。广州陷落后,积聚该地的知识分子又分别被转移到香港。蒋介石集团在皖南事变发生后加紧迫害左翼知识分子,以周恩来为书记的南方局及时制定应变措施,除郭沫若、阳翰笙、冯乃超等身负重任的文化领导人留下坚持工作外,对政治色彩浓重的党内外进步文化人士陆续安排转移和相继疏散。白朗、欧阳山、艾青等被送往"革命圣地"延安;张光年、田汉等去了"民主堡垒"昆明;从重庆、昆明、桂林等地安全到达香港的知识分子有胡愈之、巴金、柳亚子、茅盾、夏衍、邹韬奋、蔡元培、章乃器、蔡楚生、胡绳、徐迟、徐达、叶以群、吴其敏、马思聪、于立群、乔冠华、范长江、胡风、千家驹、张友渔、沈志远、贺绿汀、林语堂、梁漱溟等。在南方局及当地党组织的领导下，大批在港知识分子积极投入革命文艺创作工作与抗日民主宣传工作，香港逐渐成为党宣传"抗战、团结、进步"的重要阵地。

　　第二次是将大批文化界人士与民主人士从香港转移到内地。太平洋战争爆发后不久，日军攻占了香港，上千名爱国知识分子及其家属滞留在香港，面临着随时被捕或遇害的危险。中共中央命令"不惜一切代价"做好营救工作，南方局设法筹集了 20 万元营救费，从 1941 年年底到 1942 年年初展开了一次大规模的营救行动。南方局致电廖承志、潘汉年等中共驻香港负责人，对滞港知识分子实施秘密大营救，由广东地方党组织与东江游击队具体负责护送。关于转移所需费用，周恩来指示："港中存款全部取出，一切撤退、疏散及帮助朋友的经费，均由我党在港的存款中开支。"①经过廖承志等各方党组织负责人的精心策划与周密安排，广东地方党组织与东江游击队几经周折，历尽艰险，成功地营救和保护了像乔冠华、茅盾、邹韬奋、柳亚子等许多优秀知识分子及其家属 800 余人。其中包括：夏衍、胡风、何香凝、梁漱溟、邹韬奋、茅盾、张友渔、胡绳、千家驹、金仲华等，而且还接应了 2000 多名回国参加抗战的爱国青年。这次"虎口救精英"的秘密大营救，历时近 200 天，行程上万里，遍及十余个省市，取得圆满胜利。这次秘密大营救被茅盾称为"抗战以来最伟大的抢救工作"。大转移、大营救使党在爱国知识分子中的威望与声誉大大提升，也使得知识分子在感情上更加倾向于中国共产党，坚定了知识分子与共产党合作的信心与决心，从而大大密切了二者的关系。南方局与知识分子患难与共，有利于进一步扩大与发展党的抗日民族统一战线。

---

① 《周恩来书信选集》，中央文献出版社 1988 年版，第 210—211 页。

第三节　经济斗争与政治斗争相结合

毛泽东在《经济问题与财政问题》(1942年12月)中强调:"一切空话都是无用的,必须给人民以看得见的物质福利。"①南方局及所属各地党组织尤其注重从群众迫切要求解决的生活问题入手,引导国统区广大群众把求生存的斗争同争民主的斗争融为一体,将经济斗争与政治斗争相结合。有了维护自身利益的经济斗争基础,有助于联系到反内战、争民主的政治斗争上去。

一、 从群众迫切要求解决的生活问题入手

南方局在践行群众路线的实践过程中认识到,只有从群众迫切要求解决的生活问题入手,对症下药,循序渐进,使经济斗争与政治斗争逐步结合,才能使分散的群众斗争汇成强大的斗争洪流。南方局在经济上领导工人进行反搬迁、反遣散、反扣薪、反饥饿等斗争,领导农民群众开展"要吃饭、要活命"等斗争。1946年3月,重庆二十九兵团工厂因厂方扣发工人工资,全厂工人和部分职工举行罢工,提出实行八小时工作制,工资按军政部的调资公文增加百分之百,成立有工人参加的管理委员会等要求。厂方拒绝接受工人所提要求,并使用军警进行镇压,前后逮捕工人代表7名,开除21人。南方局和中共重庆市委积极支持工人的罢工斗争,组织全市工人进行声援。在社会各方舆论的支持下,工人坚持斗争近半个月,迫使厂方释放了被捕工人,答应增加工人工资,实行八小时工作制等条件,罢工斗争取得胜利。由于失业、半失业状态的工人越来越多,上海工人要求复工救济的斗争接连不断,从1945年9月至1946年年初就发生了400多起。1945年9月,南方局及中共上海地下组织借

---

① 《毛泽东文集》第二卷,人民出版社1993年版,第467页。

国民党当局组织队伍欢迎美国军舰访问上海之机,发动沪西、沪东失业工人到外滩呼喊"我们要饭吃""我们要工做"等口号,并组织 5000 余工人请愿,请愿队伍遭到国民党军警、宪兵的强行驱散,14 名工人代表被逮捕。同年 9 月 22 日,1.5 万名失业工人包围了国民党上海总工会,要求释放工人代表并及早复工,这是抗战胜利后上海工人的第一次大示威。与此同时,中共上海组织积极领导工人组建工会,开展争取生活维持费的斗争。1945 年 10 月初,沪东 13 家日商纱厂统一行动,将 7 个日本领班扣押起来,要求发放维持费,"活捉日本大班"一事轰动了上海。后经国民党第三方面军派人出面调解,发给每个工人 3 个月的工资和生活维持费,才平息了这次事件。

按照党中央对董必武、吴玉章的指示精神,南京局将城市群众运动"有计划地转移到带地方性经济斗争中去,以深入和巩固群众斗争基础"。围绕提高工资待遇、改善生活条件、争取生存权利,南京局领导国统区工人群众积极开展斗争,同时也逐步提高了国统区工人群众的政治觉悟。1946 年四五月间,湖南临澧、常德、桃源一带饥民背着米袋饭锅去"吃大户",他们打开地方豪绅的粮仓,摊分谷米。广大饥民提出"宁可坐牢不挨饿,宁可枪毙不饿死"等斗争口号。1946 年春夏间,广西三分之二的县份遭受水旱虫风等灾害,发生大面积饥荒,各组贫苦农民挣扎在死亡线上。中共广西省工委适时地指示各地中共组织,发动群众开展反饥饿、求生存斗争。党在国统区领导广大工人、农民的求生斗争,激发了国统区各阶层群众的阶级觉悟,提高了群众组织程度,使国统区各阶层群众认识到"组织起来"的巨大威力,而且培养造就了一大批党的骨干力量,密切了党群干群关系,为后来党在大西南、大后方建立各种群众组织、开展革命武装斗争奠定了坚实的社会基础与广泛的群众基础。

二、 把求生存斗争与争民主斗争融为一体

毛泽东指出:"为了团结抗日,应实行一种调节各阶级相互关系的恰当的

政策,既不应使劳苦大众毫无政治上和生活上的保证,同时也应顾到富有者的利益。"①没有民生、民主问题的适当解决,就难以实行最广泛的群众动员。南方局经济组结合当时的经济状况,为党报党刊撰写有关经济问题的社论专论,宣传介绍解放区民主主义政治、经济、文化政策,深刻揭露"蒋宋孔陈"四大家族的巧取豪夺,全面揭示国统区农村经济的凋敝以及民族工商业的危机.通过描述解放区与国统区迥然不同的政治经济文化现状,给大西南、大后方人民群众以鲜明的对照;为《群众》杂志编写经济专刊,1944年第9卷第10期编了经济特辑。从1945年开始,每一季度就有一期经济特辑,专门报道本季度国统区的经济变化情况。南方局经济组在海关联系的共产党员,通过组织召开座谈会、报告会、读书会和组织歌咏队、喜剧组教育宣传群众。抗战胜利前后,重庆民主运动逐渐高涨。南方局经济组积极组织和推动重庆工商界的民主运动,组织成立"中国经济事业协进会",提出对经济民主的九点主张和《对于当前经济工作的意见》。"经协会"抨击国民党的政治独裁、经济统治政策,从而团结与争取了工商界人士,推动了民主运动。南方局经济组还积极支持民族工商业、中小工业反对经济统治,反内战、反官僚资本的政治斗争,在民主运动中发挥了作用。抗战胜利后,国统区各大中城市失业工人激增,工人们纷纷罢工、请愿。根据工人运动高涨的形势,针对抗战胜利后国民党当局坚持独裁与内战方针,南方局指示中共重庆市委成立工人运动领导小组,组织国统区广大工人、妇女、市民群众开展反独裁、反迫害、反内战的政治斗争。南方局职工组成立后,领导国统区工人群众广泛开展反饥饿、要温饱、求生存、反内战、反独裁、要和平、要民主的群众运动,把求生存斗争与争民主斗争融为一体。

第四节　重视少数民族群众路线实践

抗战进入相持阶段,党的工作重点是在战区与敌后,要求独立自主地放

---

① 《毛泽东选集》第二卷,人民出版社1991年版,第525页。

手发动各族群众,武装动员各族群众,在战区与敌后深入持久地践行党的群众路线。善于做川滇黔桂康等少数民族地区群众工作,是以南方国统区以及部分沦陷区为主阵地的南方局所有工作的重要组成部分与鲜明历史特征。

一、　团结各族群众奋起抗日

毛泽东在谈东三省游击队时指出:"那里的游击队多打死一个敌兵,多消耗一个敌弹,多钳制一个敌兵使之不能入关南下,就算对整个抗战增加了一分力量。"①抗日战争史一再证明,汉族离不开少数民族,少数民族也离不开汉族;而南方局则是南方汉族与少数民族团结战斗、争取共同胜利的坚强组织者与领导者。中共中央书记处在《对琼崖工作的指示》(1940年11月7日)中指出:"认真在三十余万夷民中进行艰苦联络工作,尊重他们的民族风俗习惯,使他们信任我们,不仅使他们不为敌伪利用,而且要使他们与我们一起抗敌。必须认识他们所在地的五指山脉一带山地,将是我们长期抗战的最后的可靠根据地。其他沿海地方都有敌伪盘踞的可能,只有有了夷民、山地作为我军的巩固后方,我们才能支持长期抗战。"②1941年7月7日,中共中央为纪念抗战四周年发表宣言,明确要求:"调整中央与地方的关系,信用本地人才,团结少数民族,以固后方。"③南方局管辖的区域内少数民族众多,南方局及各地中共组织把少数民族地区作为重点,注重发动少数民族群众为夺取抗战胜利、建立人民民主国家而工作。

"现时对国内少数民族的政策,首先和基本的应当是团结抗日。"④在南方局及所属各地党组织的领导与推动下,有的少数民族群众组织抗日武装队伍,

---

① 《毛泽东选集》第二卷,人民出版社1991年版,第416页。
② 《中共中央书记处对琼崖工作指示》,见《琼崖抗日斗争史料选编》,第21—22页。
③ 《周恩来年谱(1898—1949)》下卷,中央文献出版社2007年版,第521页。
④ 中共中央统战部:《民族问题文献汇编》,中共中央党校出版社1991年版,第652、682页。

直接展开对日军的作战;有的参加国共两党领导的抗日军队,配合抗日军队的作战;有的为抗日军队提供情报、担任向导。南方局及所属各地党组织在广大少数民族中,通过多种形式,把宣传革命力量、扩大影响、发展组织、积极领导和推动抗日运动作为动员群众的主要任务。各族人民积极开展抗日救亡宣传;为抗战献金募捐,购买公债、捐款、劳军、战地服务、宣传鼓动等;有的直接投身抗日战场,浴血奋战。比如,湘西工委还特设了苗民部,在苗族青年中开展工作。再如,日军两次入侵广西时,在中共柳州地下党以及各地中共组织的工作和影响下,桂东北、桂东南等地的各族民众组建了许多抗日游击队,甚至连人口较少的仫佬族、毛南族群众也组织了抗日武装,各族人民以大刀、长矛、土枪炮等作武器,开展游击战,给侵略者以沉重打击。云南边疆的德昂族、傣族、佤族、拉祜族、布朗族、景颇族、傈僳族等人民积极投入到守土抗战的洪流中,他们挖断交通,拦阻敌人,用铜炮枪、长刀、弓弩等简陋的武器与日本侵略军进行了英勇的斗争。即便是日寇占领下的西双版纳,群众宁可饿死而不当亡国奴,拒绝给敌人当民工。海南地方党组织积极展开抗日宣传工作与武装抗战工作,努力争取当地少数民族群众的配合与支持,使海南各族人民合作抗日的良好局面日益发展壮大。琼崖纵队在抗战胜利前夕已发展到一个大队、五个支队,共7000余人,解放了海南岛五分之二的地区,建立起各级抗日民主政体的有17个县。在党的抗日民族统一战线的感召下,在南方局及所属各地党组织的动员下,据不完全统计,在南方国统区以及部分沦陷区居住的彝族、回族、藏族、白族、羌族、土家族、苗族、高山族、蒙古族、满族、壮族、瑶族、仫佬族、毛南族、侗族等30多个少数民族群众以各种形式投入到抗日斗争中,与当地汉族群众互相配合,以不同方式为抗日战争做出了突出贡献。实践证明,南方局在领导少数民族群众参加抗战时所采取的方针政策是十分正确的、相当成功的,它是南方国统区以及部分沦陷区少数民族进行抗战名副其实的引路人与组织者。

二、 发动各族群众反对苛政

由于国民党当局对少数民族实行民族压迫政策,以抗战为名滥行拉兵派夫、苛捐杂税,横征暴敛,贪官污吏更是从中渔利,加重了对少数民族的经济掠夺。日益加剧的苛政,各民族人民群众被逼到无路可走的境地。在南方局及所属各地党组织的领导或影响下,为了活命生存,为了坚持抗战,南方国统区以及部分沦陷区少数民族群众奋起反抗国民党的苛政,有力地打击了国民党地方政权,显示了各族人民不屈不挠的英勇气概。

在湘鄂西一带,中共湘西特委、中共鄂西特委把宣传革命理论、扩大共产党的影响、发展中共组织、推动抗日救亡运动与发动各族群众反对苛政作为主要任务。在工人、农民、学生、妇女等少数民族中践行党的群众路线、开展党的群众工作。根据苗族与土家族是湘鄂西少数民族中人口最多的民族实际,派人深入到土家族与苗族中工作,发动他们反对苛政。譬如,湖南永绥县苗族人民在忍无可忍的情况下,掀起了反食盐垄断、反苛捐杂税的武装斗争,一度提出"打到重庆去,活捉蒋介石"的口号,后来发展到凤凰、乾城以及贵州的松桃、铜仁等地,捣毁了 20 多个国民党政府区、乡公所,斗争坚持了八九个月。又如,湘西龙山、永顺、桑植三县的苗族、土家族、汉族群众,不堪忍受国民党当局苛政与剥削,于 1945 年聚集起各民族贫苦农民一万多人奋起反抗,组成"神兵大刀队",以大刀为武器,以"抗粮、抗兵、抗税"为号召,矛头指向国民党当局的贪官污吏与为非作歹的乡保甲长,先后摧毁国民党七个乡公所,深得贫苦群众的支持与拥护。针对国民党政府实行"三征"(征实、征购、征借),在贵州省道真县地下党组织的领导下,当地仡佬族农民发动了武装起义,以"抗粮抗捐,除暴安良"为口号,用梭镖与大刀打败了当地团丁,惩治贪官土豪,救济穷苦百姓。为了保存自己的生存权利,洛龙、隆兴一带各民族群众也积极响应和纷纷参加,并多次击败县保警队及民团的进攻,起义队伍迅速扩大到 2000 多人,斗争虽然失败,但沉重打击了国民党当局的搜刮政策。这些抗争反映了少数民族群众反对国民党苛政暴虐的强烈要求,显示了各族人民群众不屈不挠的英勇气概,同时也扩大了中国共产党在各族人民群众中的政治影响。

第五节　适时转移群众路线实践重心

南方局适时地将群众路线实践重心由城市转移到农村,占领广大农村阵地,依靠农民群众,走农村包围城市、最终解放城市的崭新道路。适时转移群众路线实践重心,使革命力量不断发展壮大,为开展农村游击战争培养与储存了大批骨干力量,对中国革命与建设产生了深远影响。

一、　抗战初中期群众路线实践重在城市

抗战初中期,周恩来坚决执行党中央的指示精神,带领南方局所属青工委、妇运委、经济组、文化组、社团组等多种群众工作机构"利用一切公开合法可能",通过多种途径加强南方国统区以及部分沦陷区城市党组织同城市各阶层群众的联系,领导城市各阶层群众开展争取生存权利、改善生活待遇等斗争,认真努力地去进行市民组织工作、市民教育工作与市民生活改善工作,以实现南方局及所属各地党组织与大城市各党派、各阶层、各民族群众最广泛意义上的联系。

在城市,为争取大西南、大后方城市中间力量,南方局在制定"扶助进步团体,照顾小党派利益"方针的基础上,以相忍为国、团结多数的广阔胸襟,通过正式与非正式场合,广泛接触南方国统区以及部分沦陷区城市地方实力派、海外侨胞、民族工商界人士、民主党派及无党派民主人士、民族工商界人士,并同他们真诚沟通与深入交流,消除隔阂,增进友谊。这期间,南方局通过各种渠道、循环往复地做邓锡侯、龙云、刘文辉等大西南地方实力派的团结与争取工作,引导与帮助他们在坚持抗战团结进步、反对蒋介石集团独裁统治的斗争中不断走向人民阵线;在城市,周恩来等南方局领导人经常出入特园这个"民

主之家",同梁漱溟、罗隆基、黄炎培、张澜等爱国民主人士密切接触,逐渐建立起一种肝胆相照、荣辱与共的亲密关系,相互信任支持,遇事共同进退,而且还共同促成了"民盟"等民主党派的陆续创建;在城市,周恩来等南方局领导人多次登门拜访冯玉祥、宋庆龄、李济深等国民党元老,与之同叙友情、共商国是,赞叹和赏识国民党元老们"为人所不敢为,说人所不敢说"的果敢与魄力;在城市,周恩来等南方局领导人亲自做张治中、张冲等国民党高层开明人士的团结与争取工作,并在长期交往中"由公谊而增友谊",从而使之成为团结抗战、民主进步的维护者、推动者;在城市,周恩来等南方局领导人与胡子昂、范旭东、康心远等商界巨子在经常交往中加深了解,对其阐明团结抗战之要以及中国共产党发展民族经济的鲜明主张,希望这些商界巨子以民族为本,以国事为重,在鼓励其为全民族抗战而生产经营并大力帮助其化解劳资矛盾,积极支持这些民族工商界人士为保护自身利益而坚决斗争。

抗战初中期,按照党中央的指示精神,中共广东区委成立了城市工作委员会,特别从东江、北江等抗日根据地抽调了一批党员干部到城市加强工作。中共广西省工委专门抽调一批党员返回城市建立工作据点,领导群众开展城市爱国民主运动。中共湖南省工委曾确定湖南省工委的工作方针是:到工人、学生中建立城市工作的基础,发动和领导城市民主运动。南方局先后派遣了四批党员干部迁往武汉,重建中共地下组织,开辟城市工作,注意以城市群众工作促进农村群众工作。抗战初中期,中共云南地下党组织按照南方局的指示精神,将工作重点放在城市地区,着力培养干部,积蓄骨干力量,践行党的群众路线,使昆明成为大西南、大后方的一座"民主堡垒",将南方国统区以及部分沦陷区城市一切可以团结的力量凝聚和汇集在党的周围,为后来中国政治力量天平发生了有利于中国共产党的变化奠定了坚实的群众基础。

二、 抗战后晚期群众路线实践重在农村

皖南事变后,南方局坚决执行党中央"长期埋伏、积蓄力量、以待时机"的

方针,把一批共产党员与革命知识分子转移到农村。1944 年年底,日军占领
贵州独山,国民党军队几无招架之力,西南危急,陪都震惊,国民党当局不得不
做好放弃战时陪都重庆的准备。1945 年 1 月 28 日,中共中央致电以周恩来
为书记的南方局,要求在大后方农村建立可靠基础;同年 3 月 6 日,中共中央
又发出对华南工作的指示,要求国统区"尽力劝导一部分城市党员转入乡村
工作,在农民中建立党的秘密基础"①。周恩来要求,必须严格遵照党中央的
指示精神,想方设法发动与组织党的骨干力量、社会进步人士、知识青年深入
基层、深入农村加强党的群众工作。周恩来号召"革命青年到农村去",大后
方 30 万大中学生到敌后去参加抗日战争,到各地乡村去,为人民服务,建立隐
蔽的农村根据地。林焕成于 1945 年 2 月 18 日在《新华日报》发表了《知识青
年的岗位在农村》一文,明确提出:"大批的知识青年深入到农村里去,与广大
农民结合起来,教育他们,组织他们。"南方局机关于 1945 年上半年连续召开
几次座谈会,其共同主题是"到农村去",而且还邀请于江震作过一次报告,效
果很好。吴佩纶(中央大学"据点"负责人)深有感慨地说:"我们对下乡工作
更有信心了。"也有人反映:"收获不少。"实践表明,党的骨干力量的思想搞通
了,对组织和发动革命青年到农村、到敌后去参加抗战有很大帮助。1947 年 3
月 7 日,南京局被迫撤回延安后的次日,中共中央发出《关于在蒋管区发动农
民武装斗争问题的指示》,指出:在蒋管区发动与组织农民群众武装斗争的客
观条件与时间已具备,只要注意联系群众,依靠群众,大胆细心地发动群众,既
勇敢又谨慎地领导斗争,在群众斗争中建立和组织起武装斗争力量与农村根
据地而逐渐取得胜利。② 南方局青年组的刘光、张黎群等负责人具体组织下
乡工作,将工作的重心由城市转向农村。

　　为了贯彻执行好南方局关于将工作重点转入农村的指示南方局,南方局

---

①　《周恩来年谱(1898—1949)》下卷,中央文献出版社 2007 年版,第 619 页。
②　中共重庆市委党史研究室编:《中共中央南方局大事记》,重庆出版社 2004 年版,第
436 页。

所属各地中共组织逐步加强了在南方国统区以及部分沦陷区的农村工作。南方局青年组直接派出了一批农村工作组,仅川东就有合川、宣汉、巫山、石柱、达县、蓬溪等几个组,成员达一百余人。在工作方法上,南方局及所属各地共产党员尽一切可能利用亲戚、朋友、师生、同乡等各种社会关系,取得合法身份与正当职业,在农村基层中扎下根来,以突出表现赢得当地群众信任,逐步积蓄革命力量,在农村建成隐蔽的工作"据点",倘若革命形势发展需要,就将隐蔽的秘密活动迅速转变为公开的武装斗争。农村基层党组织通过开办农民识字班、妇女识字班、开办夜校、读书看报、扭秧歌、跳民族舞、教唱革命歌曲等各种途径,宣传马列主义、毛泽东思想以及党的政治主张,揭露蒋介石集团的独裁内战方针,激发国统区广大农民的革命热情。南方局及所属各地党组织采取合法斗争形式,积极发展大西南、大后方下层群众,在农村建立起各种公开合法的群众组织,譬如"歌咏队""云南农民抗征会""农民解放社""云南农民妇女联合会""贫农团""民主妇女联合会""青年联谊会""妇女救国会"等。据不完全统计,截至 1948 年年初,仅云南省参加各种群众组织的农民就达七八万,为中国共产党在蒋管区各地发动武装斗争、夺取全国胜利,奠定了深厚的群众基础。南方局还充分利用掌握或控制分布在广大农村的中小学、中等专业学校,培养了大量的革命积极分子和骨干力量。他们深入山区农村,自觉地走与农民相结合的道路,成为传播革命真理与科学文化知识的使者、发动群众开展斗争的生力军。随着中共的工作重心转移后农村工作据点的增多,革命力量不断发展壮大,为开展农村游击战争培养、储存了大批骨干力量。

第六节 注重以上率下践行群众路线

为了扩大党在南方国统区以及部分沦陷区的革命阵地,周恩来、博古、董必武、王若飞、邓颖超等南方局领导人坚持战斗在南方国统区以及部分沦陷区群众工作的第一线,注重以上率下践行群众路线,做了大量艰苦卓绝、深入细致的群众工作,为抗日战争的胜利与全国解放的推进,积蓄了最深厚的革命力量,奠定了最坚实的民众基础。

一、 周恩来率先垂范践行群众路线

(一)坚持党的宗旨,将群众放在心中最高位置

"永远不与群众隔离,向群众学习,并帮助他们"①,这是周恩来在《我的修养要则》中的肺腑之言。在抗日战争时期以及解放战争初期,周恩来领导南方局青工委、妇运委、职工组、经济组等多种群众工作机构,在南方国统区以及部分沦陷区深入践行党的群众路线,积极组织大西南、大后方群众开展改善生活待遇、争取生存权利等经济斗争。譬如,在周恩来的坚强领导下,重庆工运领导小组从 1945 年 9 月起利用中国劳动协会重庆工人福利社进行"串联",先后在山城重庆组织了三次大规模的失业工人请愿团,向蒋介石集团提出严正要求:不得随意停业、关厂,倘若不得不停业、关厂,就必须发放救济金、还乡费、解雇费等,"迫使"国民党当局答应与同意了失业工人请愿团的合理要求,斗争取得圆满成功。为了避开与预防日寇空军战机的狂轰滥炸,中共中央南方局、八路军驻渝办事处的党员干部在其驻地旁侧挖掘和准备了一个防空洞,居住在红岩村附近的市民群众每逢日机轰炸,就跑来挤入防空洞躲避轰炸。然而,这个防空洞空间较小、容量有限,红岩村附近的市民群众一来,防空洞里就更加拥挤,空气也更加浑浊,南方局与办事处个别同志对此颇有微词,小声抱怨跑来挤入的老百姓。周恩来获悉后非常生气,当时就严肃批评了这些同志,并且明确指示,我们的防空洞随时为大西南、大后方人民群众敞开。正是周恩来领导南方局及所属各地共产党员始终坚持党的根本宗旨,时时事事处处将群众利益放在心中最高位置,抓住大西南、大后方群众最急需解决的问题,卓有成效地开展党的群众工作,给南方国统区以及部分沦陷区的广大人

---

① 《周恩来选集》上卷,人民出版社 1980 年版,第 125 页。

民群众带来了无限希望与巨大信心。著名作家冰心赞叹,周恩来是一位"磁石般的人物"。著名文学家巴金认为,周恩来之所以具有这种举世罕见的人格魅力,完全是因为周恩来对祖国与人民"真有一种血肉相连的感情"。这与当时文学大师们对陪都重庆不少国民党官员无视群众疾苦的严肃斥责相比,确实有天壤之别。

(二)坚持广交朋友,团结与争取社会各界人士

南方局时期,周恩来反复强调,要把"勤交友"当成一项革命性工作来做。周恩来进一步指示:对国民党元老、地方实力派、工商业者要辩证看待,科学分析,不要只看到其消极的一面,还要看到其要求抗日的一面;"只有把对方当作朋友,人家才会把你当作朋友"①。因此,周恩来要求南方局坚持广交朋友,团结与争取国内外、党内外一切可以团结的力量一致抗战,将国民党民主派、地方实力派、民族工商业家、民主党派人士紧紧团结在党的周围。

周恩来要求,对国民党高层人士要辩证看待,科学分析,有选择地团结与争取。国民党中有一部分为人公道正派,敢于仗义执言,对中国共产党的态度比较客观和友好,主张消除内战,联共抗日,诸如贺耀祖、陈布雷、张治中、邵力子、陈诚、于右任、张冲等。周恩来曾帮助"总裁智囊"陈布雷找到"失踪"的爱女下落(陈布雷之女系中共党员),并动员她转学回到重庆,留在陈布雷身边。周恩来带口信给陈布雷:"对畏垒(陈的笔名)先生的道德文章,我们共产党钦佩;希望他的笔不要为一个人服务,要为全国四万万同胞服务。"陈布雷深受感动,认为"周恩来是了不起的人才"②,他后来支持亲属奔赴抗战前线,尽最大可能掩护民主人士。国民党谈判代表张冲私下告诉周恩来,蒋介石不是轻视中共,而是怕中共壮大。国民政府检察院院长于右任因一桩贪污案弹劾当

---

①　夏衍:《懒寻旧梦录(增补本)》,生活·读书·新知三联书店 2000 年版,第 330 页。
②　胡康民:《周恩来的交友之道》,见《抗战时期周恩来统战思想和实践论文选》,重庆大学出版社 1986 年版,第 252 页。

权人物受阻,后来愤慨辞职,决定离渝赴蓉。周恩来得知以后,通过南方局王炳南联系到中苏文化协会秘书长、于右任女婿屈武说:"于先生一人去成都,身边没人照顾怎么行? 你应该去陪伴他,解除他的一点苦闷。"①受周恩来嘱托,屈武向于右任说明了时局,并代他慰问于右任:"不要悲观,坚持下去,必能胜利。"于右任十分感动:"恩来先生的人格真是伟大!"②慢慢地,于右任先生对共产党多了一份了解,少了一份怀疑,同情和理解共产党的所作所为,逐渐向共产党靠拢,特别是在 1939 年后国共两党的多次冲突中,为巩固抗日民族统一战线做了大量沟通协调工作。

周恩来要求,对地方实力派以诚相待,密切联络,积极争取。周恩来主张:"对于反动营垒中可能分化出来的人物,要争取他们,教育他们,帮助他们。"③在争取与团结地方实力派的过程中,周恩来等南方局负责人将团结与争取李宗仁、邓锡侯、潘文华、卢汉、刘文辉、李济深、龙云、白崇禧等作为重点对象,专门派遣于炳然、梅龚彬、李群杰、华岗、张友渔、朱家壁、杨伯恺等分别与这些地方实力派建立了联系,还在四川实力派潘文华、云南实力派龙云的总部中设立了秘密电台,采取关切切身利益、维护社会地位、适时批评建议的策略。四川地方实力派邓锡侯抗战初期请缨杀敌,率部前往山西前线,深秋天气寒冷,士兵衣衫单薄,第二战区司令长官阎锡山拒绝补发装备与提供山西地图,周恩来获悉后亲自送来日本军用地图(平型关战役中缴获),并详细介绍山西战况。邓锡侯万分感动:"你雪中送炭,真是患难见知己啊!"④周恩来于 1942 年 2 月与"西康王"刘文辉在重庆秘密会见与友好洽谈,刘文辉后来感慨地说,周恩来一席话"给他一生带来了转折",1949 年 12 月,刘文辉与邓锡侯、潘文华在川康地区起义,共产党兵不血刃占领西康。在周恩来的积极影响下,国民政府

---

① 代淑筠:《周恩来在南方局的日子里》,《四川统一战线》2001 年第 7 期。
② 代淑筠:《周恩来在南方局的日子里》,《四川统一战线》2001 年第 7 期。
③ 《周恩来选集》上卷,人民出版社 1980 年版,第 329 页。
④ 田德明:《忆晋康起义经过》,见《风雨同舟》,四川人民出版社 1991 年版,第 273 页。

军委会桂林办公厅主任李济深做了许多有利于团结抗战、促进民主的工作。国民党特务于1941年1月包围了八路军驻桂林办事处，准备捣毁机关，抓捕人员。李济深得知之后采取措施拖延特务行动，并派人给办事处处长李克农送去手书"克农即走"四个字，使李克农以及办事处人员得以安全撤离桂林。在周恩来的正确领导下，南方局及所属各地党组织经过多年耐心细致、孜孜以求的团结与争取工作，最终使地方实力派逐渐向中国共产党靠拢，逐渐走向人民阵营。李济深后来感慨地说："周恩来，真是一个了不起的人物！"①

　　周恩来要求，对民族工商业家要广泛接触，正确引导，热情鼓励。以周恩来为代表的南方局共产党人将做好对民族工商业家的团结争取工作，作为南方局群众路线实践的重要任务。在团结争取民族工商业家的过程中，周恩来与其上层代表人物建立了密切联系，通过中小工厂联合会、迁川工厂联合会等团体组织，深入而巧妙地开展党的群众工作，尽最大可能维护民族工商业家的利益，热情鼓励其为国为民多作贡献，争取做有利于抗战、有利于人民、有利于社会的"红色资本家"。1945年10月19日，周恩来应西南实业协会的邀请，在星五聚餐会作了《当前经济大势》的讲演，聚兴城银行董事长杨粲三感慨地说："对共产党人这样了解中国经济情势和民族工商业者的处境，甚为钦佩。"②为了求得中国制碱公司的生存，化工实业家范旭东决定自己创办"建业银行"，但是资金周转困难。周恩来获悉后，指示卢绪章、龚饮冰、刘少文以党的营运经费参与筹建"建业银行"，在资金、人力方面给予帮助与支持，使范旭东的中国制碱公司顶住了压力，渡过了难关。周恩来与古耕虞、刘鸿生、缪云台、胡子昂等民族工商业家的交往联系也相当密切和频繁，数次亲自登门拜访，称赞这些民族工商业家为抗战、为民族、为社会所作的突出贡献，他们听后

---

① 南方局党史资料征集小组编：《南方局党史资料·统一战线工作》，重庆出版社1990年版，第349页。

② 四川省政协文史资料委员会编：《四川文史资料集萃》第三卷，四川人民出版社1996年版，第792页。

感动不已,铭刻在心。在周恩来与南方局的坚强领导下,大后方、大西南越来越多的民族工商业家逐渐消除了对共产党的偏见,这股经济力量逐渐形成一支强大的、拥护共产党的政治力量。正如美国作家海明威赞叹周恩来的那样:"如果他是中国共产党人的典范的话,那么未来就是他们的。"①

(三)"润物细无声",反对把自己的思想观点强加在文化人头上

争取与团结南方国统区以及部分沦陷区进步知识分子的工作是在周恩来的亲自领导下进行的。进步知识分子是抗日战争时期以及解放战争初期理论界、宣传界、文化界的一支重要力量,能否团结与争取这股力量,对于抗日宣传、引领思潮、凝聚人心意义重大。大批进步知识分子转移到香港以后,周恩来指示香港八路军办事处负责人廖承志"要重视这支文化战线上的力量",对待他们"第一,不能拿抗战前的眼光看他们,因他们已进步了,已经过一次考验了。第二,不能拿抗战前的态度对待他们,因他们经过一些政治生活,是以前上海时代的生活了。第三,我们不能拿一般党员的尺度去测量他们,去要求他们"②,必须学习列宁、斯大林对待高尔基的尺度、眼光、态度,帮助文化人前进。周恩来明确指出,要平等待人、和和气气、情真意切,反对把自己的思想观点强加在文化人头上。"领导群众的方式与态度要使他们不感觉我们是在领导"③,周恩来还强调,南方国统区以及部分沦陷区的群众路线实践必须从基层做起,要"推动每个党员深入到社会中去利用各种机会,肃清各种脱离社会的现象"④,"不要使少数觉悟者单独去斗争"⑤,以避免与防止陷于孤立。这就是周恩来倡导的对大西南、大后方文化人的领导方式,这也是领导艺术的最

---

① 王泓、刘英、魏仲云:《红岩村轶事》,重庆大学出版社 1993 年版,第 155 页。
② 南方局党史资料征集小组编:《南方局党史资料·文化工作》,重庆出版社 1990 年版,第 7—8 页。
③ 《周恩来选集》上卷,人民出版社 1980 年版,第 131 页。
④ 中共中央文献研究室:《周恩来传(1898—1949)》,人民出版社 1989 年版,第 189 页。
⑤ 《周恩来选集》上卷,人民出版社 1980 年版,第 312 页。

高境界。周恩来不是以官员的姿态指手画脚,而是把自己作为其中的一员,采取迂回的、渐进的、韧性的方式与进步知识分子说知心话,做知心朋友。正如地质学家李四光所说:"我见到了周先生。我在他身上产生了一个最大的感觉:中国有了共产党,中国就有了希望。"著名新闻工作者周钦岳曾真诚地对周恩来说:"您是共产党的杰出代表,随时广泛地接触社会人士和群众,要他们亲眼看看共产党人的风采和英雄气派,大有作用。"综上,周恩来对大西南、大后方知识分子潜移默化的影响是非常深远的,大西南、大后方知识分子对周恩来是相当敬重的,国统区知识分子的觉醒与周恩来的思想境界、人格魅力、工作方式、领导艺术是密不可分的。

二、 董必武以上率下践行群众路线

中共一大代表包惠僧说过:"董必武对马克思主义、共产党有坚定信念,他虽然搞律师、教员的工作很忙,但仍然坚持马克思主义学习。"[1]更为重要的是,董必武以上率下践行群众路线的思想与行为,更让很多共产党人钦佩与敬仰。

(一)广泛动员全国民众,开展民众救亡运动

长江局时期,董必武在武汉大学作过两次演讲,全面阐释了发动群众对于抗战的重大意义。董必武指出,有了群众运动,才能真实现"游击战争""有钱出钱,有力出力"等目标,倘若没有发动群众,那么一切都无从谈起。董必武指出,农民在全国人口数量最多,占比最高,发动群众主要是发动农民的问题,否则,抗战则没有把握胜利。董必武还强调,群众运动要有正确方向,"光说服不够,必须组织起来","有了组织还必须有武装"。[2] 许多青年学生因董必武充满激情的爱国演讲而鼓舞得热血沸腾、感动得热泪盈眶。在董必武的鼓

---

① 《董必武选集》,人民出版社 1985 年版,第 96 页。

② 湖北省社会科学院组编:《忆董老》第 1 辑,湖北人民出版社 1980 年版,第 41 页。

舞与推动下,武汉大学青年学生纷纷投身于抗战事业。为了"动员一切力量争取抗战胜利",董必武提出,国民政府必须开展全方位的政治动员,强化政治宣传工作,发动与组织全国各阶层、各民族人民群众参与抗日战争,"开放民众运动应是目前最迫切的问题"。为纪念抗日战争一周年,国民政府政治部第三厅举办了七七献金运动,董必武献出其担任国民参政员的一个月薪金。董必武通过中共湖北各级党组织将救亡运动、救亡团体、救亡报刊三者相结合,组成救亡运动的有机整体,利用合法身份以及在湖北广泛的社会影响,巧妙践行党的群众路线,大力开展党的群众工作,武汉抗日救亡团体与抗日救亡运动如火如荼地开展起来,逐渐成为国统区抗日救亡群众运动的核心与焦点,并不断向整个大后方拓展与辐射。

董必武提出了广泛动员国统区人民群众的有效举措。发动广大人民群众不是国民政府的一纸命令就可以轻易做到的,而应采用切实可行的办法才能奏效。第一,强化政治宣传工作。董必武提出,国民政府应该把有关文献与报告在全国广大人民群众中做广泛而深入的宣传,以增强全体中华儿女的抗战意识,"要使千千万万的群众,不管老的少的,男的女的,文化程度高的或低的,职业部门相同的或不同的,都懂得日寇怎样侵略中国,现在侵略到什么程度,日寇是怎样的凶残和狡猾,亡国奴殖民地是如何地痛苦,提高全国人民的民族意识和爱国心"。第二,尽最大可能充实群众组织。只有将广大人民群众有效组织起来,才能发挥出意想不到的作用。于是,董必武提出,要尽最大可能充实工厂、工会、商会、农会、青年妇女、农村、文化界、学校、商店、作坊等群众组织,并积极发动与广泛组织,使之充实活泼,成为国防政府的扎实群众基础。第三,想方设法改进宣传方式。董必武指出,广泛发动民众一定要考虑其切实感受,以调动其主观能动性为前提与基础,于是,他主张国民政府可以采用剧院电影厂、露天大会、个人谈话、少数人座谈会等灵活多样的宣传解释方式。

董必武十分重视青年学生在抗日战争中的重大作用。董必武认为,青年学生是一支不可忽视的力量,所以他很重视对青年学生的培养与教育。董必武在抗战初期曾邀请过周恩来、王明以及长江局各部门以及办事处的同志来武汉大学作关于抗战形势的报告和"抗日战争常识研究班"讲演,向湖北武汉的青年学生宣传党的抗战政策以及发动妇女运动、工人运动、青年运动等问题,让广大武汉的青年学生深受启发、深受教育,激发了青年学生的爱国热情,增强了青年学生抗战必胜的信心。董必武还指示青年学生要组织起来,长江局青委在董必武的直接领导下,组织发动了各种青年学生抗日救亡团体,诸如青年抗敌协会、东北救亡总会、妇女工作团、中华民族先锋队、青年救国团、平津流亡同学会、武汉各界救国联合会等,他们在街头巷尾募捐现金、慰问伤病员、宣传抗敌主张、游行示威等,团结争取了国统区广大人民群众,形成了声势浩大的抗日大军,冲破了蒋介石集团的"统制"与"包办"政策。在董必武的积极推动下,全国学联第二次代表大会于 1938 年 3 月 25 日在湖北汉口召开,16个省市的学生团体、120 名代表参加,董必武出席大会并题词:"中国目前统一的学生运动是统一的青年运动的先锋。"该会为全国学生的大团结奠定了坚实的基础,掀起了抗战初期武汉青年学生运动高潮。武汉沦陷前,董必武培养了许多党的骨干力量,通过长江局青年工作委员会、八路军武汉办事处将许多骨干力量与青年学生送往延安、晋西北等抗日根据地,在敌后开展游击战。抗战期间,董必武广泛动员全国民众,开展民众救亡运动,为发展抗日民族统一战线,争取抗战胜利做出了杰出贡献。

(二)密切联系党外人士,团结争取民主党派

董必武提出,党要密切联系人民群众与党外人士并向他们学习,"看不起群众,看不起党外人士,这是共产党所不容许的","群众和党外人士是我们学习马列主义的补习学校,是马列主义的活页课本,是马列主义的实验所"。董必武于 1939 年年初派中共秘密党员张友渔参加"救国会"并指示:救国会是一个进步组织,在抗日民族统一战线中占有重要的地位,起着较大的作用,在

社会上有很大的影响,同我党关系密切,我们要做好他们的工作。在董必武的大力支持下,出席国民参政会的各民主党派参政员于 1939 年 11 月 23 日在重庆公开建立了"统一建国同志会",并表明自己是"第三者的立场",为进一步联合社会中坚力量发挥了巨大作用。

董必武高度重视对民主党派以及无党派民主人士的团结与争取工作,并为此付出了极大的努力。在董必武的积极推动下,梁漱溟等民主人士决定改组"统一建国会",经过反复讨论,最终决定成立"中国民主政团同盟"。在"中国民主政团同盟"成立前夕,董必武曾多次前往张澜寓所,会见李璜、章伯钧、邹韬奋、张中府、沈钧儒、黄炎培等各党派负责人,进行了大量的推心置腹的说服教育工作,经常来往于各民主党派以及民主人士之间,力主建立强有力的政治组织,让他们看清国民党顽固派的真相,并同他们作斗争,商议和探讨推动各民主党联合起来成立民主政权同盟问题。在董必武的关心和支持下,中国民主政团同盟大会于 1941 年 3 月 19 日下午在重庆"特园"秘密召开,会议通过了《敬告政府与国人书》《中国民主政权同盟简章》《中国民主政权同盟机构》,确立了"中国民主政团同盟"中央领导机构,讨论了政治形势,明确了政治纲领,其宗旨是:强调结束党治、团结抗战、开放民主、保障人权,这与中共提出的政治主张如出一辙,集中反映了全国各族人民群众当时的政治夙愿。"中国民主政团同盟"成立后,董必武同其负责人黄炎培、张澜等仍保持着密切交往与联系,多次参加和出席他们的聚会和论坛,征求他们的意见,宣传中共的政策,倾听他们的呼声,有效地争取与团结了民主党派以及无党派民主人士。后来,还有一些民主党派组织相继在渝成立,在很大程度上都凝聚了董必武的心血。

(三)化解矛盾团结对敌,诚待各界代表人物

两次国共合作时期,董必武均处于群众路线实践的最前列,接触了很多国民党上层人士,利用与他们的交情为中共交了不少朋友,争取与团结了许多国

民党上层进步人士。董必武曾引用顾亭林"十年天地干戈老,四海苍生吊哭声"①的诗句,来回顾与描述蒋介石集团发动十年内战、导致生灵涂炭的悲惨场景,以此表明国共合作、一致对外的必要性,宣传党的抗战主张,扩大党的政治影响。董必武紧紧依靠《新华日报》,善于抓住各种机会与场合,引导报社工作人员践行党的群众路线。譬如,《新华日报》记者陆诒有一次从国民党鄂西战区采访回来,向董必武汇报采访情况。当他说到张继与孔庚是国民党顽固派时,董必武立刻说道:所谓顽固派也会有变化,你怎么能把一个人看死呢?要具体问题具体分析,要尽一切可能争取团结大多数人来共同抗战。

董必武还做了大量国民党地方实力派的团结与争取工作。董必武于1938 年夏天曾到川系刘文辉的住所晤谈,这是中国共产党人第一次与刘文辉晤谈,为以后双方进一步加强接触、团结抗日打下了坚实基础。董必武于1939 年 5 月在潘文华寓所再次会晤刘文辉,这次会晤对刘文辉产生了巨大的影响。刘文辉后来回忆这段往事时深有感慨地说:"尔后我对抗战胜利的信念能够坚定下来,这次晤谈是有巨大影响的。"董必武与叶剑英通过爱国民主人士朱蕴山与桂系地方实力派李宗仁协商,组织建立了第五战区民族总动员委员会安徽省分会,由一批共产党员与进步人士担任各部门要职,建立了安徽省工委,发展了党的组织。董必武与周恩来一起还直接领导了党的秘密工作,在派往国民党军政部门的中共党员中,有在白崇禧身边做秘书工作的谢和赓同志,有担任"西北王"胡宗南侍从副官的熊向晖同志,他们在董必武的直接领导下从事党的秘密工作。经过董必武深入细致的群众路线实践,争取与团结了许多国民党上层进步人士,赢得了他们对党的理解与支持,为抗日救亡运动做了大量有益的工作,维系与发展了以国共合作为基础的抗日民族统一战线。

董必武加强对民族工商业家的团结与争取工作,真诚地帮助与团结中小工厂主。周恩来、董必武等于1939 年 11 月来到杰出实业家胡厥文的合作五

---

① 何定华、陈奇文、徐晓林、尹平:《董必武与统一战线》,武汉出版社 1994 年版,第 109 页。

金厂,当他们看到正在生产掷榴弹等军用产品时,董必武写下了"在极艰难的条件奠定新中国工业的基础"的题词。在董必武的精心安排下,陈钧于1939年打入了国民政府经济部平价购销处,多方联络工商界人士,与中小工厂主保持密切的交往与联系,鼓励其积极参加抗日生产和民主斗争。在董必武的大力支持下,陈钧于1943年创办了一个铁木机厂,吸收了从事革命工作的许多同志,以小业主身份组织中小工厂主开展斗争。董必武、陈钧等从1943年起发起成立军布业联谊社,并组织布厂同业负责人士开展了反对军需署勒索掠夺军布的斗争,当蒋介石乘车经过黄山公路时,一同拦路请愿,最终迫使军需署赔偿了短缺的棉纱,维护了中小工厂主自身权益。在董必武的坚强领导下,陶钧在新年聚会上鼓动几十个中小厂主作为代表到行政院院长孔祥熙那里请愿,要求减免官方盘剥与纠正经济部门贪污受贿现象,请愿取得了圆满胜利,中小工厂业主自身利益获得了保障。在董必武的积极推动下,拥有280多家会员工厂的中小工厂联合会于1946年3月在重庆成立,董必武在大会上发表重要讲话,他鼓励中小企业主联合与团结起来,为团结抗战而生产经营。董必武直接领导与负责的军布业联谊社与中小工厂联合会,有力地团结与联合了大西南、大后方民族工商业家,有效地扩大和提高了党在工商界的政治影响。

(四)广泛接触国际友人,积极宣传中共主张

在世界反法西斯战争即将结束之际,董必武代表中国共产党与解放区军民参加联合国制宪会议。中共六届七中全会主席团会议确定董必武此次赴美的主要任务是:争取外国朋友,提高党的国际地位,尽量争取留驻美国工作,扩大中共在国际上的影响。1945年4月21日,董必武一行到达纽约,与中共在美国党的负责人徐永煐等会面,24日抵达旧金山。在旧金山制宪会议期间,董必武代表中共在世界大会的形象,广泛接触国际友人,积极宣传中共主张,引起了世界各国媒体的关注,开展了卓有成效的群众工作。1945年6月5

日,董必武出席华侨宪政党、致公党的讲演大会,并作了题为《中国共产党的基本政策》的长篇报告,比较详细地阐述了中共的抗日主张以及八路军、新四军的伟绩。1945 年 6 月 26 日,董必武在旧金山退伍军人纪念堂举行的《联合国宪章》签字仪式上代表中国共产党以及解放区军民签了字。董必武利用当时的有利条件,将《中国解放区实录》一书译成英文,共印制五千册,散发给参加联合国会议的各国代表、外国记者、国际友人以及海外华侨,宣传中国共产党在抗日中的战绩以及抗日根据地民主建设的成就。董必武认为,共产党领导的军队能取得巨大胜利最重要的一条,就是共产党代表广大人民群众的根本利益,践行党的群众路线,团结一切可以抗日的力量。在旧金山期间,董必武还会见了著名教育家、旧金山华侨中学校长陈其瑗,邀请他回国从事革命的教育事业,但陈其瑗坚持在华侨中开展抗战的宣传与教育活动。

历时两个多月的联合国制宪大会结束后,董必武一行根据党中央的指示前往纽约,恢复重建中共在美党组织,并为南京局在上海出版《新华日报》购买印刷设备。董必武指示,在美中共党组织的任务是,继续做好华侨华人的宣传统战工作,办好《华侨日报》,领导和管理从国内来美党员的工作。当董必武获悉《华侨日报》报社经费拮据以后,就向报社赠送一万美元以示支持。在美国,董必武广泛地接触和会见了当地的侨胞,还会见了杰出的国际主义战士、中国人民的老朋友史沫特莱,著名女作家赛珍珠等人,对美国朋友支持和同情中国的革命表示感谢,介绍了中国当前的情况和中共的和平民主主张。抵达纽约的次日,董必武在一个朋友的家里会见了当时美国共产党总书记白劳德,中国共产党正被全世界人民认识着。

经过七个多月紧张忙碌的工作,董必武不负中国人民的重托,圆满完成了在美国的任务。董必武在美国的七个多月里广泛接触海外侨胞与国际友人,积极宣传与介绍中国解放区在中国共产党的领导下所取得的成绩,让世界各国人民了解中共英勇抗战的真实历史与方针政策,赢得了海外华侨与国际友人对中共的广泛同情与有力支持。董必武所做的每件事情,取得的每份成绩,都充分体现了董必武的爱国情怀与党性修养,在身体力行的群众路线实践中树立了良好风范。

三、 邓颖超以身作则践行群众路线

(一)广泛争取与团结妇女界朋友

抗战时期,邓颖超先后出任长江局妇委委员、南方局妇委书记,直接负责与领导妇女抗日救亡运动,广泛争取与团结妇女界朋友,成为南方国统区以及部分沦陷区妇女抗日运动的一面旗帜。邓颖超主张:资产阶级和国民党中一切赞成或同情抗日的妇女都是我们所争取的对象,只有争取了这个阶层,国统区妇女抗日救亡运动才能取得成功。在邓颖超的引导和帮助下,大西南、大后方实业界妇女积极创办企业,为支援抗战生产经营。譬如,周宗琼相继创办了"国防动力酒精厂"、乐山沫溪河国防动力酒精厂、内江国防动力酒精第三厂,坚持为《新华日报》提供周转经费。在邓颖超的提议与推动下,1940年春成立了中苏文化协会妇女委员会,由李德全任主任,邓颖超等人任委员,绝大多数是中共党员或左派人士。中苏文协妇委会以中共党员骨干为核心,经常组织召开中苏妇女联欢会、联谊会、学习报告会、座谈会、学习小组、读书会,举办妇女儿童书籍、图片展览会或电影招待会,每周或双周聚会一次,交流彼此了解的政局情况,传阅进步报刊或小册子,讨论当前形势或妇女本身的问题,并共同参加各界人士组织的进步活动,吸引了大批的知识妇女和少年儿童。在邓颖超的积极推动下,中国妇女联谊会(半公开组织)于1944年正式成立,成为大西南、大后方民主妇女运动的重要堡垒,为反内战、争民主、迎解放做了大量有价值的工作。

邓颖超对国民党上层妇女采取既团结又斗争,以斗争求团结的策略。在邓颖超的精心指导下,南方局妇委在具体问题的处理上,坚持灵活性和原则性相结合,尽力争取以宋美龄为主要代表的国民党上层妇女继续抗日救亡。邓

颖超很尊重宋美龄这位"第一夫人",宋美龄也非常佩服邓颖超的胆识与才干,邓颖超与宋美龄就如何开展战时妇女运动交换了看法,争取到中国战时儿童保育会给陕甘宁边区儿童保育分会的一笔经费。对在国统区顽固派妇女的主要代表人物,邓颖超指示南方局妇委在联合她们抗日的同时,对她们不利于团结抗战的言行要进行坚决的,有理、有利、有节的抵制与斗争。譬如,每年三八节纪念活动的宣传口号,大会演讲以及主席团名额的分配,是左派与顽固派斗争的棘手问题。顽固派不仅要在主席团排斥左派,而且要在公开的场合宣传其反共主张。以邓颖超为主要负责人的南方局妇委注重实质内容,而不拘泥于形式,坚持从实际出发,主席团名额可以放弃,反映了共产党顾全大局的胸襟与诚意,赢得了大西南、大后方广大民众的强烈拥护,然而在发言权、宣传口号等原则问题上则是据理力争,寸步不让。邓颖超在领导国统区妇女抗日救亡运动期间,坚定地、巧妙地、创造性地执行了党的群众路线,使妇女抗日救亡团体发展到 110 个,与总会有联系的单位 973 个以上,发动妇女群众 42 万余人。邓颖超对南方国统区以及部分沦陷区各阶层、各派别、各民族妇女的团结争取工作,产生的影响是巨大而深远的。宋美龄于 1984 年 2 月发表了《致邓颖超的公开信》,宋美龄回忆了她与邓颖超在武汉、重庆、庐山真诚合作、团结抗日的交往事宜,称赞邓颖超"见解超群,是女界人才"。

(二)热情关怀和教导新华女战士

南方局时期,曾在《新华日报》工作和战斗过的女同志,简称"新华女战士",先后共计 120 多位,占《新华日报》总人数的五分之一左右,是党在南方国统区以及部分沦陷区宣传战线上一支非常重要的骨干力量。邓颖超十分关心"新华女战士",尽力帮助她们解决在家庭负担、子女抚养、身体虚弱等方面的特殊困难。在周恩来、邓颖超的大力支持与具体指导下,新华托儿所于 1940 年"十月革命节"正式成立。在战时国统区的艰苦条件下,邓颖超提倡"新华女战士"发扬自力更生、艰苦奋斗的精神,亲自动手制作玩具、制作器材、制作文具。"新华女战士"的小孩出生两个月后,就可以免费入托,这在很大程度上减轻了"新华女战士"的后顾之忧,使这些女同志可以大胆放手工作,同时也同当时南方国统区以及部分沦陷区职业妇女育婴艰难的状况形成了鲜明对比,树立了大西南、大后方妇女解放与儿童保育的榜样。作为《新华日报》的副刊,《妇女之路》由邓颖超直接领导、南方局妇委会编辑,是中国共产党联系国统区广大妇女群众的纽带。在《妇女之路》这个战斗集体中,每位女同志都深深地感受到了邓颖超的真诚关怀与谆谆教导,感受到了邓颖超的言传身教与人格魅力。在宣传思想工作中,邓颖超严肃认真,从不放过任何一点细微的失误,也不放过这些女战士思想上的偏差,邓颖超的批评教育总是耐心诚恳、以理服人。邓颖超曾批评一些新华女战士:"我们一些经延安来的同志,往往看不惯中上层妇女的衣着打扮,这种看法是不对的,应从政治大事着想,不要计较生活小事。"年轻的女战士都发自内心地称她为"小姑"或"大姐"。而且,邓颖超对自己及家人要求极为严格。邓颖超的母亲杨振德于1940年年初来到战时陪都重庆,当时南方局、八路军驻渝办事处以及新华日报社都住得很挤,在饶国模的反复劝说下,邓颖超为了节约费用与不麻烦群众,将母亲杨振德安排住宿在不足四平方米的角落房间。类似的故事,在邓颖超身上还有很多。人们正是从这些具体的事、具体的情中,看到了邓颖超是站在人民群众立场上,以人民群众利益为重的党,是全心全意为人民服务的光辉典范。这样的"小姑""大姐",党员同志以及广大民众都是发自肺腑地爱戴与敬重。

(三)积极指导和改组新妇运指会

邓颖超多次说过:"我对妇女工作的关心和责任,一直承担到生命的终止。"1938年5月,在以邓颖超为主要负责人的南方局妇委的积极推动下,"第一夫人"宋美龄召开了"庐山谈话会",参会者是来自全国妇女界的48位杰出代表与社会名流,国共两党及左、中、右三种政治派别的妇女代表会聚一堂,共商妇女抗日救国大事。邓颖超代表中共在会上作了《我们对战时妇女工作的意见》《关于陕甘宁边区妇女运动概况》的精彩报告,对大会产生了积极影响,得到了与会代表的广泛赞同与一致拥护。在邓颖超的启发与影响下,"庐山谈话会"决定将以国民党上层妇女为主组成的"新妇运指会"进行改组与扩充,包括对女工与农妇的、政界的、文艺界的、职业界的、宗教界的、女学生的社会各界妇女进行大联合与大团结工作,以增加新的社会力量与工作内容,克服了自发分散、各行其是的局限性,使之成为在大西南、大后方公开合法领导与组织全国各界妇女抗战的群众组织。"庐山谈话会"还一致通过了《动员妇女参加抗战建国工作大纲》,作为全国妇女团结抗战的共同纲领。《动员妇女参加抗战建国工作大纲》改变了"新妇运指会"原来的宗旨与任务,基本符合共产党提出的"为争取千百万群众进入抗日民族统一战线而斗争"的政策主张,对大西南、大后方乃至全国妇女群众的抗日救亡运动都起到了指导与推动作用。在邓颖超的巧妙引导与积极推动下,全国妇女联合抗日群众组织仍以原"新妇运指会"的名义,宋美龄仍然担任指导长。邓颖超、李德全、孟庆澍等南方局妇委同志加入改组与扩充后的"新妇运指会"。在邓颖超的亲自安排下,张玉琴、张晓梅、张蔼真、廖似光、卢竞如等许多优秀共产党员与爱国民主进步妇女在该会任职,以加强南方局妇委在统一战线组织中的领导力量。

做好大西南、大后方中间阶层妇女工作的关键,是做好"新妇运指会"的团结与争取工作。"新妇运指会"改组后,加强了与该组织中的非党进步人士与青年妇女骨干的深入交往与广泛联系。邓颖超指示中共党员与进步青年抓住当时有利时机,尽全力帮助她们做好工作,采取各种方式经常关心她们的成长,帮助她们解决困难,保护她们的安全,亲自找她们谈心、做工作,相互间结下了患难与共、休戚相关的革命情谊。"新妇运指会"内的中间力量大多数是女青年会成员。这些人的作风大多数比较正派,热心社会福利事业,工作认真负责,政治态度多属中间或偏右。邓颖超指出:"中间分子的态度往往是冷淡的,争取是比较困难的,然而都是非常重要的",反映了邓颖超的博大胸襟以及真诚推进抗日民族统一战线方针的坚强决心与坚定信心。在邓颖超的言传身教与积极影响下,中间阶层女士对共产党逐渐产生了好感,采取了客观公正的态度,认识到自己应该选择的正确道路。邓颖超对进步妇女真诚关心与帮助爱护,没有派别成见、门户狭隘等观念,使她们真心实意地支持与拥护党的统一战线政策,有些人甚至甘愿冒生命危险支持党的革命事业、保护党的骨干力量。皖南事变发生后,国民党特务搞了一份"共产党危险人物"黑名单,计划分批逮捕或秘密处死。一位党外进步女士意外获悉后,第一时间转告邓颖超、张晓梅。邓颖超等人对黑名单上的共产党员与进步妇女,分别研究转移方案并进行周密安排,帮助她们安全撤离,直至完全脱险。这些进步人士、知识青年以"大姐""小姑"作为邓颖超的代号,把到曾家岩 50 号或到红岩村与妇委会的同志见面当作"回娘家"。"新妇运指会"的扩大与改组,实现了大西南、大后方各党各派各方面妇女群众的大联合,使之成为南方局在南方国统区以及部分沦陷区发动妇女群众参加抗日救亡运动的重要阵地,与邓颖超不畏辛苦,深入而巧妙地坚持党的群众路线密不可分。

第五章　中共中央南方局践行
群众路线的辉煌成就

　　毛泽东曾在中央政治局会议上赞叹南方局工作"做得好,各省工作有成绩",并表示"这是在恩来领导下的成绩"。[①] 宋平也说过:党在国统区的这段斗争史"在我们党的整个历史中间是非常重要、非常光辉的一页","没有这个战场,中国革命不可能取得这样的胜利,中国共产党也不可能取得这样大的发展,成为今天领导全国人民进行社会主义建设的大党"。[②] 以周恩来为书记的南方局紧密配合党领导的敌后抗日战场,把巩固国共两党合作、维护抗日民族统一战线作为历史使命,创造性地开展党的群众工作,践行党的群众路线,最大限度地团结中间势力,唤醒大西南、大后方广大工人、青年、妇女、农民群众,开创了党的群众路线实践的新局面,为全面夺取抗战胜利,推动形成蒋管区反对国民党的第二条战线,促进中共自身力量在群众工作中发展壮大,丰富发展毛泽东思想及党的群众路线理论,建立了不朽的历史功勋。

---

　　① 《周恩来年谱(1898—1949)》下卷,中央文献出版社 2007 年版,第 457 页。
　　② 宋平 1990 年 6 月 25 日在北京召开的《南方局党史资料丛书》出版座谈会上的讲话。见中共四川省委党史研究室、中共重庆市委党史研究室编:《南方局党史研究论文集》,重庆出版社 1993 年版,第 1—3 页。

第一节　夯实与发展了抗日民族统一战线的群众基础

胡乔木说:"没有南方局的大量工作,就没有抗日战争时期那么一种局面,团结了大后方那么多的人,把抗战坚持了辖区,还保存了我们党的一大批精干力量。"①巩固与发展以国共合作为基础的抗日民族统一战线,既是南方局的光荣使命,更是全面夺取抗战胜利的重要一环。抗战时期,中国共产党始终坚持抗日民族统一战线,深入践行党的群众路线,最大限度动员与组织全国军民,成为中华民族抗击日寇最有效的组织形式,是打败日军的关键所在,巩固与发展了抗日民族统一战线的群众基础。

一、　在政治上维护了国共合作的抗战局面

南方局在组建之初,第一位的任务就是处理国共两党关系。面对矛盾纠纷不断的国共关系,中共中央提出了"三大口号"——"坚持抗战,反对投降;坚持团结,反对分裂;坚持进步,反对倒退"。在战时陪都重庆近八年,南方局始终高举抗日民族统一战线伟大旗帜,采取联蒋抗日政策,维护国共合作,并肩抗击日寇,以斗争求团结,积极宣传与广泛动员国统区广大工人、青年、妇女、农民群众参加抗日救亡运动,使蒋介石集团在政治上陷入被动与孤立,采取政治方式处理国共两党关系、解决国共两党摩擦。正是因为以周恩来为代表的南方局共产党人在南方国统区以及部分沦陷区的群众路线实践,才使国共合作局面在政治上维持到抗战胜利。这是南方局共产党人相忍为国、团结多数的广阔胸襟与刚柔相济、坚韧不拔的斗争艺术,为发展抗日民族统一战线做出的突出贡献。

---

① 中共四川省委党史研究室、中共重庆市委党史研究室编:《南方局党史研究论文集》,重庆出版社 1993 年版,第 1 页。

（一）坚持抗战，反对投降，团结了国民党主战派

抗战进入相持阶段，国民党内弥漫着一股悲观投降情绪，消极抗日，积极反共，局势严峻。以周恩来为书记的南方局始终坚持"团结、抗战、进步"的方针政策，巧妙而深入地践行党的群众路线，广泛联合与团结争取国民党主战派、民主派，同国民党顽固派进行了尖锐对立的斗争，态度缓和，但立场坚定。周恩来于1939年6月向党中央写了《关于目前危机》的报告，周恩来在该报告中指出，自国民党五届五中全会以来，国共两党关系呈现出曲折发展的态势，目前的主要危机，就是一部分国民党人在抗战中存在较强的妥协性与反共性。然而，该报告同时认为，国民党表面上还要团结进步，整个形势基本上还是抗战的。周恩来、董必武坚持从大局出发，亲自拜访邵力子、于右任等反对内战、主张抗战的国民党元老派，谈论国内外形势，阐释共产党的抗战方针，希望国民党元老们运用自己在国民党集团内或社会上的地位与影响开展国共合作、团结抗战的工作。周恩来、董必武经常与积极抗战、反对独裁的冯玉祥、李济深等主战派畅谈国家大事，交流对时局的看法，探讨怎样促进国共合作、推动团结抗战的思路与举措，通过国民党主战派保护进步活动、巩固抗战大局、推动抗日民主事业。冯玉祥在日记里写了对周恩来的印象："极精明细密，殊可敬可佩也"，他对周围的人说"我知道的东西太少了"，冯玉祥在会客室写下"吃饭太多，读书太少"①八个字。在周恩来与南方局的积极影响下，冯玉祥同共产党关系更加密切，逐渐转变为一名思想感情朴素、接近下层士兵与劳动人民的国民党高级将领，在政治上思想上行动上日趋倾向共产党，成为共产党值得信赖的好朋友，协助中共做了大量的革命工作。譬如，冯玉祥相继营救了在广西靖西县被捕的越南共产党的卓越领导人胡志明，营救了爱国民主人士沈钧儒以及共产党员华岗、张申府等。冯玉祥还到处讲演，宣布"同国民党内民

---

① 金冲及主编：《周恩来传》第二册，中央文献出版社1998年版，第505页。

主派的同志们一起,为推翻蒋介石的独裁制度,在中国实现和平与民主而奋斗",在四川、湖北、河南、湖南、贵州等省积极从事抗日救国活动,为减少国共摩擦,改善两党关系、并肩抗日救国做出了重大贡献,产生了巨大的社会影响。更为重要的是,南方局同时安排了一批骨干力量到国民党主战派身边协助工作,启发他们的思想,关心他们的生活。譬如,中共地下党员赖亚力长期在冯玉祥身边工作,政治活动家刘仲容、共产党员刘仲华也在桂系主战派李济深、白崇禧身边工作多年,发挥了不可替代的作用。周恩来向白崇禧提出在桂林设立八路军办事处一事,请白崇禧给予支持。周恩来还向白崇禧表示,共产党不会挖你们的墙脚,请你放心。白崇禧同意设立八路军桂林办事处,表示愿意与中共合作,共同抗日。

(二)坚持团结,反对分裂,孤立了国民党顽固派

中国共产党极其重视与国民党建立的第二次合作,将其视为抗日民族统一战线的基础,是第一位的,决定性的,其他合作是第二位的,次要性质的,如果二者发生矛盾,应使第二位服从第一位,这是基本原则,必须坚持。毛泽东指出:"为了长期合作,统一战线中的各党派实行互助互让是必需的,但应该是积极的,不是消极的。"①在战时陪都重庆近八年,南方局按照党中央的指示精神,花最多时间、用最大精力反反复复地同蒋介石集团打交道,表明了中国共产党坚持团结,反对分裂的诚意。当国民党顽固派对外妥协退让,对内政治压迫,制造反共事件,使国共两党关系发生逆转时,南方局本着相忍为国、团结多数的态度,竭力排除各种艰难险阻,力争抗战大局的稳定与国内时局的好转。周恩来曾致信蒋介石,要求改善国共关系,减少两党摩擦,贯彻合作到底。面对皖南事变发生以后濒临分裂的国共关系,以周恩来为书记的南方局在皖南事变后风云险恶的日子里,审时度势,科学判断,以临危不惧、善处逆境的革

---

① 《毛泽东选集》第二卷,人民出版社1991年版,第537页。

命豪情,以刚柔相济、坚韧不拔的斗争艺术,坚守阵地,始终屹立在斗争的第一线,果敢揭露皖南事变的事件真相,深刻揭批国民党顽固派积极反共、消极抗日的反动本质,赢得了国统区社会各界人士的同情与支持,唤醒与凝聚了各党派、各阶层、各民族,打退了国民党当局组织掀起的第二次反共高潮,维护与挽救了国共合作抗战的局面。这次国共斗争是两党力量的一次大检阅。皖南事变引起全国及全世界人士的注意,中国共产党更加成了中国团结抗战的重要因素,中国共产党的地位已提高。这次反共高潮的打退,在国内政治生活中,将具有重大意义。它象征着抗日民族统一战线内部阶级力量对比的变动。皖南事变由此成为共产党政治影响与政治地位逐渐升高、国民党政治影响与政治地位逐渐下降的重大转折点,这对于加快抗战胜利进程,实现人民民主统一战线产生了积极而深远的影响。

南方局从四个方面践行群众路线,开展群众工作:一是通过《新华日报》、《群众》周刊以及中共在南方国统区以及部分沦陷区的一些秘密刊物,发表大量的文章和资料,揭露国民党顽固派反人民、反抗战、反民主的行为。二是利用各种交往关系和一切公开场合,一再声明中国共产党反对内战、坚持抗战的严正立场与一贯态度。三是动员文艺界利用文艺手段揭露国民党顽固派的倒行逆施与血腥暴行,宣传坚持抗战与民主以及广大民众的希望。四是将南方局搜集整理的国民党顽固派在国统区迫害抗日民主力量的文电与材料,编印成中英文小册子或单页传单,向国内外散发。通过南方局在南方国统区以及部分沦陷区的群众路线实践,苏联、美国、英国等国大使开会"警告中国政府不要内战,否则各国援助即将停止"[1]。在国民党中央宣传部召集的记者招待会上,各国记者就国民党顽固派是否坚持国共合作、团结抗战问题进行质问与谴责。在国内外舆论的强大压力下,蒋介石集团在政治上陷入被动与孤立,不得不考虑以政治方式解决国共关系,一趟趟坐下来谈判交涉、缓和局势,直至

---

[1]　黄修荣:《抗日战争时期国共关系纪事(1931.9—1945.9)》,中共党史出版社1995年版,第572页。

蒋介石集团收敛和中止其军事上的反共行为,极大地提高了共产党在大西南、大后方人民群众心目中的地位与分量,赢得了国内外舆论对中共的普遍同情与广泛支持以及对国民党顽固派的严正抗议与有力斥责。"国民党顽固派发动的第三次反共高潮,在还没有发展成为大规模武装进攻的情况下就被制止了。"①

(三)坚持进步,反对倒退,争取了国民党进步派

毛泽东指出:"国民党是一个由复杂成分组成的党,其中有顽固派,也有中间派,也有进步派。"②面对国民党势力的反共气焰,中共中央及时明确地提出了"发展进步势力,争取中间势力,孤立反共顽固势力"③的方针政策。南方局积极践行党的群众路线,充分动员与组织国民党内的进步势力,深入持久地开展了团结争取中间派的工作。南方局坚持从抗战大局出发,以广阔的胸襟区别对待和尽力争取宋庆龄、张治中、张冲等进步人士,赢得了他们的真切同情与有力支持,在国共谈判、团结抗战中发挥了重要作用,对维护与发展以国共合作为基础的抗日民族统一战线发挥了十分重要的作用。譬如,黄埔系骨干将领张治中在皖南事变后向蒋介石呈万言书,痛陈对中共问题处理的失策,认为皖南事件是导致两党破裂的开始,关系至大,极力主张继续合作,共同抗日。周恩来在战时陪都重庆的居所处于中统特务的严密监视之下,国民党进步人士张冲千方百计、竭尽全力确保周恩来顺利出入;周恩来之所以能在1939年前往安徽、浙江等地视察慰问新四军,顺利返回陕北延安议事,在很大程度上得益于张冲的精心策划与大力协助。不仅如此,南方局还通过宋庆龄去巩固与发展进步力量,逐渐在国民党内形成进步集团去影响与感化蒋介石,弱化与削减

---

① 中共四川省委党史研究室编:《中共中央南方局的文化工作》,中共党史出版社2009年版,第203页。

② 《毛泽东选集》第二卷,人民出版社1991年版,第750页。

③ 《毛泽东选集》第二卷,人民出版社1991年版,第763页。

其妥协投降的一面,强化与发展其合作抗日的一面。在重庆期间,宋庆龄在政治上、物质上帮助过中国共产党,周恩来于1943年9月在中共中央政治局会议上的报告中说,美国"为我们募捐1000多万元,这是孙夫人帮助我们的"①。

为进一步团结与争取国民党进步派,周恩来提议,由国民党民主派、部分共产党员、爱国进步人士在蒋介石政府中担任幕僚职务,在重庆组建成立一个秘密政治工作团体——"中国民主革命同盟",该组织是由南方局直接领导的外围组织,确实发挥了动摇与反对蒋介石集团独裁、内战、倒退的特殊作用,打下了国共合作、坚持抗战、坚持进步的坚实基础。另外,南方局深入践行党的群众路线,利用联络香港以及海外工作的独特优势,开展外事活动与国际群众工作,会晤外国记者,广交外国朋友,争取国际舆论同情与支持中国团结抗战。南方局通过《新华日报》与《群众》杂志发表大量文章与社论,号召中国人民同全世界人民团结一致,结成最广泛的世界反法西斯联合战线。更为重要的是,以周恩来为代表的南方局共产党人还利用各种方式与场合发表谈话演讲,宣传党的抗日主张,介绍抗日根据地的情况,让广大外国人士同情与支持中国的抗战。周恩来于1940年12月会见美国进步女记者、女作家安娜·路易斯·斯特朗,以大量铁的事实揭发与披露国民党当局破坏统一战线的阴谋,并且预言更大的反共事变将接踵而至。第二年皖南事变发生后,安娜·路易斯·斯特朗便在美国发表了周恩来揭发与戳穿国民党当局长期媚外反共、酝酿内战的真实材料,使中共赢得了广泛的国际舆论支持。南方局在抗战相持阶段的群众路线实践,在政治上维护了国共合作的抗战局面。没有南方局的付出,内战也许早就打起来了。

二、　在思想上激发了各界群众的抗战意识

周恩来指出:"笔战是枪战的前驱,也是枪战的后盾。"②南方局一贯重视

———————————

① 中共重庆市委党史研究室编:《中共中央南方局大事记》,重庆出版社2004年版,第250页。
② 《周恩来年谱(1898—1949)》下卷,中央文献出版社2007年版,第479页。

对全民全面抗战的宣传与引导,专门设立文化工作委员会,利用大西南、大后方的中共报刊《新华日报》和《群众》周刊,占领抗战舆论阵地,指明坚持抗战方向,极大地鼓舞了南方国统区以及部分沦陷区广大人民群众抗战到底的坚强意志与抗战必胜的坚定信念。抗战时期,全国进步文化名流、进步文艺团体云集战时陪都重庆,譬如,沈西苓、阳翰笙、老舍、巴金、曹禺、夏云瑚、白杨、马彦祥、茅盾、夏衍、谢添、吴茵、赵丹、上海剧人协社、上海影人剧团等。南方国统区以及部分沦陷区文化界人士虽然大多有抗日爱国思想,但是有些人往往对抗战前途感到渺茫迷惘,徘徊苦闷。在南方局文化工作委员会的坚强领导下,这些进步文化名流、进步文艺团体冲破国民党当局的严禁与封锁,在大西南、大后方演出了一幕幕威武雄壮、生动活泼的抗日话剧,"台上感召了台下,台下响应了台上,观众和演员在剧的进展中已融成一体了!"尤其是1941年后,郭沫若、阳翰笙等人发挥了抗战文化带头人的作用,南方国统区以及部分沦陷区以话剧为突破口,创作并演出了诸如《屈原》《天国春秋》等二百多部具有爱国主义精神的话剧,"许多群众半夜里就带着铺盖来等待买票"①。中国话剧艺术发展达到历史巅峰,大后方人民群众看后激情澎湃、热血沸腾,决心为抗战胜利献出各自的一份力。此外,在南方局文化工作委员会的引导与推动下,抗战美术、抗战音乐、抗战文学、抗战电影在战时陪都重庆都也取得极大发展,电影界抗敌协会、戏剧界抗敌协会、文化界抗敌协会等文化团体广泛开展坚持抗战的文化宣传活动,气势磅礴,沉重激昂,振奋人心,遍及乡镇。

南方局注重用思想文化激发全民抗战的热情与积极性,坚定抗战到底的决心与信心。南方局领导大西南、大后方进步文化,凝聚爱国知识分子,明确提出"文化运动的口号应该是:民族化、大众化、民生化"的抗战文化运动指导思想,一针见血地指出"抗战文化"的中心任务,就是发展进步文化力量,团结一切抗日的文化力量,不遗余力地反对日本帝国主义侵略。周恩来充分利用

---

① 张瑞芳:《敬爱的周总理文艺工作者怀念您》,见《人民的好总理》(下),人民出版社1977年版,第227页。

自己国民政府军事委员会政治部副部长并直接领导第三厅的身份,牢牢把握对进步文化的领导权。同时,在大部分文化团体中建立中共支部,从上到下形成中共对大西南、大后方文化运动领导的核心,保证了大西南、大后方抗战文化的正确发展方向。南方局充分利用第三厅、文工委、中苏文化协会等公开文化机构,广泛团结进步文化人士,切实关心保护爱国知识分子,极大增强了爱国知识分子对共产党的向心力与吸引力,培养造就了一支"为民族呐喊、为民族战斗"的文化大军,鼓舞了全国各族人民的抗战斗志,坚定了抗战必胜信心与信念。更为重要的是,南方局充分利用一切文艺形式与机会,最大限度动员与组织南方国统区以及部分沦陷区广大民众投身到抗战救亡的洪流中。周恩来为"人民音乐家"冼星海题词:"为抗战发出怒吼,为大众谱出呼声!"以此激发文艺工作者,激发全民抗战的创作激情,发挥文化界对抗战的宣传作用。在重庆抗战文化发展壮大之时,以抗日文化救亡运动、抗战文艺运动为核心的桂林文化城以及成都、昆明、贵阳等"文化据点"逐步形成,大西南、大后方抗战文化生机勃勃,为全社会、全民族、全中国抗战凝聚起强大精神动力。正如作家老舍所说:"我不是国民党,也不是共产党。谁真正的抗战,我就跟着谁走。"①

周恩来、叶剑英等南方局领导人在南方国统区以及部分沦陷区的宣传活动,不但扩大了中共在南方国统区以及部分沦陷区的政治影响,而且极大地鼓舞了大西南、大后方广大军民的抗日热情,增强了大西南、大后方党政军民对抗战必胜的坚定信念,对推动大西南、大后方抗日运动的持续高涨起到很大的作用。周恩来一再强调,中国抗战,主要依靠自力更生、抗战到底,这是中华民族的唯一出路。周恩来于 1940 年 9 月 29 日在重庆的一次露天讲演,被新闻界誉为抗日战争时期"重庆唯一一次最盛大的演说会",长达三个半小时,听众竟达 9000 多人,听众不仅为周恩来对时局的精辟分析所折服,更被他溢于言表的爱国主义热忱所打动。在周恩来的爱国主义精神感召下,一批又一批

---

① 金冲及主编:《周恩来传》第二册,中央文献出版社 1998 年版,第 509 页。

热血青年毅然奔赴抗日前线与革命圣地延安。叶剑英于 1939 年 4 月路过广西桂林,出席生活教育社举办的演讲会,主讲《积小胜为大胜》,演讲振奋人心,听众备受鼓舞,有人当时高度评价了叶剑英的演讲"稳定了军心民心,抵得上千军万马"。同年 5 月,叶剑英在桂系地方实力派白崇禧的陪同下,在广西地方建设干部学校作了《当前战局之特点》的演讲,突出介绍了八路军、新四军在敌后开辟抗日根据地的诸多情况,还深刻分析了国内外形势。叶剑英的报告振奋人心,给学员们树立了抗战必胜的信心,一扫过去"速胜论""亡国论"的错误思想。叶剑英还在报纸上发表了大量的抗日宣传文章,仅从 1938 年至 1940 年年初就公开发表了三十多篇文章,对于宣传中共全面抗战路线,分享敌后抗战经验,动员教育人民群众团结抗击日寇,起了非常重要的作用。《新华日报》于 1940 年 3 月编印成《叶剑英抗战言论集》,该书在全国各埠大书店很快就销售一空,当时发行覆盖面很广,成为"坚持团结抗战的号角",唤起全国抗日军民奋勇前进,增进了南方国统区以及部分沦陷区广大民众坚持抗战的必胜信念。当时,有些人恶意嘲讽与讥笑全国各界救国联合会是中国共产党的"尾巴"和"应声虫",著名社会活动家、全国各界救国联合会负责人沈钧儒先生明确而坚定地回答:"中国共产党坚决抗日,为国为民,它的政治主张是正确的,得到人民的拥护,我们赞成它的主张,有什么不好? 这样做是很光荣的啊!"①南方局最广泛的群众动员工作与最深入持久的群众组织工作,在思想上激发了各界群众的抗战意识,进一步把各党派、各民族、各阶级、各阶层、各团体统一到抗日民族统一战线的旗帜之下,使抗日民族统一战线具有更加广泛的群众基础和深厚的社会基础。

三、 在组织上强化了各界群众的抗战能力

中国军民的抗日战争是在敌强我弱的战略态势中进行的,所以必须"为

---

① 沈叔羊:《爱国老人沈钧儒》,浙江人民出版社 1981 年版,第 50—51 页。

充实的坚固的抗日民族统一战线而斗争"，源源不断增强和扩大党的战略力量，实现战略态势变"敌强我弱"为"敌弱我强"，而这个战略力量就是中共领导的妇女、工人、农民、青年、中间阶层等。南方局坚决地、广泛地发动南方国统区以及部分沦陷区全体民众，使之加入抗战队伍中来，实行全面全民族抗战路线，反对片面抗战路线，以争取民族民主解放的光明前途。

协调作战行动，共同抗击日寇。周恩来、董必武、叶剑英南方局领导人积极践行党的群众路线，经常与蒋介石、张冲、何应钦、邵力子、白崇禧等国民党负责人进行政协协商与军事谈判，尽最大可能争取与维护共产党、新四军的合法权利，最大限度促成国共军队相互之间的战役配合，推动国共两军协同抗日作战。譬如，周恩来、叶剑英于1938年3月在武汉会见副总参谋长白崇禧，就第五战区对日作战方针提出建议：在津浦线南段由新四军配合，采取以运动战为主、游击战为辅的联合行动；在徐州以北采取阵地战与运动战相结合的方针，守点打援，各个击破。随后又派长江局友军工作组的张爱萍以八路军代表名义到徐州会见第五战区司令长官李宗仁，建议在济南以南，徐州以北与日军打一战。① 这些建议基本上被李宗仁、白崇禧采纳和接受，对后来的台儿庄战役的胜利起到了推动作用。1939年年底至1940年年初的冬季攻势，南方局主动与国民党军队协调联络，由国共双方军队协同参战并取得重大胜利，沉重打击了日军的有生力量，使日军得以重新认识中国军队的战斗力。在此期间，南方局军事组还将搜集的日伪军的军事动态与兵力分布等军事情报，向国民政府军事委员会传递通报与分析研判，从而形成了情报共享、资源共用、共同抗敌的良好局面。

积极参军参战，踊跃献金捐粮。在南方局的领导下，各地中共组织通过各救亡团体创办刊物，组织剧社、宣传队、歌咏队，深入工厂、农村、学校，大力宣传中国共产党的全面抗战路线，深刻揭露日本帝国主义的侵略罪行，广泛动员

① 《周恩来年谱(1898—1949)》，中央文献出版社2007年版，第415—416页。

群众开展抗日救国斗争。南方局及所属各地党组织通过加强少数民族工作建立抗日游击武装,使内地与边疆、城市与乡村的抗日民众充分组织调动起来,投入伟大的民族解放斗争当中。以四川为例,为抗击日军的侵略,保卫国土,川军将领纷纷请缨抗战。抗战八年中,出川抗战的川军总计约40万人。抗战期间,340万川军出川抗战,四川出川官兵伤亡人数约为全国1/5,即阵亡26.3万余人,负伤35.6万余人,失踪2.6万余人,共计伤亡64.6万人,居全国各省之首,以至于当时抗日前线有"无川不成军"之说。川军抗日阵亡将官有饶国华、王铭章、李家任、许国璋四人。据统计,到1944年5月以前,四川14个县市献金总额为2亿元。据当时全国粮食部长徐堪统计,自1941至1945年,四川共征稻谷5220万余市石,占全国征起稻谷总量的57%。《新华日报》发表了社论《感谢四川人民》(1945年10月8日),高度评价四川是"这个历史上最大规模的民族战争之大后方的主要基地",赞叹四川人民"对于正面战场送出了多少血肉,多少血汗,多少血泪"!

广交抗日志士,强化抗战能力。根据党中央提出的"在国内争取中间势力,特别是争取200万友军,以孤立和分化顽固势力"的指示精神,南方局在国民党军队中深入开展广交抗日志士活动,获得了显著成效,减少了党派内耗与阻力,强化了中国抗战军力。抗战进入相持阶段,南方局积极动员与团结民族工商界爱国人士投身抗日战争与民主运动,团结与争取地方实力派在坚持抗战、争取民主中不断进步,动员与团结海外侨胞支持中华民族抗战事业,等等,从而扩大了中共在抗日相持阶段的社会基础与政治影响。由于受到了中共海外宣传的影响,许多华侨青年纷纷要求到陕北延安学习,要求参加八路军、新四军以及华南抗日游击队。随着中共领导的抗日武装力量的发展壮大,也需要海外华侨在人力上的补充与支持,比如,司机、医生、护士等奇缺的专业技术人员,以及一大批有文化、有思想的政工宣传干部。南方局指示,八路军驻香港办事处要尽最大可能帮助海外各地华侨青年陆续回国,并护送到延安等各抗日根据地。仅在皖南事变发生前,经由南方局送去陕北延安几十批来自全国各地的抗日青年,其中第二批就有六七十名华侨青年。交通被阻断后,八路军驻香港办事处又把大批华侨青年送到华南各抗日游击根据地,仅参加东江游击队的就达 1000 多人。周恩来、叶剑英以其在黄埔军校任教的特殊经历,广泛影响了很多国民党军中的抗日朋友,争取与团结了许多同盟者,尤其是广泛团结与积极争取了云南、广西、广东、四川地方实力派上层人物,深入践行了党的群众路线,团结了一切可以抗日的骨干力量,最大限度削弱了党派阻力与力量内耗,彰显了南方局坚持抗战到底、坚持团结到底的坚强意志与坚定信念,加快了南方国统区以及部分沦陷区乃至全国抗战胜利的进程。

交流抗战经验,培训抗日人才。抗日战争进入相持阶段以后,国民党最高当局逐渐清醒地认识到国民党军队正面作战失败的深刻教训,同时深切地体会到八路军、新四军游击战争的先进经验与有益做法。蒋介石集团明确提出,第二期抗日战争推行"游击战重于正规战"的方针政策,决定效仿八路军、新四军游击战争的成功做法,广泛开展敌后游击战争。为提升国民党军队开展游击战的综合能力,国共两党共同举办了"南岳游击干部培训班",党中央对此高度重视,特地派遣以南方局常委、十八集团军参谋长叶剑英为团长的 30 多位骨干力量,前往南岳游击干部培训班开展游击战教学工作,周恩来、叶剑英等亲自为广大学员授课、演练,将中国共产党在长期开展游击战争中积累下来的实战经验与国民党军队交流与共享,帮助国民党军队改进和提高对日军作战的战略战术能力。南岳游击干部培训班仅前三期就培养造就了 3000 多名抗日游击人才,大大强化了国民党军队对日军实战的本领。总之,南方局及所属各地党组织的群众路线实践,将大西南、大后方广大人民群众抗日斗争的潜在力量全面激发出来,把广大人民群众蕴藏的自发抗日情绪凝聚成为强烈的反对日寇的有组织的整体力量,汇成全民抗战的巨大洪流,极大地提高了南方国统区以及部分沦陷区民众的抗日力量,这一巨大力量对全国的抗战局面从战略相持向战略反攻的过渡起到了决定性推动作用。

四、 在行动上孤立了亲日势力的投降逆流

汪精卫公开叛国行为激起了全国人民的强烈义愤,汪精卫不仅自己叛国卖国,更大的险恶阴谋还欲极力促成蒋介石政府对日投降。周恩来对国民党亲日派的妥协投降倾向保持高度警惕与戒备。南方局引导社会各界群众开展的声势浩大的"讨汪"运动,不仅在政治上孤立打击了汪精卫投降势力,击退了分裂逆流,维护了团结抗战局面,而且使南方国统区以及部分沦陷区广大人民群众更加真切地体会到抗日民族统一战线的重大现实意义,也更加自觉地汇聚到抗日民族统一战线的旗帜之下,在行动上孤立了亲日势力的投降逆流。

首先起来揭批汪精卫集团投敌行径的是《新华日报》。1939 年 1 月,周恩来在重庆对记者发表谈话,声讨汪精卫的叛国罪行,随后博古、凯丰、叶剑英等南方局领导人先后撰文,《新华日报》发表叶剑英撰写的《正规军当前的任务》一文,文章指出:"飞翔在暴风雨中的无数海燕,在敌人后方,勇猛地飞掠着。同时也在叫喊着以求其前线上英勇的伴侣。让那些投降的企鹅,畏缩在屈辱的崖岸底下,躲藏它肥胖的身体吧。"①汪派汉奸于 1939 年 5 月在上海大肆进行反共与分裂抗战阵营的活动。毛泽东在《反投降提纲》(1939 年 6 月 10 日)中指出:"目前形势的特点在于:国民党投降的可能已经成为最大的危险,而其反共活动则是准备投降的步骤。"②中国共产党的重要任务,仍是巩固国共合作、团结抗击日寇,"全党努力从思想上组织上准备自己,并准备舆论,准备群众,随时可以对付事变——各种意料之外的袭击,各种大小事变"③。更为重要的是,南方局及所属各地共产党员要加强与国民党党员群众的交往与联系,包括上层的、中层的、下层的交往与联系。换言之,就是同一切国民党党员

---

① 《叶剑英年谱(一八九七——一九八六)》(上),中央文献出版社 2007 年版,第 269—270 页。

② 《毛泽东文集》第二卷,人民出版社 1993 年版,第 196 页。

③ 《毛泽东文集》第二卷,人民出版社 1993 年版,第 216—217 页。

群众交往,同一切爱国进步分子联系,向其说明投降是主要危险,共同动员南方国统区以及部分沦陷区的广大民众与社会舆论,来孤立投降分子与反共分子。发动人民群众、巩固国共合作、坚持团结抗战,就是反对投降与反对共产党的最好办法。毛泽东在《反对投降活动》中强调了群众工作对于抗战的重要性,"全国人民团结起来,坚持抗战和团结,把投降阴谋和分裂阴谋镇压下去啊!"①可见,群众是我们最后的依靠,也是抗战的最后依靠。南方局及所属各级党组织对于帮助与引导大西南、大后方社会各界人士及时认清与沉重反击亲日势力的分裂阴谋与投降逆流发挥了难以估量的重要作用。香港的示威群众几乎捣毁了汪派机关报《南华日报》,1939 年八九月份的"讨汪"高潮的一个重要发展是运动中心从大中城市扩散到了边远地区的小县城,如贵州兴仁、四川洪雅等也举行了群众性"讨汪"集会,在行动上孤立了亲日势力的投降逆流。

　　抗战胜利结束后,汪精卫政权宣布解散,汪精卫集团成员以及其他日伪汉奸受到了严正审判与应有惩罚。"头号大汉奸"汪精卫于 1944 年 11 月因骨髓肿病死于日本名古屋,日军将其尸体移葬于南京梅花山下,蒋介石于 1946 年 1 月派出工兵挖开汪精卫墓穴,焚尸扬灰,以示惩戒。"汪政府内第二号人物"陈公博被押解离日返国,于 1946 年 6 月以"通谋敌国罪"被执行死刑。汪伪政权的"股肱之臣"周佛海被南京高等法院以"通谋敌国罪"判处死刑,改判无期徒刑,1948 年 2 月因心脏病死在狱中。汪精卫之妻、汪精卫卖国集团的核心人物之一陈璧君,被国民政府以"汉奸罪"逮捕,被判处无期徒刑,1959 年 6 月病死在狱中。截至 1948 年 1 月,国民政府司法行政部宣布,"各省共审判办结的 25155 件汉奸案,共有 14932 名汉奸被判刑,其中死刑 369 人,无期徒刑 979 人,有期徒刑 13570 人"②。这些中华民族的千古罪人,出卖国家民族,

---

① 《毛泽东选集》第二卷,人民出版社 1991 年版,第 573 页。

② 中共云南省委党史研究室编:《中共中央南方局的群众工作》,中共党史出版社 2009 年版,第 49 页。

甘做日本人走狗,得到了应有的可耻下场,永无翻身之日,被永远钉在了历史的耻辱柱上。

第二节 推动形成了蒋管区反对国民党的第二条战线

为加强对南方国统区以及部分沦陷区群众工作的组织与领导,以适应斗争形势的需要,南方局指示其所属各地中共组织,选派一批适宜的党员干部在蒋管区大城市深入践行党的群众路线,广泛开展学生运动、妇女运动、工人运动,争取人民群众的新闻、言论、集会、结社等民主权利的斗争,使中共在蒋管区的群众工作取得了辉煌成就,中国社会各阶层、各民族、各团体民众进一步看清了国民党当局"卖国、独裁、内战"的反动方针,促进了蒋管区第二条战线的形成,同时也推动了中国民主政治进程。

一、 促进了第二条战线的形成

在革命战争年代,党领导的中国革命同时在红色、白色两个区域、两个战场、两条战线上进行。何谓"红色区域"?是指共产党领导的农村革命根据地,抗战时期称为"边区""抗日根据地",后来又称为"解放区",这是中国革命最重要的、具有决定意义的区域、战场、战线;所谓"白色区域",就是统治阶级直接控制的区域,抗战时期称为"国统区""大后方",后来又称为"蒋管区",这是中国革命不可缺少的另一个战场、另一条战线,在这里,共产党的组织只能处于地下状态,共产党人面临十分险恶、艰苦、复杂的环境,党在"国统区""大后方""蒋管区"组织发动群众斗争,深入践行群众路线,以配合与服务"红色区域"最重要的、具有决定意义的武装斗争。这两个区域、两个战场、两条战线上的革命斗争,都是在党中央领导下、在毛泽东思想指导下相互配合、协同推进的。毛泽东明确提出:"过去中央工作方向偏重军事和战区,对南方及日本占领区注意很少,今后政治局须用大力加强这个方面。"①

抗战时期,南方局代表党中央负责领导整个南方国统区以及部分沦陷区党的工作。南方局及所属各地党组织依据当时南方国统区以及部分沦陷区的具体情况,秘密而巧妙地宣传引导群众、组织发动群众,深入开展各种合法与非法的、公开与隐蔽的革命斗争,条件成熟时则适时地、广泛地组织发动大规模的学生运动、妇女运动、工人运动、农民运动,"工商界三百六十行,几乎天天有几个行业请愿提要求,开记者招待会,弄得国民党穷于应付、狼狈不堪"②。这样一来,蒋管区大城市大农村人民群众更清晰地认识到国民党"三位一体"(卖国、独裁、内战)的反动方针,使蒋介石政府"在政治上变得毫无威信,毫无力量"。解放战争进入战略反攻前夕,毛泽东于1947年5月把我们党在国统区、蒋管区组织发动的大规模群众运动、群众斗争称为"第二条战线",这是配合与服务人民解放军武装斗争、导致国民党当局在政治上陷于被动与孤立的另一个极为重要的战线、战场、区域。1947年3月,国共两党谈判宣告正式破裂,中共驻南京、重庆、上海公开机关及其工作人员被迫全部撤离、返回延安。然而,原南方局、原南京局系统的地下党组织,仍在蒋管区坚持秘密战线上发动群众的革命斗争,并随着人民解放战争的发展,在蒋管区大中城市精心组织了声势浩大的学生、工人、妇女、农民等社会各阶层民众广泛参与的"反饥饿、反内战、反迫害"爱国民主运动,逐渐形成了反对蒋介石集团政治斗争的强大的"第二条战线",对中国共产党争取政治斗争的优势起到了重大推动作用,最终使国民党反动派陷入人民群众的包围之中。抗日战争时期以及解放战争初期,中国共产党以南方局为主体在国民党统治区的群众路线实践,对中国革命具有重大意义和深远影响。"国民党统治区这个特殊的辅助战场和地下斗争、群众运动这个第二条战线,则为建立新中国凝聚了人心,并在一

---

① 金冲及主编:《周恩来传》第二册,中央文献出版社1998年版,第582页。
② 钱之光:《敬爱的周总理战斗在重庆》,《光明日报》1977年1月5日。

定程度上形成了新中国政权建设的政治格局。"①

二、 推动了中国民主政治进程

毛泽东指出:"民主是抗日的保证,抗日能给予民主运动发展以有利条件。"②毛泽东强调:"争取政治上的民主自由,则为保证抗战胜利的中心一环。"③周恩来也说过:抗战和民主犹如列车的双轨,没有民主,抗战不能广泛、深入,甚至难以发动或者遭受挫折或者被出卖。正因为如此,南方局在南方国统区以及部分沦陷区履行党的历史使命时,深入践行党的群众路线,并积极开展争取民主的斗争,使大西南、大后方广大人民群众获得更多的民主权利,以激发其参加抗战的热情与积极性。抗日战争时期以及解放战争初期争取民主的基本内容囊括两个方面:一方面,在政治制度上,变国民党独裁专制为"各党派各阶级合作的民主政体"④;另一方面,最大限度争取大西南、大后方广大人民群众新闻言论、集会结社的自由权利。

在争取建立民主政治制度方面,周恩来指出:"联合政府就是抗日民族统一战线在政权上的最高形式"⑤,这种崭新的、脱胎换骨的民主制度,为生长社会主义创造了条件。周恩来与南方局围绕这种新的民主制度开展了一系列、多方面活动,收到了显著成效。在中国共产党参政员与各民主党派参政员的共同努力下,1939 年 9 月召开的一届四次国民参政会审议通过了《召集国民大会实行宪政决议案》,通过了"否认伪组织""请政府命令定期召开国民大会""实施宪政""制定宪法"等提案,推动了宪政运动在南方国统区以及部分沦陷区蓬勃开展,大西南、大后方兴起了第一次"民主宪政运动"。南方局领

---

① 中共四川省委党史研究室、中共重庆市委党史研究室编:《南方局党史研究论文集》,重庆出版社 1993 年版,第 5 页。

② 《毛泽东选集》第一卷,人民出版社 1991 年版,第 274 页。

③ 《毛泽东选集》第一卷,人民出版社 1991 年版,第 256 页。

④ 《毛泽东选集》第一卷,人民出版社 1991 年版,第 257 页。

⑤ 《周恩来选集》上卷,人民出版社 1980 年版,第 190 页。

导人与工作人员充分利用国民参政会这个合法讲坛,频繁地参加各种宪政活动,与各民主党派一道,向大西南、大后方社会各阶层人士宣传了中共争取民主宪政的政治主张,扩大了党的政治影响。由于南方局巧妙而深入地践行了党的群众路线,南方国统区以及部分沦陷区各族人民逐渐地了解与接受了中共的抗日民主政策。根据抗战形势的发展变化,周恩来于1942年2月又以中共代表的身份参加了各党派委员会,共商国家大事。周恩来借此机会,对各民主党派负责人做了大量团结与争取工作,所以,当中共参政员林伯渠于1944年9月在三届三次国民参政会上提出召开国是会议,组织民主联合政府的意见时,马上获得各民主党派以及社会各界人士的广泛支持与一致拥护。在南方局的领导下,成都、昆明、重庆等地于1944年10月相继举行了群众集会,响应中共提出的"召开国是会议,组织民主联合政府"的政治主张,进一步提出了"坚持抗战,实行民主","保障人民民主权利","动员一切力量保卫大西南"的要求,在大西南、大后方掀起了要求"改组国民党政府为联合政府""废除国民党一党专政"的民主运动高潮。

南方局从民众觉悟的实际水平出发,争取人民的言论集会、结社新闻等民主自由权利的斗争。正当"民主宪政运动"兴起之际,周恩来强调:"我们主张要实行宪政必须保障人民的民主自由,开放党禁,实行地方自治。这是最重要的先决条件。"①南方局将争取人民的结社、言论、出版、集会自由作为开展"民主宪政运动"的重要内容。南方局积极领导并参与的这场争取民主自由运动,戳穿了国民党当局的欺骗宣传,唤醒了国民党统治区广大人民群众的民主意识,团结了各民主党派以及爱国进步人士,推动了中国民主政治进程。南方局构建民主力量阵营的一个重大举措,就是帮助组建国共两党之外的民主党派。在南方局与周恩来的关心与帮助下,秘密发起成立了中国民主革命同盟,并积极向文化界扩展组织,在政治上发挥了统一战线、民主运动的重大作用;

---

① 《周恩来年谱(1898—1949)》下卷,中央文献出版社2007年版,第585页。

南方局还支持与帮助李烛尘、吴梅羹、黄炎培、章乃器、胡厥文等爱国民主人士发起成立了中国民主建国会;在周恩来与南方局的关心与指导下,九三学社等民主党派也正式成立。根据形势的发展变化与现实需要,南方局逐渐将抗日民族统一战线推进到人民民主统一战线的阶段并取得了积极效果,为开展争取民主自由权利的斗争,配合解放战争的胜利以及新中国的成立,提供了政治条件。正如胡乔木指出:"南方局的统战工作从一个方面的意义上讲,为新中国奠定了重要的政治基础。"①从某种程度上说,统战工作就是党的群众工作、群众路线实践。

第三节 促进了中共自身力量在群众工作中 发展壮大

毛泽东说过,大后方工作有成绩,南方局、八路军驻重庆办事处、《新华日报》做了很好的工作;大后方有 10 万党员,绝大多数是可靠的。② 南方局及所属各地党组织在十分险恶的政治环境中,贯彻"隐蔽精干"方针,执行"三勤""三化"要求,深入开展党的群众工作,与群众建立血肉联系,在实际斗争中站稳了脚跟,坚守了政治本色,识别、培养及锻炼了一大批积极分子与骨干力量,也影响和凝聚了中共外围力量与广大进步群众。

一、 确保南方局站稳了脚跟和坚守了政治本色

南方局是党中央为适应抗战相持阶段的新形势新要求,全面加强党对南方国统区以及部分沦陷区工作领导而在战时陪都重庆设立的秘密指挥中心。

---

① 中共四川省委党史研究室、中共重庆市委党史研究室编:《南方局党史研究论文集》,重庆出版社 1993 年版,第 1 页。

② 中共湖南省委党史研究室编:《中共中央南方局的党建工作》,中共党史出版社 2009 年版,第 311 页。

抗战进入相持阶段后,国民党顽固派三度掀起反共高潮,对抗日根据地频繁发动军事进攻,在国民党统治区域加紧实行法西斯统治与特务统治。当时的国民党统治中心重庆,一方面,纸醉金迷、物欲横流的生活方式侵蚀官场、腐蚀官员,"前方吃紧,后方紧吃",前线保家卫国的将士们拼死作战,而大西南、大后方的官员们发奋地吃喝玩乐,国统区社会环境犹如"大染缸";另一方面,国民党加强特务统治,特务密布,军警林立,白色恐怖,黑云压城,周围有无数双眼睛在盯梢监视,南方局及所属各地共产党员随时面临"生与死"的挑战与考验。

南方局要在此环境下坚守本色,站稳脚跟,保全自己,并领导南方国统区以及部分沦陷区党组织打开工作局面,完成历史使命,唯有创造性地、深入持久地坚持党的群众路线,紧紧依靠与团结大西南、大后方广大民众,与人民群众建立起血肉联系。正是从这个意义上讲,践行群众路线是南方局的一项生死攸关的工作。针对蒋介石集团愈演愈烈的反共倾向,党中央于1939年印发了《关于深入群众工作的决定》的文件,要求全党同志"必须进一步依靠群众",以"克服当前时局的危险,巩固统一战线,争取抗战胜利"。根据中共中央的指示,以周恩来为书记的南方局审时度势,从战略高度谋划南方国统区以及部分沦陷区的群众路线实践,以实现全民族抗战的最终胜利为目标,采用一切公开合法可能,加强南方局及所属各地党组织与当地各阶层、各民族、各阶级、各团体的交往与联系,尽最大努力团结与争取社会各界人士。同时,南方局还要求南方国统区以及部分沦陷区各级党组织努力"在主要的群众集聚的单位(工厂、学校、农村、大机关等)建立起巩固的一个乃至数个平行的支部","在主要的工作部门和机关保有我党的组织或个人的联系",以此来巩固党的组织,开展党的工作,壮大党的力量。同时,南方局还注意发挥舆论宣传的政治引导作用,要求《新华日报》《群众》周刊开辟了"妇女之路""友声""工人园地""青年生活"等专栏,搭建起与大西南、大后方社会各界人士的沟通桥梁,以便社会各阶层及时了解抗战时局以及中共的政策主张,反映他们的利益诉求与真实心声;南方局还引导与推进"义卖献金""讨汪运动""宪政运动"等抗日救亡活动,将南方国统区以及部分沦陷区各阶层紧密地吸引与团结在党的抗日民族统一战线周围。

在周恩来的正确领导下,南方局通过深入细致的群众路线实践,逐步扭转了抗战初期南方国统区以及部分沦陷区党组织"脱离群众"的状态,赢得了人民群众的信赖与拥戴,掩护了中共地下工作的开展,壮大了中共领导的人民革命力量,有力地配合了沦陷区敌后游击战争与解放区抗日反顽斗争。在国统区的险恶复杂环境中,南方局及所属各地党组织得以保全与发展,在很大程度上得益于社会各界人士的支持与广大人民群众的保护。他们当中,有的为地下党开展工作提供场所与经费,有的介绍革命骨干分子加入党组织,有的掩护与营救暴露身份的中共地下党员,从而为积蓄与壮大中共领导的人民革命力量创造了有利条件。譬如,第二十八集团军总司令潘文华公开支持中共地下组织出版发行《华西晚报》《华西日报》,掩护与营救暴露身份的中共地下党员。云南省主席龙云、西康省主席刘文辉秘密加入了中国民主政团同盟,并在经费与活动上予以支持。龙云对民主运动采取同情与支持态度,使云南昆明的爱国民主运动蓬勃发展,一度成为南方国统区以及部分沦陷区的"民主堡垒"。第五战区司令长官李宗仁、中华民国国防部部长白崇禧同意中国共产党在广西桂林设立"八路军办事处",欢迎《救亡日报》在广西桂林复刊,允许《新华日报》在广西桂林设立营业处。国民政府军委会桂林办公厅主任李济深在皖南事变发生后,为南方局文化工作委员会秘书长张友渔、著名进步记者邹韬奋前往香港提供了方便。桂系地方实力派的开明立场与良好态度,使大批爱国进步文化人士在香港沦陷后荟萃广西桂林,使之获得了"文化城"的美誉。这样一来,南方局在大西南、大后方站稳了脚跟,恢复了组织,保全了自己,坚守了本色,扩大了影响,壮大了力量,为巩固与发展以国共合作为基础的抗日民族统一战线奠定了群众基础。

二、 培养锻炼了一大批骨干力量以及进步人士

"红岩嘴是我们昔年的战斗的'宝塔山',也是我们早年受教育的红色母校"①,一位南方局老党员曾经深情地回忆说。抗日战争时期以及解放战争初期,以周恩来为主要负责人的南方局在党中央的正确指引下,经过刚柔相济、坚韧不拔的斗争,在南方国统区以及部分沦陷区艰险复杂的政治环境中,临危不惧、善处逆境,开创了党的群众工作的新局面,培养与输送了成千上万的骨干力量以及进步人士,他们积极响应组织的号召、服从革命工作的需要,奔赴新的革命岗位。南方局培养的干部由国统区向其他区域辐射与拓展:一是奔赴解放区。仅 1939—1940 年,南方局机关直接组织前往延安、晋东南抗大分校的知识青年就有两千多人;1945 年 6—8 月,南方局组织了五百多名骨干投入到中原解放区。二是到农村去开展武装斗争。1945 年年初至 8 月,仅南方局青年组秘密组织前往农村工作的青年积极分子就有 160 多人。云南"民青"等中共外围组织输送出去的知识青年,成长为农村反蒋武装队伍的骨干。三是复员到大中城市。抗战胜利后,经过南方局培养的革命青年,随学校、机关、工厂复员到全国各地大中城市,成为推动形成"第二条战线"的中坚力量。其中,抗日战争时期的重庆青年运动,是一座锻炼人、培养人的革命大熔炉,为革命与建设培养了大批骨干力量以及进步人士。1945 年 4—6 月,中共七大在延安举行。南方局领导的国统区党组织所选出的代表组成的大后方代表团出席会议。代表团成员有周恩来、叶剑英、董必武、博古、孔原、吴玉章、吴克坚、邓颖超、蒋南翔、何克全、李克农、钱瑛、廖志高、徐特立、高文华、廖似光、区梦觉、江浩然、程子健、唐初、杨尚奎、李黎明、朱荣、方华、何潮、周材、周小鼎、卢绍武、王均予、钟明、云广英、丘金、苏博、肖贤法、谭甫仁、蔡书彬、帅孟奇、毛朗明、方朗、欧阳方、曹瑛、谢竹峰、黄松龄、陈方、李鹏、赵石、刘三源、陈家康、龙飞虎、贾琏、李金德、曾淳、

---

① 石化:《风雨同舟红岩情》,《红岩春秋》1996 年第 2 期。

方方、伍洪祥、苏惠、王维、边章五、陈仁麟、李兆炳、何浚、钟平、吴继周、罗其南、王只谷、危秀英、夏之栩、刘咏柏、李涛、罗梦文、李辉、贺怡、涂万鹏、梁华、吴有恒、陈震、龙潜、王亦清、杜延庆、邓照明、刘云、黄才焯、华健、古大成、张越霞。

新中国成立后,国统区涌现的骨干力量以及进步人士,同解放区涌现的骨干力量以及进步人士聚集在一起,构成了中华人民共和国第一批国家管理干部的主体。南方局培养造就的干部,既有党内人士,又有民主党派与无党派人士;既有行政管理人才,又有专业技术人才;既有政治、经济、军事、外交等方面的人才,又有文化、教育、新闻、科技等领域的人才。新中国成立后,不管是在外交工作领域还是国内各条战线,不管是中央国家机关还是地方各级党政部门,都有许多原南方局及所属各地共产党员在工作、在战斗、在付出,其中不少人担任党和国家重要领导职务。值得一提的是,南方局的外宣工作、外联工作,影响并形成了中华人民共和国对外交往的基本理念与主干力量。英国传记作者迪克·威尔逊在其所著的《周恩来传》中高度评价了抗日战争时期以及解放战争初期周恩来在南方国统区和部分沦陷区工作的历史贡献:"在重庆的那些年中,周创立了一个后来成为中华人民共和国外交部以及1949年后成为北京传播工具的编辑机构的核心",抗日战争时期以及解放战争初期,南方局从民间与官方两个维度展开党的对外宣传工作与对外联络工作,南方局及所属各地共产党员也在外事活动中得到锻炼,受到考验,获得提高,为后来形成以周恩来总理兼外交部长,熊向晖、章汉夫、龚澎、乔冠华、王炳南等南方局共产党人为骨干力量的新中国外交队伍,奠定了最初的、最基本的干部基础,因此,迪克·威尔逊还说:"他(周恩来)同知识分子和专业人员建立了联系,这些人后来都投向1949年成立的人民共和国,填补了共产党在管理界、教育界和商业界的许多空白",周恩来帮重庆的许多政治小团体"组织起一个倾向共产党的联盟。他们很多人在共和国早年颇有作为"。① 新中国成立后,这

---

① [英]迪克·威尔逊著:《周恩来传》,封长虹译,解放军出版社1999年版,第49页。

些骨干力量以及进步人士都保持着南方局时期的那种信念坚定、党性坚强的政治品格,继续艰苦奋斗、继续谦虚谨慎,经受住了执政考验与外部环境考验,为社会主义革命与社会主义建设,为改革开放与中国特色社会主义建设事业做出了新的贡献。总体而言,从南方局输送到各个地方、各个岗位上的干部是党与人民信赖的好干部。迄今为止,人们尚未发现原南方局的重要干部出现过重大违反党纪国法的问题。

三、　影响积聚了中共外围力量与广大进步群众

从积聚力量、辐射作用方面看,南方局具有开创性意义的"三勤""三化"和创建"据点"等工作,在工人、农民、青年、妇女和其他社会各界中都影响与团聚了一大批善于密切联系群众、群众工作经验丰富的骨干力量,并以他们为中心,影响积聚了相当一部分中共外围力量与进步群众,南方局这种干部培养方式起到了广泛的辐射作用。抗日战争时期以及解放战争初期,南方局在南方国统区以及部分沦陷区的高等院校与中等学校里践行党的群众路线、开展党的群众工作是卓有成效的,从中培养与发展了大量共产党员与进步青年。这些共产党员与进步青年在人民解放战争中构成了蒋管区"第二条战线"的骨干力量,正是因为他们与人民解放军武装斗争战场彼此配合,才加速了国民党蒋家王朝的覆灭。退居台湾的国民党"内政部调查局"于1951年向其最高当局提供了一份有关国共两党长期以来在高等学府争夺青年斗争的详细报告,深刻反思了国共争夺青年学生斗争的经验与不足,一针见血地指出:"政府地区控制的学校变成了中共的训练场,这样中共便赢得了人心,获得了民众,而这一切是我们难以做到的。"周恩来于1938年12月来到战时首都最高学府——国立中央大学作了《第二期抗战形势》的精彩讲演,现场听众达3000人之多,座无虚席,讲台周围、过道两侧、窗台内外,到处都挤满了听众,这是武汉失守以来战时陪都重庆文教界盛况空前的一次集会。学生们听后深受启发,备受鼓舞,好评如潮:"还是共产党有办法","中国有了共产党,就有了希

望"。一群青年学生围在周恩来身边,"请问周副部长,延安有大学吗?"周恩来爽朗地回答:"有!不仅有马列学院,还有抗日军政大学、陕北公学……"一些进步青年与积极分子很快就向中共地下组织表达了申请加入共产党的志愿,从此踏上了奔赴延安、参加革命、造福百姓的征途。经周恩来安排,抗日将领何基沣秘密前往延安,受到毛泽东等的接见,离开延安之前何基沣递交了一份入党申请书并于1939年秘密入党。在1948年淮海战役第一阶段,何基沣与张克侠率部起义,对淮海战役取得阶段性胜利发挥了极为重要的作用。

从强化组织、壮大队伍方面看,在中共特别是南方局影响下建立起来的进步群众组织,如新民主主义者联盟、民主青年同盟、民主青年协会、民主工人同盟等,成为中共的外围组织与得力助手,成为中共团结广大工人、农民、青年以及妇女界的重要桥梁和纽带。在周恩来的正确领导下,南方局在实践中积极主动与中间势力代表人物交往与联系。周恩来明确提出,按照"扶持进步力量,争取中间分子"的方针,"对其他党派应影响他,善意地批评他,以促其进步或分化",这使南方局开展群众工作的主要对象发生了重大拓展与延伸,中间势力的分量与比例越来越大,由此开辟了中国共产党顺应当时中国国情,进行民主建政的新路。蒋介石集团千方百计丑化共产党的形象,攻击中国共产党实行"封建的武装割据""不打敌人""袭击友军""消极抗战",对敌人"游而不击",甚至将共产党称之为"异党""奸党"。然而,这一切都无法阻挡中国共产党及其领导的人民革命事业的迅猛发展,无法阻挡中国人民对中国共产党的日益信赖与拥戴,很大程度上是因为南方局在大西南、大后方影响与积聚了中共外围力量与广大进步群众。抗日战争时期以及解放战争初期,南方国统区以及部分沦陷区各阶层、各民族、各团体从中共的政治主张与言论行动上,逐渐对中共有了越来越多的了解与越来越深刻的认识,从内心深处同情中国共产党、支持中国共产党、拥护中国共产党。比如,国民党"中统"负责人陈立夫曾对教育家陶行知说:"你的学生和朋友中,很多是共产党。"陶行知听后说:"他们是否共产党,我不知道。但就是共产党,他们办事认真,又有能力,

一心为抗战，为国家，为人民，又有什么不好呢?"①黄花岗七十二烈士之一的
饶国梁之胞妹、重庆女农场主饶国模无偿贡献出了"大有农场"，才使南方局
"结庐红岩"，住有所居。饶国模从1939年开始，每天在"中统"特务机枪口下
生活却全无畏惧，尽其所有，建立幼儿园，解决育儿难题，设法买来粮食，对南
方局共产党人可谓"生老病死，无微不至"，邓小平称饶国模是"红岩村革命的
妈妈"，饶国模的支持与帮助是"不可估量的"。再如，革命烈士王朴的母亲、
女商人金永华贡献了赤子王朴以及全部田产（折合约两千两黄金），用来资助
革命，支持解放事业，邓小平在解放后派人奉还两千两黄金，金永华分文不取，
最终实现了她从爱国主义者到共产主义者的伟大转变。

第四节　丰富发展了毛泽东思想及党的群众路线理论

毛泽东思想及党的群众路线理论以"先驱传给它而它便由此出发的特定
的思想材料作为前提"②。毛泽东思想的产生不是偶然的，它是近现代中国社
会矛盾发展与人民斗争深入推进的产物。"一切为了群众，一切依靠群众"，
"从群众中来，到群众中去"，"把党的正确主张变为群众的自觉行动"的群众
路线，既是毛泽东思想的活的灵魂的三个方面之一，又是毛泽东党建思想的重
要内容。抗日战争时期以及解放战争初期，南方局的群众路线实践为毛泽东
思想的发展提供了有益经验，对群众路线理论的成熟起了重要作用。

一、为毛泽东思想的发展提供了有益经验

尽管毛泽东并非提出"群众路线"的第一人，但是毛泽东最早从辩证唯物

---

① 四川省政协文史资料委员会编:《四川文史资料集萃》第二卷，四川人民出版社1996年
版，第227页。

② 《马克思恩格斯选集》第4卷，人民出版社1995年版，第703—704页。

主义认识论的高度对党的群众路线工作方法做了系统阐述,赋予了党的群众路线以更科学、更丰富、更深刻的时代内涵,并使之上升为马克思主义党的群众路线理论,这是毛泽东名副其实的伟大创造。毛泽东在《论联合政府》(1945 年 4 月)中深刻指出:"我们共产党人区别于其他政党的又一个显著的标志,就是和最广大的人民群众取得最密切的联系。"延安整风运动期间,中国共产党关于群众路线经验得到提炼升华,实现了三次历史性飞跃。第一次:毛泽东为党中央写的《关于领导方法的若干问题》(1943 年 6 月)中首次对党的群众路线进行了哲学升华;第二次:毛泽东在党的七大报告中首次提出"党的三大优良作风"并对其中之一的"和最广大人民群众取得最密切联系"进行了全面阐述;第三次:刘少奇在中共七大《关于修改党章的报告》中深刻阐述了党的群众路线的极端重要性。

抗日战争时期以及解放战争初期,南方局践行党的群众路线,牢牢抓住争取中间势力这个关键,为毛泽东思想的发展提供了有益经验。"中间势力有很大的力量,往往可以成为我们同顽固派斗争时决定胜负的因素"[1],因此,南方局把争取中间势力作为抗日民族统一战线时期的一项极其重要的任务。根据党中央与毛泽东的指示,南方局在践行群众路线中,做了大量争取与团结民族工商业家的工作。在重庆期间,周恩来、董必武、邓颖超等南方局领导人曾经屡次前往民族工业企业视察,与穆藕初、范旭东、罗叔章、卢作孚、余名珏、胡阙文等爱国实业家保持着密切交往与良好关系。值得一提的是,在南方局的倡导与推动下,大西南、大后方企业界、经济机关的开明民族工商业家、中上层人士、经济理论工作者、高级职员等团结与组织起来,于 1945 年成立了"中国经济事业协进会",周恩来、叶剑英、董必武、邓颖超等南方局同志还出席了"中国经济事业协进会"的成立大会。"中国经济事业协进会"通过的《对于当前经济问题的意见》(1945 年 12 月),提出了经济界、企业界对当时经济问题

---

① 《毛泽东选集》第二卷,人民出版社 1991 年版,第 748 页。

的一系列看法与意见,这些看法与主张符合当时我国生产力发展的客观要求,生动反映和极大丰富了毛泽东在《新民主主义论》(1940年2月)、《论联合政府》(1945年4月)中的经济政策,在整个大西南、大后方产生了巨大影响。此外,周恩来、朱德、叶剑英等在抗战爆发前就对云南地方实力派领导人龙云进行接触,南方局曾派员至龙云部队做了大量团结与争取工作,因此龙云对云南抗日民主运动采取了支持立场与保护态度,使昆明具有"民主堡垒"之称。南方局还对桂系、川系地方实力派做了大量联络与团结工作。抗日战争时期以及解放战争初期,南方局通过艰苦细致地践行党的群众路线,促使西南地方实力派逐渐向共产党靠拢,最终走向人民阵营,在群众中产生了广泛影响。在周恩来的正确领导下,南方局结合南方国统区以及部分沦陷区实际,坚决贯彻执行党中央与毛泽东关于"发展进步势力,争取中间势力,孤立顽固势力"的方针政策,创造性地制定了"扶助进步团体,照顾小党派利益,进行民主运动,要求各党派的合法地位,要求政治改革"[①]的具体策略。南方局深入践行群众路线,在南方国统区以及部分沦陷区创造性地开展党的群众工作,为毛泽东思想的丰富与发展做出了重大贡献。

二、 对群众路线理论的成熟起了重要作用

群众路线是党在长期革命与建设中克敌制胜的重要法宝,是党的根本工作路线与基本领导方法,也是群众观点在党的工作中的具体应用与生动体现。只有深入践行党的群众路线,才能密切党与群众的血肉联系,才能保证党的建设、党内活动、党的工作的成功。抗日战争时期以及解放战争初期,南方局的群众路线理论与实践对毛泽东思想的发展以及党的群众路线理论的成熟起了重要作用。周恩来在南方局工作期间,就高度重视党的群众工作。为了更好隐蔽自己和积蓄力量,周恩来在南方局及所属各地党组织在大西南、大后方全

---

① 《周恩来年谱(1898—1949)》下卷,中央文献出版社2007年版,第470—471页。

面转入地下后,提出了富有创新性的"勤学、勤业、勤交友""职业化、社会化、合法化"这一"三勤""三化"群众工作策略,南方局要求,南方国统区以及部分沦陷区党员干部都要深入社会具体岗位与不同部门中去,学生党员要勤奋学习、名列前茅,在职党员要踏实肯干、做好本职工作。一方面,可以掩护党的干部,隐蔽党的力量,保全党的组织;另一方面,能够发挥南方局及所属各地共产党员的先进性与纯洁性,团结引领群众、领导影响群众。周恩来指示,南方局及所属各地共产党员要巧妙地实现党的政策,这对群众路线理论的成熟起了重要作用。此外,南方局在南方国统区以及部分沦陷区,根据当时实际情况,在领导群众运动时,创造性地使用了多种灵活的工作策略,譬如,建立"据点",利用"合法"斗争掩护"非法"斗争,影响群众、引导群众,升华了群众工作的崭新境界。南方局这些群众工作理论与经验,都为毛泽东思想的发展和党的群众路线的成熟提供了有益经验,也为我们今天的群众工作提供了有益启迪。

南方局十分重视群众路线理论的探索。周恩来1943年对南方局同志作了"怎样做好一个领导者"的报告。周恩来指出:"一是与群众接近和联系,在某种程度上要与他们打成一片;二是倾听群众意见;三是向群众学习;四是教育群众,不做群众尾巴"①,这就是南方局时期周恩来主张的对广大群众的重要领导艺术与宝贵政工经验。南方国统区以及部分沦陷区的许多民主党派人士与爱国进步人士,正是通过周恩来等南方局共产党人的群众观点与政治品格,感受到了共产党的集体智慧和与众不同。"拥有重庆山货业天下之半"的民族工商业家古耕虞回忆说:"他(周恩来)勉励工商业家要有远见。他的这些开导给了我很大的教育和鼓舞。"②南方局以深入巧妙、润物无声的群众路线实践,升华了党在南方国统区以及部分沦陷区群众工作的崭新境界,这对于

---

① 《周恩来选集》上卷,人民出版社1980年版,第131页。
② 中共广西壮族自治区委员会党史研究室编:《中共中央南方局的统一战线工作》,中共党史出版社2009年版,第219页。

马克思主义群众路线理论的丰富发展与成型成熟起了重要作用。

　　深入践行党的群众路线,关系抗日民族统一战线的扩大与发展,关系南方局的生死存亡,关系党的工作布局调整。鉴于政治形势的迅速恶化,从1939年5月到1940年,中共中央与南方局相继发出了《关于在国统区保存党员干部的指示》《秘密工作的决定》等一系列指示,提出了党在南方国统区以及部分沦陷区"隐蔽精干,长期埋伏,积蓄力量,以待时机"的"十六字"工作方针,要求大后方各级党组织全面转入地下,坚决转变党的组织形式与工作方式。南方局把党的群众路线贯穿于"发展进步势力,争取中间势力,孤立顽固势力"的方针政策当中,团结与积聚了大后方国内外友好人士与党内外进步人士,开辟了党在南方国统区以及部分沦陷区群众工作的广阔领域。南方局共产党人犹如宽广的大海,融汇抗战民主的万千支流,推动形成了以国共合作为主的抗日民族统一战线的磅礴之势,坚持团结抗战到底。南方局不仅经受住了严峻的生死考验,还不折不扣地贯彻执行了全党工作布局的战略调整、维系与扩大了抗日民族统一战线。南方局以独特的创新精神、极大的政治勇气、精准的远见卓识运用与发展了党的群众路线,开创了南方国统区以及部分沦陷区群众路线实践的全新局面,进一步丰富与升华了党的群众路线理论。

第六章　中共中央南方局践行
群众路线的当代价值

　　宋平指出:"南方局在党中央的领导和周恩来同志的亲自主持下,做了非常有成就、非常出色的工作,经验是非常丰富的。"①探讨与分析南方局的群众路线实践,根据历史本来面目对其基本经验与当代价值加以升华与总结,对于广大党员干部在中国特色社会主义新时代,增强群众观念与群众感情,夯实党的执政基础与群众基础,实现全面建成社会主义现代化强国的第二个百年奋斗目标,具有重大现实意义。

第一节　忠诚理想信念,在复杂环境中保持
共产党人的政治本色

　　理想信念是共产党人的一种"精神钙质",是经受得住任何考验的精神支柱。在政治环境极其恶劣复杂、时常有被捕坐牢及生命危险、工作对象千差万别的情况下,南方局及所属各地共产党员以高度的使命意识、忠诚的政治信

---

　　①　中共重庆市委党史研究室编:《红岩精神研究》,中共党史出版社 2009 年版,第 4 页。

念、严明的政治纪律,践行党的群众路线,开展党的群众工作,具有重要的现实启迪价值。

一、 对党绝对忠诚是最重要的政治纪律

习近平总书记指出,对党绝对忠诚要害在"绝对"两个字。绝对忠诚就是彻底的、无条件的、不掺任何杂质的、没有任何水分的忠诚。"对党忠诚""永不叛党"是被写在"入党誓词"中的,每名党员干部都要做到对党与人民事业无限忠诚。

对党绝对忠诚,必须恪守信念不动摇。习近平总书记强调:"对马克思主义的信仰,对社会主义和共产主义的信念,是共产党人的政治灵魂,是共产党人经受住任何考验的精神支柱。"①面对严酷恶劣的政治环境,南方局及所属各地共产党员忠诚理想信念,恪守共产主义信念不动摇,相信今天看不到的事情,将来一定能够实现,坚持在南方国统区以及部分沦陷区信仰与传播马克思主义,人人"有确定的马列主义的世界观和革命的人生观",指引了大西南、大后方社会各界人士的前进方向。抗日战争时期以及解放战争初期,南方局利用八路军办事处、苏联大使馆、"中苏文化协会"等合法地位,从延安、苏联、根据地、解放区运来了大量马列著作,在战时陪都重庆直接出版发行了大量马列著作,并将新华日报社与《群众》周刊搬到了国民党统治中心——重庆。值得一提的是,艾思奇、周恩来、许涤新、胡绳、潘梓年等马克思主义理论家还发表演讲,深入浅出地解读马列著作,声情并茂地宣传马列主义,旗帜鲜明地阐述党的立场方针,重庆一度成为中共传播马列主义的重要阵地。马列主义在大西南、大后方的广泛传播,不仅从根本上改变了南方国统区以及部分沦陷区的"文化格局",而且从思想上坚定了全民抗战的信念,为黑暗、迷茫、苦闷中的国统区人民群众点燃了"指路明灯"。今天,对党绝对忠诚,更要恪守信念不

---

① 《习近平总书记系列重要讲话读本(2016年版)》,学习出版社、人民出版社2016年版,第107页。

动摇,不管在何时何地何种情况下,都要以党的理想为理想,以党的事业为事业,以党的意志为意志。

对党绝对忠诚,必须坚持学习不放松。"忠诚度"要通过扎实学习、深入学习、强化学习来"提精提纯"。南方局对党绝对忠诚,注重干部党性教育。一是注重政治理论学习。在国统区白色恐怖的形势下,"在思想上、政治上、组织上巩固党",是南方局"完成党的政治任务的决定因素"。① 南方局及所属各地党组织注意从加强党员干部思想教育,学习中国历史、苏共党史、时事政治,引导党员干部全面掌握与科学认识国内外、党内外的昨天与今天。二是开展整风学习。延安整风运动以来,南方局紧密配合,成立了由周恩来、董必武等二十多人组成的学习委员会,学习委员会首先引导党员干部由浅入深、认认真真学好中共中央规定的 23 个整风文件,包括《中央关于调查研究的决定》《中共中央关于增强党性的决定》《论共产党员的修养》《改造我们的学习》等,全部结集成册印发,作为必读材料。而且,选定专题学习、广泛开展讨论,内容涉及组织纪律、秘密工作、党员资格与权利、民主集中制、平时工作计划、"三勤""三化"等,使学习更有针对性、更加深入有效。三是重视气节教育。针对党内出现的悲观急躁情绪,周恩来、董必武着重开展革命气节教育,教育党员干部越是在恶劣复杂的社会环境下,越要保持坚定的政治立场与清醒的政治头脑,做到"心向延安""至死不渝"。今天,作为党员干部,都要注重学哲学、学马列、学毛著,学习党的厚重历史与优良传统,形成"活到老学到老"与"生活学习化、学习生活化"的境界,时刻"与自己的他人的一切不正确思想意识作原则上坚决的斗争"②,以学习之道坚定理想信念,增强党性修养,夯实绝对忠诚的思想根基。

对党绝对忠诚,必须严格纪律不折腾。严明纪律、执纪如铁是实现绝对忠

---

① 中央档案馆编:《中共中央文件选集》第 11 册,中共中央党校出版社 1989 年版,第 131 页。

② 《周恩来选集》上卷,人民出版社 1980 年版,第 125 页。

诚的必然要求和重要保证。董必武在南方局管理过账目,曾为六角钱平不了账的事,在大会上作了深刻的自我检讨。南方局常委董必武于 1941 年掌管八路军驻渝办事处机关财务开支,当时的物质生活条件极其艰难。董必武严格要求、严格监管,要求经办伙食的同志既要千方百计改善伙食,又要精打细算,绝对不能铺张浪费。八路军驻渝办事处机关财务在一次月底伙食费结算时,有六角钱的开支平不了账目。董必武相当内疚、相当自责,对身边同志说:"我们党的经费来得不容易,每分每厘都是同志们用血汗甚至生命换来的,我们只有精打细算的责任,没有浪费铺张的权利。"董必武在事后执意在机关大会上作了真诚尖锐的自我批评,还向陕北延安的中共中央写了一封检讨信。邓颖超在 1985 年 10 月重返红岩时,谈到这件事感叹道,现在我们有些干部动辄浪费国家几十万、几百万甚至上千万都不心疼啊! 这则故事告诉我们,无论何时都要严格要求自己,严格纪律不放松,保持艰苦奋斗的优良传统;还告诉我们,必须树立崇高的思想境界,对党绝对忠诚,要从细小的事情,一点一滴地做起,不能因细小而不为。

近年来,无数不正之风、腐败等违纪违法案例都有一个共同点,这就是政治问题与经济问题相互渗透,对党不忠诚、不老实、拉帮结派、搞利益交换,欺瞒组织、对抗组织审查等问题令人震惊,尤其是周永康、徐才厚、郭伯雄、令计划、孙政才、苏荣、周本顺、王三运等严重违背党章、违反党内政治生活准则与政治纪律,为实现政治野心妄图攫取党与国家权力,搞分裂党的图谋活动,严重威胁国家政治安全的问题,不仅触目惊心,更何谈对党忠诚!

二、 出淤泥而不染是最过硬的政治品质

习近平总书记强调:"政治生态污浊,从政环境就恶劣;政治生态清明,从政环境就优良。"①外部环境污浊,更显示其内在品格难能可贵。抗日战争时

---

① 《习近平关于全面从严治党论述摘编》,中央文献出版社 2016 年版,第 33 页。

期以及解放战争初期的国民党统治区域是一潭"淤泥",战时陪都重庆的社会环境犹如"染缸",政府高官厚禄,社会灯红酒绿。南方局及所属各地共产党员生活条件极其艰难,身处"淤泥","同流"不可避免。面对不同思想觉悟、不同政治倾向的各色人等,既要步入生活,广交挚友,团结己方,又要不忘初心,牢记使命,经受高官厚禄、灯红酒绿的诱惑,保持质朴的生活作风与崇高的政治品格,这对南方局及所属各地共产党员是严峻考验与最大挑战。刘少奇在《论共产党员的修养》的报告中号召全党"要发扬和提高这种无产阶级的正气"。周恩来曾经反复告诫南方局及所属各地共产党员,务必做到"同流而不合污",形变心不变,忠于共产党。"六月风荷"的革命情操与"无产阶级的正气",是南方局及所属各地共产党员在国民党统治区域恶劣、复杂、艰险的社会环境下践行群众路线的最突出亮点与最过硬品质。

"出淤泥而不染"这种政治品质体现在国共合作、团结抗战上,最重要的就是在与国民党当局打交道的过程中,永葆共产党人的政治本色与革命志士的坚强党性,经得起高官厚禄的诱惑与灯红酒绿的考验。蒋介石曾于1938年12月6日提出,"共产党最好与国民党并成一个组织",打算把中国共产党纳入"一个大党"之中,实现"溶共",并对周恩来、董必武、吴玉章等南方局共产党人许以锦绣前程与高官厚禄。该"溶共"政策遭到周恩来的明确拒绝:"加入国民党,退出共产党,这是不可能和做不到的"[1],"少数人退出共产党而加入国民党,不仅失节失信仰,而且于国家有害无益"[2],从而最大限度保证了中共在抗日民族统一战线中的独立性。在周恩来的带领下,正是有了这种"出淤泥而不染"的政治品格,使南方局及所属各地党组织在南方国统区以及部分沦陷区特殊环境下成为"攻不破的堡垒",不惧"染缸"的侵蚀。不管是身在都市,还是隐于村庄,不管是公开博弈,还是秘密斗争,无论是政坛搏击,还是商海打拼,南方局及所属各地共产党员都能坚持操守,坚守共产党的政治立

---

[1] 《周恩来年谱(1898—1949)》上卷,中央文献出版社2007年版,第437页。

[2] 《周恩来年谱(1898—1949)》上卷,中央文献出版社2007年版,第437页。

场,经受住严峻考验。

南方局首创广交朋友,同流而不合污的领导方式,保存并发展了党在南方国统区以及部分沦陷区的力量,升华了党在大西南、大后方群众路线实践的新境界。《同流而不合污》指出:"共产党员应该深入社会底层,在具体情况下,用各种方式与群众接近,成为他们的知心朋友,和他们建立巩固的友谊。"共产党人在深入生活、结交挚友时,"在思想上应是分明而不能模糊的。在行动上,要有分寸"。南方局及所属各地共产党员仿佛"六月风荷",通过"出淤泥而不染,同流而不合污"的实际行动启发教育群众、吸引团结群众,使国民党统治区社会各界人士从南方局及所属各地共产党员身上认识了共产党、认同了共产党、接受了共产党,进而深化与丰富了党与群众辩证关系的思想内涵。这对于反对与克服当前党员干部中存在的"四风"问题(形式主义、官僚主义、享乐主义、奢靡之风),永葆共产党员的先进性与纯洁性,具有极强的警示意义。

今天,我们党面临"四大考验"(执政考验、改革开放考验、市场经济考验、外部环境考验),存在"四大危险"(精神懈怠危险、消极腐败危险、能力不足危险、脱离群众危险),存在"四大歪风"(形式主义、官僚主义、享乐主义、奢靡之风),一些党员干部锒铛入狱、晚节不保,很大程度上跟他们经受不住严峻考验与现实诱惑有关,缺乏"出淤泥而不染"的政治品质。因此,作为党员干部,必须警钟长鸣,防微杜渐,真正做到"四交""三不交",即多同普通群众交朋友,多同基层干部交朋友,多同先进模范交朋友,多同专家学者交朋友;一是官不大特能办事的,二是挣钱不多特能花钱的,三是不太熟悉特能套近乎的。

三、 守住纪律底线是最基本的政治要求

党的纪律是党员应遵守底线,是不容逾越鸿沟,走多远、行多长都应将纪律挺在前面。南方局一贯以组织严密与纪律严明著称于世,这是党的力量与优势之所在。为了严守党的纪律,保守党的秘密,南方局在组织发展上强调

"质重于量,巩固重于发展"①,政治合格过硬与强化纪律规矩密不可分,过硬的政治品格就要体现在严明的纪律性上。正是从这个意义上讲,周恩来在《我的修养要则》(1943年3月)中将"过集体生活,注意调研,遵守纪律"②作为对自己及其同志们最基本的政治要求。南方局及所属各地共产党员严格遵守党的保密纪律、组织纪律,不该问的不问,不该说的不说,不该知道的事情既不问也不说,即使夫妻之间也不能随便谈论和交流党组织的秘密,周恩来与邓颖超之间就一直严格遵守这一点。周恩来要求各级党组织与党员干部都要"按照党章办事",任何人不得例外。南方局机关每周一要例行召开一次党小组会议,作为小组长的青年党员因资历浅、职务低而不太敢管那些老同志、老革命、老干部,戏称"小组长与大组员"。周恩来知道后很不高兴,对小组长作了批评指正,他说小组长在党小组内就是组长,其他都是组员,不管职务多高、资历多深,一律都是组员。党支部要勇于承担责任,敢于管理老同志、老革命、老干部,而老同志、老革命、老干部也要服从支部领导,遵守组织纪律。周恩来有一次参加了南方局青年党小组会议,小组长刘光在会议结束后恳请周恩来作会议总结,周恩来马上拒绝并明确重申,根据党规,该小组长作总结。这对于今天树立纪律意识,守住纪律底线,强化底细思维,推进全面从严治党具有重要的借鉴价值。

习近平总书记强调:"干部出问题,都是因为纪律的突破",他还指出,"干部廉洁自律的关键在于守住底线"。③ 历史一再表明,党员干部出问题,都是从突破纪律、破坏规矩开始的。身为党员,铁的纪律与规矩就必须严格执行。有些党员干部并非水平不高,业务不熟,能力不强,但就是没能守住纪律底线,最后锒铛入狱,晚节不保。作为党员干部,守纪律讲规矩,做政治上的明白人,

---

① 中共重庆市委党史研究室编:《中共中央南方局大事记》,重庆出版社2004年版,第35页。

② 《周恩来选集》上卷,人民出版社1980年版,第125页。

③ 《十八大以来重要文献选编》(上),中央文献出版社2014年版,第138页。

既在单位,又在家中;既在线下,又在线上;既在国内,又在国外;既靠自律,又靠他律。前提是必须明确哪些话不能说,哪些事不能做,哪些要请示,哪些要报告,哪些该这么做,哪些该那么做,都要按纪律来、按规矩办;唯有此,才能不越线、不踩雷、不出事。作为党员干部,不以"别人不知"放纵自己,不以"小节无碍"原谅自己,不以"下不为例"开脱自己,不当别有用心之人的帮手,不受形形色色的影响和诱惑,不把自己的政治前途和人的生命作为"腐败赌注",始终守住纪律底线。在今天新的伟大历史斗争时期,全面从严治党如果走过场,放松要求,就会成为滋生腐败的土壤,就会出现被苍蝇叮食的裂缝,甚至损害党的形象与威信。无论是革命战争年代,还是和平建设时期,不管是改革开放初步阶段,还是进入中国特色社会主义新时代,守住纪律底线始终是共产党人最基本的政治要求。

第二节　牢记党的宗旨,把群众利益放在第一位

马克思与恩格斯在《共产党宣言》中提出:"过去的一切运动都是少数人的或者为少数人谋利益的运动。无产阶级的运动是绝大多数人的、为绝大多数人谋利益的独立的运动。"[①]南方局之所以能够赢得民意支持、完成历史使命,凭借的正是南方局及所属各地共产党员在任何时候任何情况下,都把南方国统区以及部分沦陷区人民群众的利益放在第一位,紧紧依靠社会各界人士,在心里面把大西南、大后方人民群众都当作自己的生命来看待,自觉站在人民立场上想问题、办事情,认真研究人民群众的生活、情绪以及要求,因时因地从人民群众的实际需要出发,并从中汲取前进的不竭力量。否则,就会"淹没在群众的大海中",成为"社会上的浮萍"。

---

① 《马克思恩格斯选集》第 1 卷,人民出版社 1995 年版,第 283 页。

一、 在群众"最盼"上见真情，做为民的典范

毛泽东强调："共产党人的一切言论行动，必须合乎最广大人民群众的最大利益，为广大人民群众所拥护为最高标准。"①南方局从成立之日起，坚持"有步骤、有深远计划地去进行群众组织工作和群众生活改善工作"，此后更是为改善南方国统区以及部分沦陷区群众生存状况而四处奔走，把解决广大工人与农民最基本、最迫切的生存问题作为党联系群众的重要途径。据《新华日报》(1945年10月8日)披露，仅重庆就有5.5万余人失业。针对抗战胜利后国统区美货倾销、民族工业倒闭、工人失业严重以及饥寒交迫，发出反饥饿、反压迫、反剥削的强烈呼声，南方局领导开展了重庆工人的反遣散斗争、上海工人的复工救济斗争、云南工人的反遣散斗争、浙江工人的"米风潮"以及贵州、湖南、江西、广东、福建等地工人要求提高工资水平、改善劳动待遇的斗争。从1945年10月到1946年5月，重庆失业工人举行了三次请愿斗争，南方局领导的重庆地下党工运负责人谈剑啸，中共地下党员余明德、陈哲、温静涛、刘宗灵、潘维民等积极参与，谈剑啸亲自担任第一兵工厂"失业工人遣散委员会"代表，迫使国民党当局同意发给遣送费与救济金，这充分体现了南方局对工人群众具体利益的真心关切，也为失业工人的奋起斗争指明了方向。在南方局的倡导与支持下，"中国经济事业协进会"于1945年12月正式成立，明确提出了保障职业妇女、保障员工工作权利及人身自由、规定工作时间及工资标准、制定员工福利制度、救济失业人员五项主张，体现了南方局维护民众根本利益的鲜明立场，密切了党同大西南、大后方群众的血肉联系。《新华日报》从1945年9月起大量发表有关失业工人生活疾苦与奋起斗争的新闻报道与评论文章，要求蒋介石政府对于失业工人"紧急救济"，帮助改善与提高工人生活，要求"不关工厂，不降低待遇，不裁减工人"，使中国人口最多的

---

① 《毛泽东年谱(1893—1949)》(中)，中央文献出版社1993年版，第593页。

工农阶级真正认识到中共是代表中国最广大人民利益的最先进政党,逐步聚集在党的周围。南方局及所属各地共产党员正是在联系服务群众、改善解决民生中汲取了政治营养,强化了宗旨意识,锤炼了党性修养。

历史表明,抓住了"最盼"的民生问题,就抓住了人心向背的关键。务必自觉维护群众利益、解决民众现实困难,保障与改善民生。民生问题连着民心,是人民群众利益的最现实介质与最直接载体。广大党员干部只有对人民群众怀着深厚的感情,把人民群众的事当成自己的事办,把人民群众满意作为第一标准,把人民群众呼声作为第一信号,把人民群众利益作为第一考虑,把人民群众需要作为第一选择,才能在践行群众路线中更好地发挥主观能动性与创造性。今天,坚持党的群众路线,要始终把人民群众放在心中最高位置,在群众"最盼"上见真情,做为民的典范。一要善谋富民之策。各级党委与政府真正将"扶贫开发"作为为民之要、"就业"作为为民之本,永远怀着对人民群众的深厚感情开展民生工作,在解决医疗、就业、住房等群众最现实、最关心、最直接的利益问题上狠下功夫,让广大群众更多更公平地享受到改革发展的成果。二要恪守安民之责。坚持从平安建设抓起,将"稳定"作为为民之盾,强化社会治安综合治理,妥善化解各种矛盾,让广大群众安居乐业。三要多办为民之事。加大对低收入阶层与困难群体的生活保障力度,将社保作为为民之依,把关注民生真正落实到为群众办实事的具体行动上,注重把干部作风的转变体现在行政效能上。习近平总书记在中央扶贫开发工作会议上强调,消除贫困、改善民生、逐步实现共同富裕,是社会主义的本质要求,是中国共产党的重要使命。当前,要以习近平新时代中国特色社会主义思想为指导,弘扬伟大建党精神,坚持稳中求进工作总基调,统筹疫情防控和经济社会发展,统筹发展安全,继续做好"六稳""六保"工作,持续改善民生,保持社会大局稳定。唯有如此,才能赢得广大人民群众对党发自肺腑的信赖、拥护、支持。

二、 在群众"最急"上送温暖，做务实的典范

"群众看你究竟为谁谋利益，并不是看你喊什么口号，讲什么话，而是看你能否为群众所想，确实给群众带来看得见的利益。"①南方局不顾南方国统区以及部分沦陷区的艰苦条件与险恶形势，坚定地站在人民群众的立场上，在群众"最急"上送温暖，为维护群众利益开展一系列卓有成效的斗争。八路军办事处与《新华日报》工作人员于 1938 年 10 月乘坐"新升隆"轮撤离武汉，驶往重庆，"新升隆"轮相当拥挤，当周恩来看到众多难民时果断地指示："西迁的难民都是我们的同胞，帮助他们逃离日本鬼子的杀戮，是我们共产党人的责任，能多装一个人就尽量多装一个人。"日寇占据香港后第一时间封锁交通，实行宵禁，搜捕进步民主人士与爱国抗日分子。在危急时刻，周恩来亲自部署撤离路线，廖承志、潘汉年坐镇香港，秘密营救民主人士与文化精英，在群众"最急"上送温暖。这场秘密营救壮举持续了 11 个多月，十几个省市的地下党组织以及广东抗日游击队数以千计的革命志士与无名英雄，直接地或间接地参与其中，英勇机智地完成了任务。根据不完全统计，先后救出的民族精英及其家属共约有 800 人，没有一人被日寇截获。著名作家夏衍曾感慨："共产党人和游击区军民在万分困难的环境中，舍生忘死地执行政策，这是真正的肝胆相照，生死与共。"著名文艺理论家、文学翻译家胡风于 1943 年从桂林返回重庆，打算重新登记续办《七月》杂志，然而，出版刊物需要三万元保证金，胡风拿不出这么多钱。周恩来获悉后，马上开了一张三万元的支票给胡风，胡风主编的《希望》于 1945 年春正式出版。救亡日报社在广州、武汉沦陷后被迫迁到桂林，但由于经费奇缺而未能恢复出版发行。周恩来获悉后，马上指示著名作家夏衍远赴香港，通过八路军驻港办事处负责人廖承志，针对香港爱国人士与文化界进步人士筹集经费。廖承志从筹集经费中拨出 1500 港币

---

① 中共云南省委党史研究室编：《中共中央南方局的群众工作》，中共党史出版社 2009 年版，第 279 页。

给救亡日报社,及时解决了救亡日报社在桂林复刊的难题。大西南、大后方进步群众把解放区视为"山那边的好地方",而把国统区看作是"一团漆黑""一片黑暗"。

南方局的群众路线实践表明,只有在群众"最急"上送温暖,做务实的典范,才能获得群众认同,赢得民意支持,反之,就会被人民所抛弃,成为"社会上的浮萍"。党的十八大以来,习近平总书记一再强调:"人心就是最大的政治","人民对美好生活的向往,就是我们的奋斗目标",①体现了习近平总书记念兹在兹的爱民情怀,彰显了共产党人的使命意识、责任意识、担当意识,昭示了中国共产党以人民为中心的执政追求,深深地打动与温暖了14亿多中国人的心。作为最广大人民群众利益的忠实代表,中国共产党的历史使命与全部责任,就是为最广大人民的根本利益而不懈奋斗。党只有依靠广大人民群众的力量,才能实现自己的历史使命。党只有在群众"最急"上送温暖,摆脱名利思想的干扰,深入到最困难的地方去,到群众意见最多的地方去,到工作推不开的地方去,既要"身到",与群众打成一片,更要"心到",当群众的贴心人,集中精力抓好每一项工作的具体落实,才能体现社会主义制度的优越性,才能形成与人民群众融洽的鱼水关系、牢固的血肉关系,才能凝聚实现中华民族伟大复兴中国梦的磅礴力量。

三、 在群众"最怨"上转作风,做清廉的典范

毛泽东指出:"我们这个队伍完全是为着解放人民的,是彻底地为人民的利益工作的。"②毛泽东于1939年11月在中共中央政治局讨论《中央关于深入群众工作的决定》草案时强调,脱离群众是一种罪恶,并指导了其后南方局群众工作一改动辄组织群众上街游行的"救亡作风"。毛泽东于1939年8月在中共中央政治局会议上再次强调,南方工作的弱点之一是"群众运动不深

① 《习近平谈治国理政》第一卷,外文出版社2018年版,第4页。
② 《毛泽东选集》第三卷,人民出版社1991年版,第1004页。

入"。鉴于工作的不足,南方局开始系统深入领会与认真执行毛泽东关于抗日战争包括群众运动的重要指示精神,深入人民群众、开展调查研究。譬如,南方局青年组1942年的调研内容,不仅仅有针对国民党三青团青年工作的政治调查,而且有学生生活学习以及工作、青工生活乃至恋爱问题的调查研究。调查研究越深入,南方局及所属各地党组织就越能充分认识到工作失误,深入群众、总结经验越自觉,以求得"共产党组织的有力量和它的政策的不错误"。周恩来于1942年4月在向南方局机关干部做整风报告时明确要求,"反对一切实际工作中的机会主义(如马虎主义,空谈家,妄自尊大者,官僚主义,形式主义,文牍主义,事务主义等)以及蜕化或腐化思想等等"①。1944年11月成都市立中学事件,1945年2月重庆电力公司反特务斗争,就是在充分了解与全面掌握国统区民众对蒋介石集团腐败专制与特务统治的强烈不满以及准确调配使用群众力量的基础上组织领导的。

南方局与新中国的历史表明,执政前打天下时党的干部能够奋发图强,而执政后治天下时容易慵懒无为;打天下时党的干部容易得民心,而治天下时容易失民心;打天下时党的干部面临的诱惑少,而治天下时面临的诱惑多。习近平总书记强调,"这次教育实践活动的主要任务聚焦到作风建设上,集中解决形式主义、官僚主义、享乐主义和奢靡之风这'四风'问题"②,"四大歪风"是当前广大群众反映最强烈、深恶痛绝的问题,同党的性质与宗旨格格不入,是损害党群干群关系的痼疾。转变作风、"四大歪风"问题解决好了,党内服务群众、促进发展的问题解决起来也就有了更好的条件。"四大歪风"的形成不是"一日之寒",解决起来也不是"一蹴而就",务必下大气力,领导干部这个"关键少数"要以身作则,一以贯之,"深入贯彻中央八项规定精神,树立党员干部为民务实清廉形象"③,进一步密切党群干群关系。遏制"四大歪风",克

---

① 《周恩来选集》上卷,人民出版社1980年版,第130页。
② 《习近平谈治国理政》第一卷,外文出版社2018年版,第374页。
③ 《十八大以来重要文献选编》(上),中央文献出版社2014年版,第645页。

服"四大危险",一方面,要深入开展群众路线教育实践活动,尤其要在全党开展"不忘初心、牢记使命"主题教育,引导党员干部在为民服务中转变工作作风,在推动发展中坚持群众路线;另一方面,要抓住要害、找准穴位、对准焦距,注重解决群众生产生活中的现实难题与党员干部自身存在的突出问题,为全面从严治党树立了道德高线与纪律底线,在深入推进全面从严治党的大背景下,通过党内法规的刚性、建设性力量,真正实现让党员干部从"不敢腐"到"不能腐""不想腐",努力做政治上的"明白人"、科学发展的"领路人"、服务群众的"实在人"、脚踏实地的"干事人"。

第三节　围绕党的政治路线和中心工作开展群众工作

党的政治路线是党在一定历史阶段确定的总目标与总任务,决定党的群众工作的前进方向。因此,党的群众工作必须围绕党的中心任务来展开,按照党的政治路线来推进,朝着党的建设总目标来加强,这是南方局群众路线实践的一项历史经验,也是一条基本规律。

一、 党的政治路线的制定以及实现有赖于群众路线

党的群众路线践行到位,党就能也才能更正确地制定与实现党的政治路线。首先,党符合实际的政治路线的制定有赖于党的群众路线的坚持。毛泽东指出:"一定要每日每时关心群众利益,时刻想到自己的政策措施一定要适合当前群众的觉悟水平和当前群众的迫切要求。"[1]只有正确地认识了客观实际及其内在规律性与本质,才能据此制定出正确的政治路线。毛泽东指出:"倘若根据'想当然'或不合实际的报告来决定政策,那是危险的。"[2]制定党

---

[1] 《毛泽东文集》第八卷,人民出版社1999年版,第33页。
[2] 《毛泽东文集》第一卷,人民出版社1993年版,第254页。

的政治路线必须考虑到当时当地人民群众的物质利益、意见要求以及觉悟程度、组织程度。对于制定党的政治路线而言,人民群众的物质利益、意见要求以及觉悟程度、组织程度也是一种"实际",同样要加以重视。群众实际是第一性的,政治路线是第二性的。不从群众实际出发,意见不是从群众中来,就不可能制定出好的政治路线。党能否制定正确的政治路线,关键在于能够深入群众,调查研究,通过疏通党群沟通渠道,使党的政治路线与全部工作反映广大党员与人民群众的利益诉求。在南方局的不同时期,党都根据该阶段的群众实际需要与社会经济政治状况,确定自己的政治路线与中心工作。周恩来指出:南方局的群众工作,并非高居于群众之上,而是深入于群众之中,关注他们各种需求的变化,并不失时机地抓住其最亟待解决的问题。在抗日战争时期以及解放战争初期,以周恩来为书记的南方局充分信任人民群众,紧紧地依靠人民群众,在南方国统区以及部分沦陷区深入践行党的群众路线,把抗战的胜利寄托在党领导下的人民战争上。在周恩来的坚强领导下,南方局成立了经济组、青工委、妇运委、职工组等多种群众工作机构,并积极组织国统区群众开展改善生活待遇、争取生存权利等经济斗争与政治斗争。

"把党的方针变为群众的方针,还须要我们长期坚持的、百折不挠的、艰苦卓绝的、耐心而不怕麻烦的努力。"①如果党的群众路线实践搞得不好,即使有了正确的政治路线,也不可能始终如一地得到贯彻执行。党的正确政治路线制定之后,要靠各级党组织及党员发扬密切联系群众的优良作风来贯彻实施。对于实现政治路线来说,党的政治路线是要通过人民群众去实行的,如果党的政治路线不能给人民群众带来利益与好处,人民群众不拥护,不理解,不认同,甚至有抵触情绪,那群众就不会真心去做,即使做了,也不会做好。脱离人民群众的利益、愿望、要求,不顾人民群众的觉悟程度与组织程度,强制推行某种政治路线,从工作方法与思想路线上说,就是脱离群众实际。中共七大于

---

① 《毛泽东选集》第一卷,人民出版社1991年版,第279页。

1945 年 4 月在延安召开,该会制定了"放手发动群众,壮大人民力量,在我党的领导下,打败日本侵略者,解放全国人民,建立一个新民主主义的中国"①的政治路线,为全党指明了日后斗争的方向。南方局坚决贯彻执行中共七大政治路线,一方面准备应对国民党可能发动的大规模内战,另一方面深入发动群众,争取实现和平民主。除指导华南各抗日游击队发展外,周恩来领导南方局逐步加强南方国统区以及部分沦陷区的农村群众工作,发展了许多农村"据点",陆续动员一批党员以及大中学生到广大农村去,到解放区去。在内战危机空前严峻的形势下,南方局按照党中央的指示,积极部署川、云、贵三省农村"据点",准备在国民党发动内战时实行游击战争。

二、 党的群众工作必须服从和服务于党的中心工作

党的根本任务与中心工作抓住了当时社会的主要矛盾,集中体现了该阶段当地群众实际需要与社会经济政治状况,这充分反映了广大民众的愿望诉求与根本利益,从根本上决定着党的政策与策略的实现,所以在党的全部工作中居于最高地位。党的根本任务与中心工作是党的群众工作的基本依据,党的根本任务与中心工作确定之后,党的群众工作就必须紧紧围绕党的根本任务与中心工作来开展,应该也必须服从于党的根本任务与中心工作,为实现党的根本任务与中心工作服务,这就要求把保证党的根本任务与中心工作得到全面贯彻与完全实现,作为党的群众工作的出发点和落脚点。党的群众工作在各个不同时期的基本任务,就是配合党的根本任务与中心工作,宣传党的政治路线、政治主张、方针政策,把广大人民群众紧紧地吸引与团结到党的周围,组织群众、动员群众、引领群众为实现党的根本任务与中心工作而不懈努力。否则,脱离了党的根本任务与中心工作,党的群众工作也就失去其目的意义与宗旨方向。

---

① 《毛泽东选集》第三卷,人民出版社 1991 年版,第 1101 页。

为了便于领导南方国统区以及部分沦陷区人民的抗日斗争,南方局肩负着扩大抗日统一战线与强化大西南、大后方党组织建设的崇高使命与历史责任。这一切主要是依靠南方局深入而巧妙地践行党的群众路线去完成的。南方局利用党的群众路线这一重要法宝,紧紧围绕"团结、抗战、民主"这个中心,广泛团结与争取大西南、大后方民主党派、地方实力派、开明绅士、文化界、工商界、妇女界、青年界、工农界等各种社会力量,维护与发展了以国共合作为基础的抗日民族统一战线。南方局在这个特殊时期、特定地域,牢牢抓住了中心工作。面对日益严峻的形势,毛泽东于1939年6月在延安高级干部会议上指出:"国民党投降的可能已经成为最大的危险,而其反共活动则是准备投降的步骤"①,目前党的中心任务是"克服投降可能,争取多数抗日,拥护并帮助并监督并批评国民党与蒋"②。为了实现这一根本任务与中心工作,周恩来领导南方局动员社会各界群众广泛声讨汪精卫叛国,制止反共逆流,引领社会各界群众奋起反抗侵略者,在行动上孤立了亲日势力的投降逆流,在政治上维护了国共合作的抗战局面,在思想上激发了各界群众的抗战意识,在组织上强化了各界群众的抗战能力。党的根本任务与中心工作是"放手发动群众,壮大人民力量,在我党的领导下,打败日本侵略者,解放全国人民,建立一个新民主主义的中国"③。围绕这一根本任务与中心工作,南方局共产党人一方面在极其艰难恶劣的条件下,以极大的精力深入发动群众,加强南方国统区以及部分沦陷区党的群众工作;另一方面,周恩来要求同志们勤奋学习,要求领导干部要有"学习的精神",人人都要制订学习计划,以便提高南方局共产党人的马克思主义理论水平,担负起巩固国共两党合作,扩大抗日民族统一战线的历史重任。解放战争时期,"打倒蒋介石,解放全中国"成为党的中心任务。地下党组织不仅在政治上

---

① 《毛泽东文集》第二卷,人民出版社1993年版,第196页。
② 《毛泽东文集》第二卷,人民出版社1993年版,第232页。
③ 《毛泽东选集》第三卷,人民出版社1991年版,第1101页。

经济上军事上同国民党反动派进行了针锋相对的斗争,而且领导开展了一系列的群众动员活动与思想教育活动。根据贯彻党的根本任务与中心工作的需要来研究与部署党的群众工作,围绕贯彻根本任务与中心工作的实践来开展群众工作,用贯彻党的根本任务与中心工作的实际效果来衡量与检验党的群众工作。这样,党的群众工作就抓住了根本,就会更有成效、更有活力。

三、 群众工作要结合经济工作及其他工作一道去做

南方局自始至终围绕"团结、抗战、民主"这个中心开展的群众工作,对我们党在新时代践行群众路线不能脱离"一个中心,两个基本点"深有启发。在新的历史条件下,党的群众路线实践务必紧紧围绕"五位一体"总体布局与"四个全面"战略布局,坚持以经济建设为中心不动摇、服务改革发展稳定大局不动摇,自觉服从服务于全党全国工作大局,这是党的群众路线实践的根本遵循。当前与今后一个时期,坚持党的群众路线,要结合经济工作及其他工作一道去做,贯彻落实党的十九大和十九届历次全会精神,为夺取新时代中国特色社会主义伟大胜利,实现中华民族伟大复兴的"中国梦",提供强大的思想保证与精神动力。

第一,党的群众工作之所以要结合经济工作及其他工作一道来做,是由党的群众工作的性质与任务决定的。马克思主义认为,经济基础决定上层建筑,上层建筑为经济基础服务并对经济基础具有重要的反作用。党的群众工作属于上层建筑,其性质与内容是由经济基础决定的,并且是为经济基础服务的,其课题来自经济工作及其他业务工作,其任务就是配合经济工作及其他业务工作,确保经济工作及其他业务工作的顺利完成。脱离了经济工作及其他业务工作,党的群众工作就成了无的之矢、无源之水、无本之木,所以也就失去其意义与生命力,不能发挥其应有的作用。

第二,这是由党的群众工作的目的决定的。党的群众工作旨在于统一人

们的思想,提高人们的认识,调动人们的积极性、主动性、创造性与工作热情,促进经济工作以及其他工作的顺利完成。因此,检验党的群众工作实际效果的主要标准,要看它对各项业务工作是否有所促进、有所推动、有所帮助。党的群众工作的好坏及其作用的大小,归根结底要看它是否有利于社会生产力的发展,是否有利于人民群众根本利益的实现,而党的群众工作要达到这一目的,就必须结合经济工作以及其他工作一道去做。

第三,这是由党的群众工作的对象决定的。党的群众工作是做人的工作,但人的思想问题不是凭空产生的,而是在实际工作中产生的,与人的利益、愿望、要求有关。在经济工作、技术工作以及其他工作中,由于人们的经济利益与思想认识不完全相同,难免会发生一些矛盾纠纷与思想问题。这些思想问题尽管以思想认识的形式表现出来,但是其根源却在经济利益以及其他实际利益。只有围绕解决这些实际问题开展党的群众工作,才能从根本上解决人们的思想认识问题。当然,围绕解决实际问题开展党的群众工作,并不是就事论事,而是就事论理,其目的在于教育群众、引导群众、提高群众的思想认识水平与政治能力,为革命、建设与改革服务。

第四节　坚持领导自律,发挥人格榜样的力量

党的十九大报告提出:"打铁必须自身硬。"各级领导干部是践行群众路线的倡导者、组织者与实践者,肩负着十分重大的责任。能否廉洁自律,树立清正廉洁形象,发挥表率带头作用,是各级领导干部需要正视与解决的现实而紧迫的重大问题。

一、领导干部廉洁自律必须坚持自觉自励

周恩来提出:"反对一切实际工作中的机会主义(如马虎主义,空谈家,妄

自尊大者,官僚主义,形式主义,文牍主义,事务主义等)以及蜕化或腐化思想。"①南方局领导同志身上有一种忘我工作、崇廉拒腐的可贵品质,始终保持共产党人的政治本色。战争年代物质匮乏,南方局的生活条件非常清苦。周恩来反复教导南方局党员干部:要艰苦奋斗,不忘延安,要把南泥湾精神带到红岩村,让南泥湾艰苦奋斗精神在红岩村发扬光大。周恩来亲自带领南方局党员干部打井种树、开荒种地,而且周恩来从来不允许自己享受丝毫的特殊待遇,每天都是废寝忘食、夜以继日地工作,然而,生活标准、生活条件却坚持与南方局其他同志一样清苦、简陋,当负责伙食的同志提出给他保健补贴时,周恩来明确拒绝并对此严肃批评。董必武对自己参加革命时从家里带出来的随身物品——半块毛毯相当珍爱,这半块毛毯绒毛磨光磨没了,还磨出了洞口,董必武便自己动手打块补丁,遮风避寒继续使用。周恩来、董必武等南方局领导同志以自己的模范行为树起了廉洁自律、大公无私的旗帜,产生了巨大的影响力与感召力。在周恩来、董必武等老一辈革命家的感召下,南方局共产党人与革命志士充满了革命乐观主义精神,相信今天看不到的事情,将来一定能够看到,他们个个清白做人,干净做事,尚俭戒奢,忘我工作。面对国民党当局的威逼利诱,南方局党员干部大力发扬廉洁自律、坚贞不屈的作风,做到了公私分明,克己奉公,甘于清贫,勇于牺牲,表现了共产党人的坚强党性与浩然正气。周恩来、董必武等南方局革命先辈坚持领导自律,发挥人格榜样的力量,这是对共产主义理想信念执着追求的高度浓缩,也是他们为国家、为民族无私奉献的真实写照,还是新时代中国特色社会主义事业不可缺少的精神支柱。

"物必自腐而后生虫。"一个人最大的敌人是自我,最大的悲哀是败给自我。党员领导干部大都接受党组织多年的教育培养,对一些是非界限、纪律界限、政策界限、法律界限、道德界限应该说是清楚的、明确的,然而,为何会出现明知故犯、知法犯法的问题? 经不起严峻考验与现实诱惑且抱有侥幸心理,是

---

① 《周恩来选集》上卷,人民出版社 1980 年版,第 130 页。

一个极为重要的因素,正像有人说的那样,"眼睛看得破、肚子忍不过"。社会环境、政治生态对每名党员领导干部都是一种客观存在,思想向哪里走、脚步向哪里迈,关键靠自己。党员领导干部必须时刻保持政治上的清醒,勇于带头从思想上行动上向腐败宣战,斩断侥幸心理,遏制"四风"反弹,珍惜党组织的信任重托以及个人的"三大生命"——政治生命、事业生命、自然生命,以对组织、对人民、对自己高度负责的精神,身体力行,将多年接受的教育熏陶真正内化为一种约束力量与信念力量。"讲政治、有信念,讲规矩、有纪律,讲道德、有品行,讲奉献、有作为",把"四讲四有"标准具体化、实践化,要有党员领导干部廉洁自律的风范,树立良好的自身形象。现在,有些党员领导干部,重朋友关系,重个人感情。在他们眼里,原则要服从义气,公家的事,再大也是小事。因此,有的党员领导干部追求享乐,贪图实惠,不讲身份,不顾形象,什么钱都敢花,什么东西都敢要,根本不管在群众中造成什么样的影响。还有的在公开场合大道理讲得头头是道,私下里即判若两人。这样的党员领导干部,都有必要检点一下自己的行为,审视一下自己的形象,对有悖于廉洁自律规定的行为,要认真检查纠正。领导干部首先要把自己管住管好,做到一身正气、一尘不染,时时事事处处树立良好形象,以党员领导干部的高风亮节与人格力量带动与影响党内外群众,同时要严格管住管好亲属、亲友、身边工作人员以及下属。

二、 领导干部廉洁自律必须执行规章制度

习近平总书记指出:"把权力关进制度的笼子里。"① 一个自律意识、自律能力再强的人,倘若长期缺乏制度制约与组织监督,也可能越轨与犯规。南方局领导干部在特殊补贴面前廉洁自律,坚决执行规章制度。1941年是南方局机关最艰难、最拮据、最紧张的一年。一方面,敌后抗日根据地异常艰巨被动;

---

① 《习近平谈治国理政》第一卷,外文出版社2018年版,第388页。

另一方面,国民党当局掀起反共高潮,不断制造摩擦事端。在国民党统治区域险恶严酷的政治环境下,以周恩来为主要代表的南方局共产党人依然坚持高标准、严要求、超负荷地开展工作。为了维持南方局的正常运转,董必武亲自制定南方局机关伙食供给标准:实行包干调剂,分桌就餐,每人每月津贴分为5元、4元、3.5元三个档次。按照中央关于干部保健的决定,南方局拟定了一个大后方干部保健标准,以此改善南方局重要领导人的生活待遇。南方局于1941年11月制定了具体文件,规定"以下同志参加甲级保健待遇:孔原、颖超、克坚、之光、梓木、瑾玎、梓年……"对此,南方局专门开会传达了中央决定并责成孔原同志负责组织落实。然而,该规定在南方局及所辖各地党组织的领导干部中都难于贯彻。鉴于此,党中央于1942年年初专门印发了一个文件,全面阐述了适当保障领导干部生活待遇对于革命事业的极端重要性,并就如何落实领导干部待遇作出了严格规定,对不执行者将"以违背中央决定处置"。但是,南方局领导人依旧"我行我素",没有一人享用以上的特殊补贴,周恩来、董必武甚至把自己姓名从名单中划去。尽管这是件小事,但在南方局这个集体中却引起强烈反响。南方局领导同志不搞特殊,严于律己,无形地影响着其他同志、深刻地教育着青年们,使严于律己、艰苦奋斗的优良作风成为南方局及所属各地共产党员的自觉行动,成为其终身遵守的人生准则。今天,我们无意以现代人的眼光与观念去探索周恩来、董必武、邓颖超、孔原等南方局领导同志拒绝享受特殊生活待遇的必要性,我们却发自内心渴望这种廉洁自律的精神发扬光大。

近年来,党中央出台了一系列党纪党规,规范领导干部的廉洁从政行为,实现"两学一做"学习教育常态化制度化。各级党委、纪委也在人、财、物等管理方面不断健全制度,以制度管人、管财、管物,在源头上防腐治腐方面取得重大进展。但是,党员干部违纪违法行为时有发生,"说在嘴上,挂在墙上,摆在桌上,带在身上,落实不到行动上"是制度"走样""变形"的重要因素。说到底,领导干部没有在执行制度上率先垂范,对党员干部也没有严格管理,单位管理存在许多薄弱环节。"火车跑得快,全靠车头带。"无论什么制度的推行,领导干部执行规章制度的模范带头作用至关重要、必不可少。因此,只有领导干部这个"关键少数"带头遵守制度、营造制度发挥作用的良好环境,才能带动各级党员干部自觉形成以制度管权、管事、管人的良好风气,才能不断提高制度执行力,增强制度的实效性,才能不断地将党风廉政建设与反腐败斗争引向深入。第一,领导干部要端正态度。提高规章制度的执行力,关键是领导干部要树立起对制度的敬畏之心、敬仰之情。领导干部要从思想上筑起廉洁自律的防线,树立法律面前人人平等、制度面前没有特权、制度约束没有例外的意识,处处约束自己,带头学习廉政规章制度、带头遵守廉政规章制度,以党纪国法严格要求自己,在执行廉政制度上率先垂范,做到有令必行,有禁必止。第二,领导干部要狠抓落实。制度见成效的根本在于运用,在于落实到每一个工作环节、每一项工作步骤中去。因此,要充分发挥"一把手"的作用,实行集体领导与个人分工相结合,坚持"一把手"负总责,一级抓一级,层层抓落实,领导干部的责任就是不仅要亲自抓,而且要带头执行制度,清清白白做人,干干净净做事,做遵纪守法的带头人与政治生态的护林员,加大执行制度的督查力度,好的通报表扬,差的严肃批评,造成后果的追究责任。第三,领导干部要善于结合。制度的制定都是从全局角度考虑的,各地方、各系统、各单位一定要坚持"两手抓、两手都要硬"的方针,结合工作实际创造性地贯彻落实,将领导干部廉洁自律、执行廉政规章制度列入重要日程、纳入总体工作规划,与业务工作、中心工作紧密结合起来,一起部署、一起落实、一起检查、一起考核,随着制度执行中出现的新情况、新问题,还要不断地修改完善,使之更加贴近实际,充满生机,充满活力。正如习近平总书记所指出的,"法是他律,德是自律,自律和他律结合才能达到最佳效果"①。

---

① 《习近平关于党风廉政建设和反腐败斗争论述摘编》,中央文献出版社、中国方正出版社 2015 年版,第 140 页。

三、　领导干部廉洁自律必须自觉接受监督

抗战时期,著名教育家、实业家黄炎培先生对毛泽东尖锐地提出了"历史周期率"问题。毛泽东当即回答:"我们已经找到新路,我们能跳出这周期率。这条新路,就是民主。只有让人民来监督政府,政府才不敢松懈。只有人人起来负责,才不会人亡政息。"①这就是毛泽东与黄炎培在延安著名的"窑洞对"。跨越"历史周期率"的根本,就是要解决接受监督的问题。共产党员自觉接受监督,是对党员的最基本要求。《中国共产党章程》明确规定:"不允许有任何不参加党的组织生活、不接受党内外群众监督的特殊党员。"法国著名启蒙思想家孟德斯鸠说:"有权力的人在运用权力时非走到极限决不停止。"英国历史学家阿克顿认为:"权力腐蚀人,绝对的权力绝对腐蚀人。"党要自觉接受监督、党员要自觉接受监督,这是中国共产党的一贯传统、一贯要求、一贯做法。能不能正确对待、自觉接受党与人民监督与制约,是对每一个党员干部组织观念、政治素养的重要检验。正如习近平总书记所强调的:"不想接受监督的人,不能自觉接受监督的人,觉得接受党和人民监督很不舒服的人,就不具备当领导干部的起码素质。"②监督与制约是领导干部价值取向与从政行为的"安全阀",是反对与遏制领导干部越轨犯规的"刹车器",是预防与避免领导干部蜕化变质的"防腐剂"。领导干部自觉接受监督与制约,是一项刚性要求,一种党性修养,一种思想境界,也是党员干部廉洁自律、崇廉拒腐的重要保障,更是领导干部实现自我完善、自我保护、自我提高的关键一环。领导干部自觉接受监督与制约,既有助于稳中求进,少走弯路,确保机体健康,确保政治安全,又有助于改进工作,开拓思路,推动发展。

当前,少数党员领导干部走上违法犯罪之路,固然有其自身党性修养、思想境界、认识水平等方面的问题,但缺乏有效监督与刚性制约也是一个至关重

---

① 《毛泽东年谱(1893—1949)》(中),中央文献出版社 2002 年版,第 610 页。

② 《习近平关于全面从严治党论述摘编》,中央文献出版社 2016 年版,第 199 页。

要的客观因素。一些腐败分子、堕落分子、贪污分子违法违纪的原因,就是他们把各项规章制度仅仅当作一纸空文,各项规章制度的监督在他们那里只是"贴在墙上,说在嘴里,做做样子,搞搞形式"的摆设。因此,在实际工作和生活中,领导干部廉洁自律,应该以虚怀若谷的风度、坦荡无私的胸怀、海纳百川的气量,主动接受各方面的监督与制约,乐于接受各方面的监督与制约,把党组织与人民群众的监督真正当作对自己最大的关心、最好的保护、最真诚的帮助,不能因为走上领导岗位,尤其是成为"一把手"后,主观上就不愿意接受监督与制约,对监督与制约指出的问题,有则改之,无则加勉,不断规范行使权力,确保自身健康成长。接受监督与制约,保障权力在阳光下运行。在工作决策时,要执行组织原则,讲民主,顾大局,应该公开的事项坚决公开,应该交市场运作的,公开、公平、公正地交由社会进行市场化运作,从而提高决策的公开性与透明度,从源头上预防腐败,发挥制度监督、约束、限制的作用,架起一条反腐倡廉、拒腐防变的"高压线",做到领导干部的权力行使到哪里,组织制约与群众监督就实行到哪里,不能把党组织与人民群众的监督制约看作是与自己过不去,对监督制约避而远之,把自己凌驾于党组织之上,对自己的缺点与错误视而不见,对领导的提醒告诫充耳不闻,最终自己毁了自己。

第五节　坚持普遍性与特殊性相结合,地方特色实践与党的工作全局相契合

抗日战争时期以及解放战争初期,南方局及所属各地党组织根据新形势新要求,结合当地具体实际,创造性地贯彻执行党中央的方针政策与群众路线,注重地方特色实践与党的工作全局相契合,开拓了抗日民族统一战线的新局面、新天地、新境界,对促进全民族抗战胜利与全中国彻底解放作出了特殊贡献。

一、 坚持普遍性与特殊性相结合

作为中共中央在大西南、大后方的秘密派出机构,作为党在南方国统区以及部分沦陷区的秘密指挥中心,南方局不仅有与抗日根据地或边区坚持群众路线普遍相同的共性方面,而且有区别于抗日根据地或边区坚持群众路线的个性方面,南方局践行党的群众路线有其特殊环境、特殊使命、特定主体:一是险恶的斗争环境——国民党战时陪都重庆集大城市、大山区、大舞台、大轰炸于一体,既有国民党的白色恐怖又有陪都的灯红酒绿,活动范围包括南方国民党统治区以及部分沦陷区,可以说是"生活在一个庞大集中营里";二是崇高的历史使命——巩固国共两党合作,维护抗日民族统一战线,团结各族各界群众,推行全民全面抗战路线,高举民主伟大旗帜,推动国内和平民主进程;三是特定的革命群体——以周恩来、博古、凯丰、董必武、叶剑英、邓颖超为代表的共产党人,他们具有信念坚定、党性坚强的政治品格,相忍为国、团结多数的广阔胸襟,刚柔相济、坚韧不拔的斗争艺术,临危不惧、善处逆境的革命豪情。因此,南方局坚持党的群众路线,开展党的群众工作,更具有纪律的严明性、策略的灵活性、斗争的坚韧性以及联系群众的创新性与开展工作的隐蔽性等地方特色。在南方国统区以及部分沦陷区极其复杂险恶的政治环境下,南方局在无法开展公开大规模的群众工作时,仍能创造性地提出并发展了"隐蔽精干""三勤""三化"、建立"据点"、舆论引导等既能保护自己又能深入群众的工作策略,"善于使上层工作和下层工作相配合,公开工作和秘密工作相配合,公开宣传和秘密宣传相配合,党外的联系和党内联系相配合"①,使群众路线实践更加深入持久、切实可行,实现地下工作者的"群众化",既站稳了脚跟,保存了力量,又赢得了群众,扩大了影响。

中国共产党在长期的革命、建设、改革的实践中,创造了诸如"从群众中

---

① 《周恩来选集》上卷,人民出版社 1980 年版,第 111 页。

来,到群众中去""一般号召与个别指导相结合"等科学有效的工作方法。任何事物都有各自"质的规定性",不同事物因其"质"的不同而彼此区别。矛盾的普遍性与特殊性的关系,就是事物的共同性质、共同本质与特殊性质、特殊本质的关系。因此,我们认识党的群众路线实践的时候,就必须注意克服错误倾向,把这两方面辩证地结合起来,既要从群众工作特殊性中概括出普遍性,又要在群众工作普遍性的指导下去研究特殊性。"一般号召""从群众中来"就是从群众工作特殊性中概括出普遍性。"个别指导""到群众中去"就是在群众工作普遍性的指导下研究特殊性。首先,践行党的群众路线,开展党的群众工作,必须科学分析、严格区别不同阶级阶层、民族团体、政党派别,然后有针对性地采取不同的政策策略。在阶级社会中,不同阶级阶层、民族团体、政党派别因其经济利益的不同,他们的政治态度、思想倾向、立场观点也有所区别,要对社会各阶级阶层、各民族团体、各政党派别的经济状况与政治态度作一个科学分析与准确判断,"在这些区别上建立我们的政策"①。其次,践行党的群众路线,开展党的群众工作,必须区别不同历史时期及其发展阶段,并实行不同的政策策略。不同历史时期、同一历史时期的不同发展阶段,践行党的群众路线、开展党的群众工作各有其特殊性。这就要求党在制定与实施政策策略时,必须注意党的群众路线实践发展的阶段性与特殊性,在不同的历史时期、同一时期的不同发展阶段采取不同的政策策略。当客观形势已经改变的时候,党的群众路线实践的政策策略,群众工作的开展方式,也必须跟着调整与改变。最后,践行党的群众路线,开展党的群众工作,必须区别不同地区与条件,在不同地区采取不同政策策略。不同地区之间不但自然条件不同,经济、政治、文化发展水平不同,当地广大群众的觉悟程度与组织程度也不同。这就决定了党在制定与实施群众工作的政策策略时,既要根据革命、建设、改革的客观需要以及全国的总体情况制定具有普遍性的政策策略,又要区别不

① 《毛泽东选集》第二卷,人民出版社1991年版,第764页。

同地区、不同部门、不同系统的特殊情况而采取迥然相同的策略做法,党的群众工作不能"千篇一律",搞"一刀切""一个模式"。否则,党的群众路线实践因不合乎某一地区的特殊情况而无法执行,戛然而止,或者党的群众路线实践在执行过程中被扭曲变形,功败垂成。

二、 地方特色实践与党的工作全局相契合

长江局的群众路线实践既有突出成绩又有较大失误,与主要负责人王明"在政治上,过分强调统一战线中的联合,影响独立自主原则的贯彻","在组织上,不尊重、不服从以毛泽东为核心的中央领导",①顽固坚持其右倾错误有很大关系。同样,东南局书记项英也是"对统一战线中的独立自主原则认识不足,在敌占区未能放手发动群众,对中共中央'向北发展,向敌后发展'的正确方针理解不够,贯彻措施不力"②。值得一提的是,南方局与其不同,善于总结与吸取长江局、东南局的经验教训,严格按照党中央的统一部署,深入推进党的群众路线实践。南方局在党的群众路线实践中,始终坚持从全国全党的宏观大局与国统区的具体实际出发,"根据各个时期的形势、任务和群众自身的要求,把中共的路线、方针、政策同国统区的具体实际相结合"③,深入调查研究,善于比较分析,创造性地开展工作。毛泽东于 1940 年 8 月在中央政治局会议上指出:"中央今后的注意力,第一是国民党统治区域,第二是敌后城市,第三是我们战区。"④毛泽东强调,党在国统区的工作带有全国性,要进一步发展,"国民党区域的中共组织均归恩来负责管理,以统一党的领导"⑤。这是抗战以来党中央第一次将国民党统治区域的工作放在如此凸显的战略地

---

① 《中国共产党历史》第一卷下册,中共党史出版社 2011 年版,第 517 页。
② 《中国共产党历史》第一卷下册,中共党史出版社 2011 年版,第 577 页。
③ 中共云南省委党史研究室编:《中共中央南方局的群众工作》,中共党史出版社 2009 年版,第 275 页。
④ 金冲及主编:《周恩来传》第二册,中央文献出版社 1998 年版,第 582 页。
⑤ 《周恩来年谱(1898—1949)》下卷,中央文献出版社 2007 年版,第 472 页。

位,将国统区工作在党的全局工作中的地位肯定了下来。针对第二次反共高潮,中共中央指示南方局:"坚决反攻,跟踪追击,绝不游移,绝不妥协。"①从此,中共中央与南方局在不同层面、不同战线上对国民党顽固派发动了猛烈的政治攻势。

党中央关于党在国统区的工作方针被确定为"隐蔽精干"等"十六字方针"政策之后,南方局随即召开多次会议,反复强调与传达中央指示精神,极力敦促南方局及所属各地党组织实现从领导体制到运行方式的全方位转变,对践行群众路线、开展群众工作中不注意方法策略以及过于暴露党的骨干力量等不当做法,及时采取补救措施,并且特别要求绝不要因形势的一时好转而动摇贯彻党中央的方针政策。毛泽东于1942年3月致电周恩来,指示党报应增强党性修养,反映群众呼声。在周恩来的坚强领导下,南方局马上对《新华日报》的整风改版工作进行了研究与部署。1946年抗议美军暴行运动在全国兴起时,按照党中央"为避免引起国民党过早警觉,以致群众运动受到过早打击,我们在宣传上暂时保持冷静"的指示精神,南方局没有立即广泛地声援与响应北平的学生爱国运动,直到党中央有统一部署后,才普遍地组织开展。后来,在南方局被迫撤回延安之际,党中央对关于国统区践行群众路线的方针政策作出了新的调整与规定:要注意联系群众,依靠群众,大胆细心地发动群众。南方局积极响应党中央的号召,明确提出斗争口号不要忙于立即将下一步的目标揭出,而应多从群众"为生存而斗争"的口号着想,以有助于群众斗争的深入发动与持续开展。综上所述,南方局及所属各地党组织在大西南、大后方践行党的群众路线,开展党的群众工作,这充分体现了地方特色实践与党的工作全局相契合,使南方局的群众路线实践沿着正确的方向前进。

今天,践行党的群众路线,开展党的群众工作,一方面,要牢固树立政治意识、大局意识、核心意识、看齐意识,准确把握与认真贯彻党中央关于群众路线

①　《毛泽东年谱(1893—1949)》中卷,中央文献出版社1993年版,第260页。

实践的指导思想、目标要求、基本原则等;另一方面,要坚持因地制宜,创新实践,根据当地的具体情况,制定或采取切实可行的措施办法,不断探索具有地方特色的群众工作新路,确保地方特色实践与党的工作全局相契合,从而达到与"两头"保持一致的最佳结合点,切实做到干部起作用、群众得实惠、组织有活力。"农民政治家"、江苏省华西村老书记吴仁宝说过:"既要和上级保持一致,也和群众保持一致。"①作为党员干部,倘若能与"两头"保持一致,实现对上负责与对下负责相结合,就不会太差;倘若仅同上级或领导保持一致,不同当地群众保持一致,就不是一个好党员、好干部;倘若仅同当地群众保持一致,不跟上级或领导保持一致,也是不可取的。因此,我们践行党的群众路线,开展党的群众工作,必须始终坚持地方特色实践与党的工作全局相契合。

第六节　讲求战略策略,避免硬碰,
保存力量

"政策和策略是党的生命"②,这是一条颠扑不破的真理。毛泽东强调:"我们不但要提出任务,而且要解决完成任务的方法问题。我们的任务是过河,但是没有桥或没有船就不能过。"③讲求战略策略,坚持斗争原则性与灵活性相结合,公开斗争与秘密斗争相结合,上层活动与下层活动相结合,"要有很高的策略思想"④,避免硬碰,保存力量,具体体现在南方局的群众路线实践之中并为其实践所印证。

一、　坚持斗争原则性与灵活性相结合

坚持原则性与灵活性相结合是群众路线实践的一种深层哲学智慧。何谓

---

① 张荣臣、谢英芬:《党性修养 50 例》,中共中央党校出版社 2013 年版,第 123 页。
② 《毛泽东选集》第四卷,人民出版社 1991 年版,第 1298 页。
③ 《毛泽东选集》第一卷,人民出版社 1991 年版,第 139 页。
④ 阳翰笙:《风雨五十年》,人民文学出版社 1986 年版,第 179 页。

"原则性"？它是指群众路线实践的规定性、强制性。何谓"灵活性"？它是指群众路线实践的伸缩性、相机性。科学认识与准确把握群众路线实践原则性与灵活性的统一，是做好新时代党的群众工作的需要，是增强党员干部综合素质的需要。抗战进入相持阶段，面对国民党镇压民主活动，迫害进步人士，捕杀共产党员的险恶环境与严峻形势，中共中央提出了实行"表面缓和，实际抵抗，有软有硬，针锋相对"①的应对方针，采取在"政治上取全面攻势，军事上取守势"②的斗争策略。周恩来在领导南方国统区以及部分沦陷区群众路线实践时，讲求战略策略，避免硬碰，坚持斗争原则性与灵活性相结合，坚决执行党在国民党统治区域"隐蔽精干，长期埋伏，积蓄力量，以待时机"的群众工作方针，要求南方局及所属各地党组织务必转入地下，适时地转变组织形式与工作方法，扎根群众，独立工作，通过自己的模范行动来团结争取群众、启发引导群众。南方局践行党的群众路线形式多样，方法灵活，实行"三勤""三化"（勤业、勤学、勤交友以及职业化、社会化、公开化），党外联系与党内联系相契合。南方局及所属各地共产党员利用亲戚、同乡、师生等各种社会关系，广泛打入党政机关与社团组织，以参加兄弟会、姐妹会、识字班作掩护，以当教师、当挑夫、做帮工、做小贩等灵活多样的方式方法深入社会、隐蔽下来。中共川康特委书记荣高棠以电力公司抄表员的身份作掩护，中共云南省工委书记郑伯克在省合作金库当办事员，中共川东特委书记廖志高在税务局做文书，中共广西省工委书记钱兴在农村以农民的身份作掩护。有的同志还担任了保长、乡长、县长、区长等职务，很好地"隐蔽"了下来；有的同志则采取就地"隐蔽"形式，搞好农业生产，搞好群众关系；有的同志上山下乡，加强社会学习，参加生产劳动，践行党的群众路线，开展党的群众工作，与广大农民打成一片，使不了解中国共产党或对中共有疑虑的大西南、大后方广大群众，在潜移默化中接受了党的方针政策与政治主张。正是南方局坚持斗争原则性与灵活性相结合，深入

---

① 《毛泽东军事文集》第二卷，军事科学出版社、中央文献出版社1993年版，第587页。
② 《毛泽东年谱（1893—1949）》中卷，中央文献出版社1993年版，第260页。

而巧妙地践行党的群众路线,使南方局及所属各地共产党员在广大群众中站稳了脚,扎下了根,既隐蔽了组织,保全了自己,又团结了群众,壮大了力量,升华了党在南方国统区以及部分沦陷区群众路线实践的新境界。

讲求战略策略,坚持斗争原则性与灵活性相结合,避免硬碰,其非凡才智与斗争艺术是南方局践行群众路线、开展群众工作最具风采、最见功力的卓越创造。周恩来指出:"我们要坚持原则,但方法要机动灵活,已达到成功;我们要争取时机,但不要操之过切,咄咄逼人。"①周恩来还强调:"同反动派作斗争,可以从正面斗,也可以从侧面斗。"②南方局在成都"市中事件"中运用公开合法的学生组织进行斗争,既广泛发动了群众,又让蒋介石政府找不到借口;在斗争取得初步胜利之后,南方局同志说服少数人的过"左"要求,及时结束游行,做到了有理有利有节,保护了大西南、大后方群众的斗争热情与革命力量。皖南事变发生后,南方局切实把群众工作的中心尽一切可能地放在利用社会习惯、政府法令、合法组织上,以求密切联系群众。而且,担任领导职务的党员同留在群众中的党员一般要断绝关系,既利于发动群众,还不易被国民党特务发现,即使发现了,也可以保存党的其他力量。后来,在南方局被迫撤回延安之际,南方局对城市民主运动暂保持不做过于刺激、过于突出的进攻与发动,而多做防御性的合法形式的呼吁与声诉。从参加斗争的群众本身的生存问题上着想,有计划地转移到带地方性的经济斗争中去,以巩固群众斗争基础,有利于日后新的斗争。实践证明,坚持斗争原则性与灵活性相结合,这种时而公开合法、时而秘密隐蔽,因时制宜、因地制宜的组织形式与活动方式,为南方局在南方国统区以及部分沦陷区深入开展群众工作指明了正确的前进方向,提供了科学的工作方法,将广大群众紧紧地团结在党的周围,并且极大地丰富与发展了党的群众路线,南方局及所属各地党组织的群众路线实践得到更加扎实深入的发展。

---

① 《周恩来统一战线文选》,人民出版社1984年版,第44页。
② 杨希之主编:《南方局领导下的重庆抗战文艺运动》,重庆出版社1989年版,第610页。

二、 坚持公开斗争与秘密斗争相结合

毛泽东指出,在敌人统治区域,"公开工作之外,还要有秘密工作与之相配合,这就是党的秘密组织工作,群众的秘密组织工作"。皖南事变发生后,国民党军警宪特到处抓人捕人,制造恐怖事件,压制民主运动,整个国民党统治区域的政治环境相当险恶、斗争形势相当严峻、开展工作相当艰难。这就要求大西南、大后方的群众路线实践,必须适应新形势,转变其工作策略与组织方式,坚持公开斗争与秘密斗争相结合。1941 年 5 月上旬,毛泽东进一步指出:"在国统区只能将'合法的公开的斗争'与'非法的秘密的斗争'这'二者统一起来',才能保全力量与积蓄力量。"中共中央发出指示,要求国民党统治地方的党部坚决采取"隐蔽精干,长期埋伏,积蓄力量,以待时机"的工作方针,认真地决心将党的力量有计划地隐蔽和撤退。当时南方局及所属各地共产党员很不习惯,一时难以适应,南方局领导同志对此采用摆事实、讲道理、耐心疏导的方法,做了大量深入细致、苦口婆心的思想工作。周恩来指出:"大后方党的任务是建立秘密党,保存力量,不能搞武装斗争。"周恩来于 1941 年12 月至 1942 年 1 月在南方局会议上提出,"要使五千党员成为隐蔽的、坚强有力的、与群众有联系并善于影响和推动群众的干部"。正是南方局与时俱进地践行群众路线,坚持公开斗争与秘密斗争相结合,做了大量深入细致的说服教育工作,积极促使南方局及所属各地共产党员完成了从公开开展组织工作到秘密开展群众工作的全方位转变。南方局在南方国统区以及部分沦陷区坚持公开斗争与秘密斗争相结合,深入践行党的群众路线,保存了党在大西南、大后方的骨干力量。在中国特色社会主义新时代,党的群众路线实践要继承使用好这一科学方法,探索其新的特点与规律,创造出更多的新思路、新举措,找准党的群众路线实践的最佳结合点,增强党的群众路线实践的实效性。

在南方局及所属各地党组织秘密领导下实现"公开斗争与秘密斗争的统一","在有理、有利、有节的原则下,利用国民党一切可以利用的法律、命令和

社会习惯所许可的范围,稳扎稳打地进行斗争和积蓄力量"①,以发展群众运动,最大限度团结争取群众,夯实党的组织,壮大党的力量。在长期秘密争取群众工作以及充分积蓄骨干力量的基础上,南方局及所属各地党组织于1944年顺应第二次宪政运动的形势,将宪政运动适时引导到群众性的争取民主运动中,利用对方矛盾,集中群众智慧,深入开展群众性合法斗争。南方局通过《大学新闻》《青年生活》两周刊、《中国学生导报》《青年园地》等报刊,合法宣传群众、广泛争取人心,形成强大的凝聚力与向心力。南方局组织部领导的武汉大学核心系列组织提出:"打回合法组织里面去,建立自治会,准备掌握系会",换言之,掌握进步群众、开展合法斗争。国民党统治区域学运、工运全也都按此模式与程序践行党的群众路线。南方局在成都"市中事件"中充分发挥外围组织——"中国青年民主协会"的领导作用,先以抗议警察施暴的自卫宣传,争取社会各界人士的广泛同情,再以罢课、示威游行、到省府请愿等方式展示群众力量,利用国民党的上下级与派系间矛盾,迫其让步,最后达到启发引导群众民主自觉后有节制地、适时地结束斗争。重庆"胡世合事件"也是这样:特务田凯枪杀重庆电力公司工人胡世合之后,经过南方局青年组的秘密发动与《新华日报》的公开宣传,利用"据点"发动进步青年呼吁声援,利用工会宣传发动群众,利用国民党派系矛盾彼此掣肘,惨案真相几天之内便大白于天下,特务暴行激起全市工人与市民一致愤慨,受害者家属血泪控诉,赢得了广泛同情与有力声援,从而南方局成功领导"胡世合运动""合法"开展,迫使国民党当局枪毙田凯,沉重打击了国民党特务统治,进一步教育提高了工人群众的政治觉悟与斗争信心,将大西南、大后方群众性民主运动推向高潮。抗日战争胜利后,南方局决定在收复区实行"国民党公开接管,我们地下接管"的策略,立即派遣干部到收复地开展党的群众工作,重建中共地方组织。抗议美军暴行运动在全国兴起时,按照党中央"为避免引起国民党过早警觉,以致群

---

① 南方局党史资料征集小组编:《南方局党史资料·党的建设》,重庆出版社1990年版,第23页。

众运动受到过早打击,我们在宣传上暂时保持冷静"的决议与指示,南方局及所属各地党组织没有立即广泛地响应与声援北平的学生爱国运动,直到中共中央有统一部署后,才普遍地组织开展。讲求战略策略,坚持公开斗争与秘密斗争相结合,避免硬碰,是南方局的群众路线实践取得成功的关键所在,对我们今天践行党的群众路线、开展党的群众工作、提高党的执政能力,具有重要的借鉴价值与启示意义。

三、 坚持上层活动与下层活动相结合

南方局在不同时间、不同场合践行党的群众路线时,始终坚持上层活动与下层活动相结合等策略。南方局在抗战相持阶段重视与留意对地方实力派上层人物的团结争取工作,坚持两条原则:第一,促进与加强地方实力派上层人物联合起来,警惕与抵制蒋介石集团的分化瓦解阴谋;第二,推动与争取地方实力派上层人物坚持团结抗日立场,接受中共的抗日民族统一战线政策。这两条原则是既符合中华民族的根本利益,又符合地方实力派上层人物的具体利益。南方局对地方实力派上层人物的团结争取工作,主要针对四川的邓锡侯、刘文辉、潘文华,广西的黄旭初、李宗仁、白崇禧,云南的龙云等。这使西南地方实力派的上层人物基本上都与中国共产党建立了密切联系,加强了彼此政治合作,为中国共产党开展地方抗日民主运动提供了有利条件,对巩固与发展以国共合作为基础的统一战线起了重要作用,也为后来反对蒋介石集团的独裁统治,解放西南地区乃至全中国作了重要准备。

南方局一贯注重对知识分子与社会精英的团结争取工作。皖南事变后,随着国统区白色恐怖的加剧,战时陪都重庆的文化界一片沉寂,许多进步文化人士陆续离开重庆。如何团结与争取知识分子与社会精英,激励与引导文化界进步人士不断战斗,就成为南方局一项新的历史使命。在周恩来、董必武的正确领导下,南方局采取"祝寿活动"这种广交挚友、扩大影响的争取办法与团结方式。董必武说,"当时重庆政治空气恶劣,友好晤面不易,借祝寿集会

为闭禁网之一法"。南方局相继安排文化界进步人士为郭沫若、马寅初、冯玉祥等社会知名人士"祝寿",成为南方局在国统区特殊情况下灵活创造的一种践行群众路线的独特形式,展示了进步文化界团结战斗的精神力量。南方局还巧妙地运用"戏剧演出"活动来活跃大西南、大后方进步文化运动,扫清了国统区政治上的沉闷氛围,振奋与焕发了大西南文化界进步人士的精神面貌。话剧比较容易结合现实斗争,能直接和群众交流,而观众又多是年轻人,影响比较大。[①] 抗战相持阶段,南方局及所属各地共产党员,敢于善于创造新的灵活斗争方式,同国民党当局进行了深入而巧妙的斗争,避免碰硬,保存力量,这对中国特色社会主义新时代党的群众路线实践的方法创新产生了积极影响。践行党的群众路线,必须坚持以人为本,贴近实际、贴近生活、贴近群众,以科学精神与科学态度,大胆尝试新的体制机制与方式方法,坚持上层活动与下层活动相结合,使党的群众路线实践真正做到入情入理、潜移默化、和风细雨、卓有成效。

南方局不但代表与维护广大人民群众的根本利益与整体利益,而且对南方国统区以及部分沦陷区各阶层的具体利益也相当关注与留心,极力维护大西南、大后方下层工农劳动者的经济利益与政治权益。周恩来指出,国统区党员必须"深藏在群众中",从下层做起,这是南方局及所属各地党组织最根本的任务,也是南方局及所属各地党组织存在与发展的坚实后盾与根本依靠;脱离了大西南、大后方社会各界人士,不但无法开展党的各项工作,而且也难以立足与生存。南方局不仅通过同蒋介石集团的政治斗争,争取国民党统治区域人民群众的自由民主,而且充分利用"中国劳动协会"的公开合法地位,帮助、引导与支持广大工人开展政治经济斗争,兴办文化福利事业,维护劳动者权益。周恩来、南方局与"劳协"负责人朱学范保持着密切的交往与联系,南方局还通过重庆地下党,配合与支持"中国劳动协会"的工作。重庆市委书记

---

① 南方局党史资料征集小组编:《南方局党史资料·文化工作》,重庆出版社1990年版,第13页。

王璞领导的工人运动领导小组,就是"对中国劳动协会重庆分会的正义活动要支持和配合",重庆地下党就有七八个同志专门配合和参与"中国劳动协会"的合法斗争。在南方局的积极推动与正确指导下,"中国劳动协会"积极研究战时劳工问题,在发展劳工福利、救济失业工人等方面做了大量可圈可点的工作。譬如,"中国劳动协会"从 1943 年起在重庆北碚、龙门浩、猫儿石、小龙坎等劳工集中的地区举办了"工人福利社",设有理发室、茶室、图书室、俱乐部、医务所等,除喝茶与理发半费以外,其余全部免费。"工人福利社"的建立,不仅增进了大西南、大后方下层职工的具体福利,也加强了国统区工人之间的联系与团结。据不完全统计,仅重庆郊区的几个福利社,一年间参加活动的工人就达 29.189 万人。这是南方局维护大西南、大后方社会底层人民利益的反映与体现。"坚持上层活动与下层活动相结合"的群众路线实践,开创了党在南方国统区以及部分沦陷区群众工作的全新途径,使党的工作在大西南、大后方广大群众中站稳脚跟,隐蔽了组织,同时扩大了影响,积聚了群众,壮大了力量。可以说,这在很大程度上归功于"坚持上层活动与下层活动相结合"的群众工作方法。这对我们今天认真践行党的群众路线、深入开展党的群众工作,开创党与国家事业新局面,具有重大的现实意义。

第七节　克服关门主义,广泛依靠中共外围组织和进步组织发动群众

瓦窑堡会议强调,目前"党内主要危险是关门主义",必须同它作坚决的斗争。[①] 南方局领导人周恩来坦率地承认中共过去在统一战线工作中犯过关门主义错误,把反对国民党顽固派的中间派别,错误地当成是"最危险的敌人",结果把愿意革命与可以合作的朋友拒之门外,孤立了自己,却帮助了敌

---

① 中央档案馆编:《中共中央文件选集》第 9 册,中共中央党校出版社 1989 年版,第 621 页。

人,这是最惨痛的教训。邓颖超也说过:"我们不能关门主义,不能急躁图痛快,要有宽阔的胸怀和坚忍不拔的精神。"

一、　积极争取中间势力以扩大群众基础

抗日战争时期,毛泽东提出中国共产党抗日民族统一战线的总方针是"发展进步势力,争取中间势力,孤立顽固势力"。何谓"中间势力"? 是指介于国共两党之间的"一大片",主要包括民族资产阶级、中间党派、地方实力派(川系、粤系、冯系、桂系、滇系)及开明绅士。抗战时期的中间势力及其头面人物,当时大都在西南地区。中间势力的特点就是具有抗日救国的热忱,对蒋介石集团的排斥异己政策与独裁专制统治颇为不满,迫切要求民主进步,但同时软弱动摇、不断分化,分化的结果,大多数站到共产党一边,站到国民党那边的也有。所以,"争取中间势力是我们在抗日统一战线时期的极严重的任务"①。此外,西南地区是中间势力的主要聚集地,这就迫切要求南方局把团结争取中间势力作为一项重要任务。以周恩来为书记的南方局吸取了长江局时期"太重视国共合作……致完全冷落了各小党派和地方势力"的经验教训,从大西南、大后方具体情况出发,采取团结合作、帮助争取的方针,通过广交挚友、推动联合、开展互助等方式,广泛接触与联络西南地区各派中间势力,在"我们有充足的力量、尊重他们的利益"的基础上,创造性地践行党的群众路线,开展党的群众工作,对大后方、大西南的中间势力开展了多渠道、全方位、深层次的团结与争取工作,实现了广大中间势力在抗战后期的"一边倒",坚定地站在中国共产党一边,其成功经验对推进中国特色社会主义新时代党的群众工作具有十分重要的借鉴价值与启迪意义。

南方局团结与争取国统区民族资产阶级工作主要有三条途径:一是对上层民族工商业家的团结与争取工作。周恩来、博古、董必武、邓颖超、王若飞等

---

① 胡绳:《从五四运动到人民共和国成立》,社会科学文献出版社 2001 年版,第 405 页。

南方局领导同志亲自去做民族资产阶级上层的团结争取工作,多次同四川的民族资本家卢作孚、康心之、余名钰、吴晋航等谈话,对其遭受官僚资本压榨深表关切并为其提供应对之策,鼓励其为抗战提供更多军需民用物资,引导这些民族资本家把眼光放长远一些,为国家整体建设与长远发展着想。周恩来、王若飞于1944年冬天在"特园"邀集民族资本家开座谈会,出席人有吴蕴初、胡子昂、胡厥文、胡西园、余名钰、颜跃秋、陶桂林等四十多人。刘鸿生、李烛尘、章乃器都发表了很坦率的意见,会议开得很热烈。这对团结与争取民族资产阶级上层人物起了极大作用。中国"猪鬃大王"、杰出民族工商业家古耕虞的后半生道路从此改变,古耕虞后来深有感慨地说,这个变化"同周总理对我的教导是分不开的"。二是通过工商界团体联系广大民族工商业家。周恩来等南方局领导人对沿海内迁工厂组织的"迁川工厂联合会"高度关注,周恩来、董必武、邓颖超等南方局领导同志相继应邀参观了十多家由外地迁渝的民族工厂,题词留念,还与许多迁川工厂的民族工商业家加强了友好交往与密切联系。譬如,1942年周恩来参观余名钰的土湾渝鑫钢铁厂时,给该厂题了词:"没有重工业,便没有民族工业的基础,更谈不上国防工业,渝鑫厂的生产已为民族工业打下了初步基础!"①在南方局的积极推动与大力支持下,中小工厂联合会正式成立,该会到1946年9月逐渐发展到1186个厂家,成为国内最大的中小工业资本家与手工业主组成的全国性工业团体,后来他们响应党的号召,积极参与反内战、争和平的人民民主运动。三是通过《新华日报》《群众》周刊与讲演,加强对民族工商业家的政治引导。南方局通过《新华日报》、《群众》周刊,详细报道了迁渝工厂的艰难经营状况,揭露官僚资本巧取豪夺的倒行逆施,积极宣传解放区的新民主主义经济以及党的财经政策,还表彰民族工商业家以实际行动支援抗战的爱国精神,从而扩大了党在国统区的政治影响,深得民族工商业家的信赖与拥护。周恩来深感欣慰地说:"在1941年只

---

① 中共广西壮族自治区委员会党史研究室编:《中共中央南方局的统一战线工作》,中共党史出版社2009年版,第216页。

有文化教育界靠拢我们,在1945年民族资产阶级也靠拢我们了。"①

周恩来提出:"对接近我们的党派、团体及个别分子,应扶助其发展。""对中间分子或团体,应密切其关系以争取之。""应与各方面经常的密切的往来。"②这些思想与方法在南方局的群众路线实践中得到了认真的贯彻执行。南方局积极引导与大力支持中间党派的爱国民主要求,使其逐步认清了国民党最高当局反对民主、独裁专制的真实面目,最终选择与中国共产党真诚合作、争取民主。中国民主政团同盟在重庆成立后,蒋介石公然叫嚣:"我们不能容许这样一个以国民党共产党之上的自命为仲裁的政团成立",企图将其扼杀在摇篮之中。在危机时刻,南方局向中国民主政团同盟伸出援助之手,助其渡过难关,八路军驻香港办事处负责人廖承志在周恩来的授意下,协助国学大师梁漱溟赴香港创办《光明报》,而且还协助中国民主政团同盟健全各地组织,筹建中国民主政团同盟地方支部,使其由秘密走向公开,政治影响日益增大,掀开了民盟发展的新篇章。毛泽东于1941年9月8日致电周恩来指出:"积极支持民主同盟的方针是很对的。"③南方局积极与民主党派的密切合作,为党的群众路线实践的深入发展打下了坚实基础,也为后来共建新中国、多党合作政治协商的政治格局奠定了扎实基础。

南方局对中间势力群众路线实践的启示:第一,以共同目标争取团结。南方局以巩固与扩大抗日民族统一战线为目标,高度重视中间势力的地位,密切照顾同盟者的切身利益,团结凝聚民主党派的力量,充分发挥中间势力的作用。今天,中国特色社会主义进入新时代,爱国统一战线要高举爱国主义与社会主义两大旗帜,调动一切积极因素,团结一切可以团结的力量,为决胜全面建成小康社会,夺取新时代中国特色社会主义伟大胜利服务。第二,坚持党的

---

① 中国历史博物馆:《纪念周恩来总理文物选编》,文物出版社1977年版,第58页。
② 《南方局党史资料》(三),重庆出版社1990年版,第37页。
③ 中共重庆市委党史研究室编:《中共中央南方局大事记》,重庆出版社2004年版,第185页。

领导。在中国特色社会主义新时代,深入持久、卓有成效的群众工作离不开党的领导。中国共产党是执政党,是中国特色社会主义事业的领导核心。办好中国的事情,关键在党。没有中国共产党这个核心,就不可能动员与凝聚全国人民的力量为实现中华民族伟大复兴的"中国梦"而共同奋斗。所以,坚持党的领导是践行党的群众路线的根本前提问题。第三,照顾切身利益。积极争取中间势力以扩大群众基础,"应以经济、文化、教育、青年群众的切身利益为纲领去争取广大群众。力戒用单纯的政治纲领去团结群众,使自己脱离群众,走向狭隘的关门主义"①。第四,实施分层分类教育,注重思想政治工作。为完成党在大西南、大后方广泛开展群众工作的历史使命,南方局针对不同的对象,实施分层分类教育。对党员干部着重进行革命气节教育、时事政策教育、秘密工作纪律教育;对工商界人士、海外华侨着重进行爱国主义教育;对文化界人士着重在政治上引导、学术研究上鼓励;对外国人士注重以诚相待,正确引导,揭露真相,努力争取国外友人的支持与同情。这对维护与发展抗日民族统一战线发挥了独特作用。在新的时代条件下,党的群众路线实践必须坚持以先进性要求为导向、纯洁性要求为要义、广泛性要求为基础,区分联系对象与层次,针对联系对象所处环境以及情况的变化,做到先进性要求与广泛性要求相统一,原则性与灵活性相统一,着力为实现全面建成社会主义现代化强国的第二个百年奋斗目标调动更多的积极因素。

二、 充分发挥外围组织与进步组织作用

抗战时期,划区而战的格局使得蒋介石集团的"地盘"意识十分强烈。中共在南方国统区以及部分沦陷区领导群众运动的发展,迫切要求及时改变原来在革命根据地开展群众工作的传统工作方式与组织形式,以适应南方国统区以及部分沦陷区新的环境、新的形势发展的需要。这就是依靠

---

① 南方局党史资料征集小组编:《南方局党史资料·群众工作》,重庆出版社1990年版,第64页。

"助手",即中共外围组织与进步组织。于是,南方局在适当组建党内秘密机构的同时,以外围组织与进步组织为依托,并重视其独特作用。外围组织与进步组织既不是中共党组织的内设机构,又相对游离于中央政府之外,所以能够减少与弱化其政治色彩,更易于赢得进步人士的认同与支持,"挂个招牌有好处,我们更可以同他进行有理、有利、有节的斗争,展开我们的工作"①。

在南方局的坚强领导下,经艰苦危险的斗争实践的磨炼,在南方国统区以及部分沦陷区工人、农民、青年、妇女中培养与形成了一支坚强有力的进步分子队伍。他们强烈要求与中国共产党加深联系,用一种恰当的组织形式来满足他们的愿望,已成为亟待解决的问题。为了加强对民主运动的领导,更好地争取与团结群众,在南方局及所属各地党组织的指导与帮助下,在学生、工人、农民、妇女群众中建立了一系列中共秘密外围组织与进步组织。譬如,成都建立"四川省抗敌后援会""民主青年协会""成都青年抗敌协会";重庆建立"新民主主义青年社""工人民主工作队";广东建立中山大学爱国民主运动协会、广东青年抗日先锋队、青年抗日同志会;广西建立学生军与战时工作团;湖北武汉大学建立核心系列组织,"应当为巩固和发展新建立的核心组织而斗争"作为首要任务,"严密自己"并改变中间学生团体的性质,吸收纯洁向学的中间分子,筹组外围秘密团体;中共鄂豫边区委员会在湖北京应县等地组织成立了一个半军事半政权性质的、不脱离生产的拥有 15 万人的群众性组织抗日十人团。此外,还建立了"中国妇女联谊会""中国学生导报社""中国职业青年社"等进步组织,恢复了中共外围组织"青年科学技术人员协会"的公开活动等。中共云南省工委于 1943 年以后以经过长期斗争考验的革命骨干为中坚,在昆明建立了"新民主主义联盟""民主青年同盟""中华民族解放先锋队"以及"民主工人同盟"。这些中共外围组织与进步组织的相继建立,明确规定以

---

① 金冲及主编:《周恩来传》第二册,中央文献出版社 1998 年版,第 633 页。

在中共领导下为实现新民主主义而奋斗为自己的纲领,是爱国民主运动中的先锋力量。外围组织与进步组织作为党的得力助手,普遍聚集了数量多于共产党员若干倍的进步分子与中间分子,在充分依靠中共外围组织和进步组织在宣传、发动群众的基础上,在条件成熟的地区及时建立乡村政权和中共的工委、支部,发挥中共组织的战斗核心作用,坚决执行党的政策、纪律,以自己的模范行动感染、带动群众,深入发动群众起来共同奋斗。外围组织与进步组织在团结与动员广大工人、农民、青年、妇女群众,推动国统区民主运动与反对美蒋斗争中都起了重要作用。这对于丰富与发展新时代党的政治路线与群众路线,也具有重大的现实意义。

三、 切实加强党对华侨社团的政治领导

抗战期间,南方局把所属的地方党组织作为践行海外群众路线的直接渠道。福建、江西、广东三省海外华侨相对较多,该地中共组织根据南方局的决议与指示,派遣骨干力量到复杂的海外环境严格贯彻执行党的政治路线与群众路线,加强对华侨社团抗日救亡活动的组织引导,推动各地华侨抗日救亡运动蓬勃发展。其中,华侨最多的侨乡福建,中共闽西南特委、中共闽西南潮梅特委、中共潮汕中心县委等地方党组织,与越南"东北线救国会"、泰国"抗联"、"菲律宾援助抗敌委员会"以及印度尼西亚、新加坡、马来西亚等地的华侨团体组织建立了统一战线。

开展对外宣传是南方局践行海外群众路线的重要组成部分。海外侨胞背井离乡,远赴他国,渴望及时获悉真实的国内抗战形势。在周恩来的正确领导下,南方局采取各种措施不断加强对海外群众的舆论宣传。首先,独立创办报刊,建立舆论阵地。八路军驻香港办事处创办了《华侨通讯》与《时事通讯》,"保卫中国同盟"香港总部创办了《保盟两周通讯》,全面系统地揭发日军侵华的滔天罪行,及时准确地介绍祖国抗日战况,客观公正地报道共产党抗击日寇的战绩,动员与号召广大侨胞支援祖国抗战,香港进步报刊与海外华侨报纸纷

纷转载,深受港澳同胞与海外侨胞的认同与欢迎。其次,发挥华侨群众团体、报刊、学校三大阵地作用。南方局派遣骨干力量前往海外,联系华侨群众团体、报刊、学校,充分发挥三大阵地的积极作用,采用群众喜闻乐见的方式方法鼓动宣传。八路军驻香港办事处于 1939 年派出金仲华、胡一声、陆治、董维健、王任叔、沈兹九、胡愈之等人,前往新加坡、马来西亚、纽约、菲律宾等地协助华侨办报,加强对海外舆论宣传的政治引导。中共党员、旅菲侨领许立创办了华侨抗日团体,还大力创办"建国出版社"、《建国报》,建立"全民书店""美范印务馆",用中英文分别出版毛泽东的《论持久战》、朱德的《论抗日游击战争》等重要著作。《建国报》及时准确地报道了中共中央文告,八路军、新四军抗日战绩以及敌后解放区的建设成就,在海外产生了广泛而深远的影响。更为重要的是,新闻界著名人士创办《华商报》《世界知识》《大众生活》《笔谈》《耕耘》等抗日报刊,进一步扩大对海外群众的鼓动宣传。在党的抗日民族统一战线的号召下,祖国人民同仇敌忾,汇成了中华民族团结抗战的巨大洪流,振奋与鼓舞了海内外广大群众,为广大海外侨胞与港澳同胞所接受、所认同、所支持。最后,支持爱国侨领,促进侨胞团结。当南洋华侨领袖陈嘉庚遭到国民党当局的污蔑攻击时,南方局在第一时间维护陈嘉庚的威信与声望,让八路军驻香港办事处组织广大侨胞撰写文章在报刊上公开发表,尽最大可能支持与声援陈嘉庚,以毛泽东、朱德的名义致电陈嘉庚(经请示党中央同意),支持陈嘉庚的爱国活动,并在报刊上公开发表,击败了国民党当局的倒陈阴谋。爱国侨领陈嘉庚利用其在侨胞群众中的崇高威望与巨大影响,更加坚定地团结与争取海外侨胞与港澳同胞支援祖国抗战,在反对国共分裂、维护统一战线的斗争中给予中共以鼎力支持,成为爱国华侨的一面光辉旗帜。这对于今天新的时代背景下,深入细致地践行党的群众路线,卓有成效地开展党的群众工作,让海外群众工作更充满人情味,更具亲和力、凝聚力、感召力,具有十分重要的启迪意义。

第八节　充分运用媒体，正确引导群众和 有效凝聚群众

媒体是开展党的群众工作的有效载体。坚持舆论先行，充分运用媒体，用积极有效的舆论引导统一思想、动员群众、凝聚力量，为党的事业营造良好舆论氛围，是群众路线实践的宝贵工作经验。

一、　善于利用媒体拓宽联系群众渠道

群众在哪里，党的群众工作就要做到哪里。在南方国统区以及部分沦陷区新闻控制森严的氛围中，南方局通过《新华日报》，在新闻战线上广开言路，广交朋友，拓宽联系群众渠道。《新华日报》根据党中央的指示精神，开辟了《友声》专栏，让更多的民主人士有说话的地方。当时，经常给《友声》写文章或发表访问记的有：梁希、郭沫若、沈钧儒、茅盾、侯外庐、邓初民、黄炎培、马寅初、许德珩、舒舍予、陶行知、翦伯赞、张申府、张西曼、潘菽等人。在《新华日报》创刊四周年之际，刊登了张申府的一篇祝词。郭沫若于1944年3月著作《甲申三百年祭》在《新华日报》上发表，中共中央把它列为全党整风学习材料之一。为了进一步拓宽联系群众渠道，广交朋友，南方局还派中共党员干部到国民党办的报社以及民间报社去做群众工作。譬如，《益世报》有任涟如任总经理；《大公报》有著名记者彭子冈、范长江、徐盈；《新蜀报》有萨空了任经理；《时事新报》有甘露任记者、陈翰伯任国际版主编，张友渔任主笔；《新民报》有张先畴任成都版总编辑；《商务日报》有杨培新任编辑。此外，《西南日报》《中央日报》《扫荡报》等都有中共党员干部在那里工作。南方局善于利用媒体拓宽联系群众渠道，在这些报社中团结与争取了一大批中间分子与进步分子，宣传了党的政治主张，扩大了党的群众基础。在新媒体环境下，群众分布状态发生了巨大变化，因此密切联系群众也应主动适应这种变化。

我们要充分利用新媒体具有的前所未有的互动性,开辟密切联系群众的新途径,特别是要善于将网络论坛、电子邮箱、微博、微信等媒介,作为密切联系群众的新渠道。

二、 善于利用媒体正确教育引导群众

《新华日报》和《群众》周刊是中国共产党在国统区唯一合法的报刊,为宣传抗日民主产生了积极影响,充分发挥了人民喉舌的作用,大西南、大后方人民称之为"指路明灯"。皖南事变后,周恩来根据党中央指示,领导南方局采取了"斗智抗检,寸步不让"的方针,在重庆向国民党当局提出严正抗议,并在《新华日报》上刊登亲笔题词:"为江南死国难者致哀!""千古奇冤,江南一叶,同室操戈,相煎何急?!"①随即,南方局又编印《新四军皖南部队惨被围歼真相》的传单,向社会各界以及驻重庆的苏、美、英等国外交、军事人员与记者秘密散发,进一步揭露了皖南事变的真相。通过机智勇敢的报童、报丁迅速送到了山城人民的手里,把国民党顽固派血腥屠杀新四军抗日将士的反革命罪行暴露在大西南、大后方人民、海外华侨、国际人士的面前。中国共产党的正义立场,得到了广大人民群众、各民主党派、海外华侨及国际舆论的广泛同情与大力支持。南方局善于利用媒体正确教育引导群众,打退了国民党顽固派发动的第二次反共高潮,使中国共产党赢得了党心军心民心。毛泽东后来赞叹《新华日报》如同八路军、新四军一样,是中国共产党领导下的一支方面军。《新华日报》为正确教育引导大西南、大后方社会各界人士付出了最大限度的努力,为民族解放、和平民主做出了不可磨灭的业绩,在党的报刊史上写下了光辉的一页。

在新的历史条件下,我们要善于利用媒体正确教育引导群众,把党与政府的声音渗透到覆盖广泛、导向正确的新媒体中去,传递到新媒体的受众中去。

---

① 中共重庆市委党史研究室编:《中共中央南方局史》,中共党史出版社 2009 年版,第92 页。

第一，坚持"政治性"，唱响"主旋律"，加强媒介引导。习近平总书记指出："各级党报党刊、电台电视台要讲导向，都市类报刊、新媒体也要讲导向"，要"高举旗帜、引领导向，围绕中心、服务大局"。一方面，要牢固树立"四个意识"，在新闻宣传各个环节坚持正确的舆论导向，传播正能量，弘扬主旋律，提振精气神；另一方面，要加强媒介引导，强化舆情监管，切实担负起巩固壮大主流思想舆论的责任。第二，坚持"人民性"，祛除"恐慌症"，掌握舆论主动权。面临社会各界人士通过新媒体的集体质询，官方与媒体在短时间内不仅难以发声，还往往疲于奔命。这种舆论战线上的"恐慌症"，其症结就在于话语权上的边缘化。其实，新闻媒体只要牢牢坚持人民性，在社会公共危机问题上丝毫不必"遮"面"掩"琶。相反，应该积极发声、主动发声，澄清谬误，明辨是非，要包容"网言网语"，在网络以及其他新媒体上交流时切忌说"官话套话空话"，要用网民熟悉的语言与方式，与网民群众平等交流。只要新闻媒体批评能够实事求是、分析客观，不仅能够实现"团结人民、鼓舞士气，成风化人、凝心聚力"的效果，还必然赢得广大人民群众的认同与支持，也自然可以获得舆论主动权并消除公共领域对舆论的恐慌。第三，坚持"创新性"，提高"公信力"，尊重新闻规律。新闻宣传工作者在信息高速发展、传播途径众多、媒介生态复杂的现实背景下，既要"接地气"又要"接网气"，提高自身媒介素养，积极创新宣传方式。只有加强媒介导向责任，善于运用媒体引导社情民意，主动回应媒体关切，第一时间将社会热点问题及其评论以喜闻乐见的形式传递给广大群众，才能真正做到"联接中外、沟通世界"，不断提高党的新闻舆论传播力、影响力、引导力。

三、 善于利用媒体树立政党良好形象

　　曾在蒋介石身边工作过八年的委员长侍从室第六组少将组长唐纵在1946年1月12日的日记中写道："懂得宣传的人，必须懂得人民的心理，离开人民的心理而言宣传，必扞格而不能入。共产党是懂得宣传的，因为他们时常

注意人们的心理,人民的要求。"①党的民众形象在不同的历史阶段有不同的特征与内容,党的民众形象建设既是一项"民心工程",也是一项系统工程,不可能一蹴而就,也不可能一劳永逸。社会宣传是一个社会形成或改变群众特殊舆论、态度、意见的重要工具,也是群众了解党与政府政策与活动的主要途径,还是群众获得政治信息的重要来源,"它最明显和最重要的影响之一,就是使得政治事迹引人注目"②。在信息全球化时代,只有善待与善用现代媒体,党才能真正树立起高大、丰满、光辉的整体形象,并转化为强大的感召力、凝聚力、吸引力,赢得社会各界人士的理解、信任、支持,夯实党的执政根基与群众基础。

周恩来说过:"出我们一张报纸,不仅在香港发行还要发行到东南亚、菲律宾等地去。"③只把广大群众组织起来是不够的,善于利用媒体树立政党良好形象至关重要。周恩来在英国驻华大使卡尔离任时,让《新华日报》接连刊登《惜别英大使卡尔爵士并致临别赠言》《再惜别卡尔大使》以及特写《惜别一位真挚的中国友人——卡尔大使访问记》,这给卡尔大使留下了深刻印象,他在临行前说:周恩来是重庆最有智慧的人,周恩来和他代表的政党最终将在中国获胜。④ 在新的时代背景下,善于利用媒体树立政党良好形象,必须做到:第一,着力打造与传播领导人的良好形象。良好的领导人形象会增加人民群众对该党的认同,中国特色社会主义进入新时代,人民群众往往通过媒体展现的领导人的言行,来获取政策信息、形成好恶看法。因此,领导人要善于通过媒体宣介理念、推广政策、解决问题、展示自我、吸引人气,进而提升党的整体

---

① 唐纵:《在蒋介石身边八年——侍从室高级幕僚唐纵日记》,群众出版社 1991 年版,第 579 页。

② [美]加布里埃尔·A.阿尔蒙德、小 G.宾厄姆:《比较政治学》,上海译文出版社 1987 年版,第 112 页。

③ 《张友渔文选》(上),法律出版社 1997 年版,第 126 页。

④ 中共重庆市委统战部编:《统战春秋——重庆见证的岁月·历史图文集》,重庆出版社 2008 年版,第 121 页。

形象。第二,积极传播党的政治理念与方针政策。理念与政策解决的是"代表性"与"为谁服务"的问题,是公众判别并支持此党而非彼党的关键指标,提高了政治信息的普及化程度。因此,党善于利用媒体对其根本宗旨、指导思想、奋斗目标、战略布局、发展理念、执政方略进行与时俱进的发展创新与有效传播,成为保持党的吸引力、增强党的感召力、扩大党的执政基础、凝聚党心民心的重要一环。第三,主动发布信息以助力党的形象建设。信息透明公开是满足群众知情权的必然要求,更是开展党的群众工作、树立党的执政形象的有效手段。要以各级党委、政府网站为基本平台,聘用网络专业人士管理该门户网站,推行党务公开、政务公开,设置网上论坛,开通领导人邮箱、QQ 号、博客、微博、微信,建立领导人定期上网与网民交流机制,做到各级党委、政府信息真实全面、及时发布,为做好党的群众工作奠定基础。就突发事件与重大问题,充分利用现代传媒,及时、主动地向人民群众公开党的原则立场、应对举措,防止舆论误读误判,在信息发布中以事实引领广大人民群众准确评价党的作为与形象。第四,借助现代媒体以评估修复党的形象。注重借助现代媒体、利用民调方式,快速有效地掌握人民群众对我们党的评价与态度,并根据反馈意见及时评估与修正党的政策与形象,顺应民意,进而赢得国内外广大人民群众的支持与赞誉。

"温故而知新,鉴往而知来。"以周恩来为主要负责人的南方局对党的群众路线的实践深化与理论丰富,将永远激励着我们不忘初心,牢记使命,自觉坚持党的群众路线,深入开展党的群众工作,高举中国特色社会主义伟大旗帜,团结带领全国各族人民战胜"四大考验"、克服"四大危险"、遏制"四大歪风",为夺取新时代中国特色社会主义伟大胜利、实现中华民族伟大复兴的中国梦不懈奋斗。

参 考 文 献

一、经典著作和文献

[1]《马克思恩格斯选集》第 1—4 卷,人民出版社 1995 年版。

[2]《毛泽东选集》第一至四卷,人民出版社 1991 年版。

[3]《毛泽东文集》第六、八卷,人民出版社 1999 年版。

[4]《毛泽东年谱(1893—1949)》中卷,中央文献出版社 2002 年版。

[5]《毛泽东军事文集》第 2 卷,军事科学出版社、中央文献出版社 1993 年版。

[6]《毛泽东著作选读》(上、下册),人民出版社 1986 年版。

[7]《建国以来毛泽东文稿》第 7 册,中央文献出版社 1993 年版。

[8]《周恩来选集》上卷,人民出版社 1980 年版。

[9]《周恩来年谱(1898—1949)》(上、下卷),中央文献出版社 2007 年版。

[10]《周恩来书信选集》,中央文献出版社 1988 年版。

[11]《周恩来统一战线文选》,人民出版社 1984 年版。

[12]中国历史博物馆:《纪念周恩来总理文物选编》,文物出版社 1977 年版。

[13]人民出版社资料组:《人民的好总理》(下),人民出版社 1977 年版。

[14]《刘少奇选集》上卷,人民出版社 2002 年版。

[15]《邓小平文选》第一至三卷,人民出版社 1994、1993 年版。

[16]《习近平谈治国理政》第一卷,外文出版社 2018 年版。

[17]《习近平谈治国理政》第二卷,外文出版社 2017 年版。

[18]中央党校采访实录编辑室:《习近平的七年知青岁月》,中共中央党校出版社

2017 年版。

［19］中共中央纪律检查委员会、中共中央文献研究室:《习近平关于党风廉政建设和反腐败斗争论述摘编》,中央文献出版社、中国方正出版社 2015 年版。

［20］中共中央宣传部:《习近平总书记系列重要讲话读本(2016 年版)》,学习出版社、人民出版社 2016 年版。

［21］董必武选集编辑组:《董必武选集》,人民出版社 1985 年版。

［22］董必武年谱编纂组:《董必武年谱》,中央文献出版社 2007 年版。

［23］湖北省社会科学院组:《忆董老》第 1 辑,湖北人民出版社 1980 年版。

［24］中央档案馆:《中共中央文件选集》,中共中央党校出版社 1989 年版。

［25］中共中央党校党史教研室选编:《中共党史参考资料》(七),人民出版社 1979 年版。

［26］重庆市政协文史资料委员会、中共重庆市委党校:《国民参政会纪实》(下),重庆出版社 1985 年版。

［27］中央统战部、中央档案馆:《中共中央抗日民族统一战线文件选编》(下),档案出版社 1986 年版。

［28］中共中央文献研究室编:《十八大以来重要文献选编》(上),中央文献出版社 2014 年版。

二、学术著作

［1］红旗飘飘编辑部:《解放战争回忆录》,中国青年出版社 1961 年版。

［2］新华日报的回忆编委会:《新华日报的回忆》,四川人民出版社 1979 年版。

［3］一二·一运动史编写组:《一二·一运动史料选编》(上),云南人民出版社 1980 年版。

［4］沈叔羊:《爱国老人沈钧儒》,浙江人民出版社 1981 年版。

［5］中共重庆市委党史工作委员会:《回忆南方局》,重庆出版社 1981 年版。

［6］荣孟源主编:《中国国民党历次代表大会及中央全会资料》(下册),光明日报出版社 1985 年版。

［7］南方局党史资料征集小组:《南方局党史资料大事记》,重庆出版社 1986 年版。

［8］中共重庆市委统一战线工作部:《抗战时期周恩来统战思想和实践论文选》,重庆大学出版社 1986 年版。

［9］阳翰笙:《风雨五十年》,人民文学出版社 1986 年版。

［10］许涤新:《群众周刊大事记》,红旗出版社 1987 年版。

［11］《重庆文史资料》第二十九辑,西南师范大学出版社 1987 年版。

［12］王功安、毛磊主:《国共两党关系史》,武汉出版社 1988 年版。

［13］中央文献出版社:《不尽的思念》,中央文献出版社 1989 年版。

［14］一二·一运动史编写组:《一二·一运动史》,云南大学出版社 1989 年版。

［15］杨希之主编:《南方局领导下的重庆抗战文艺运动》,重庆出版社 1989 年版。

［16］南方局党史资料编辑小组:《南方局党史资料·文化工作》,重庆出版社 1990
年版。

［17］南方局党史资料征集小组:《南方局党史资料·统一战线工作》,重庆出版社
1990 年版。

［18］韩辛茹:《新华日报史》,重庆出版社 1990 年版。

［19］南方局党史资料征集小组:《南方局党史资料·党的建设》,重庆出版社 1990
年版。

［20］南方局党史资料征集小组:《南方局党史资料·群众工作》,重庆出版社 1990
年版。

［21］南方局党史资料征集小组:《南方局党史资料·军事工作》,重庆出版社 1990
年版。

［22］中共湖北省委党史资料征集编研委员会、中共武汉市委党史资料征集编研委
员会:《抗战初期中共中央长江局》,湖北人民出版社 1991 年版。

［23］中共四川省委统战部党史办公室等:《风雨同舟》,四川人民出版社 1991
年版。

［24］杨奎松:《失去的机会》,广西师范大学出版社 1992 年版。

［25］王泓、刘英、魏仲云:《红岩村轶事》,重庆大学出版社 1993 年版。

［26］中共四川省委党史研究室:《南方局党史研究论文集》,重庆出版社 1993
年版。

［27］童小鹏:《风雨四十年》(第一部),中央文献出版社 1994 年版。

［28］中共云南省委党史研究室:《隐蔽精干积蓄力量》,云南人民出版社 1994
年版。

［29］何定华、陈奇文、徐晓林、尹平:《董必武与统一战线》,武汉出版社 1994 年版。

［30］胡乔木:《胡乔木回忆毛泽东》,人民出版社 1994 年版。

［31］范硕、丁家琪:《叶剑英传》,当代中国出版社 1995 年版。

［32］王秀鑫、郭德宏主：《中华民族抗日战争史》，中共党史出版社 1995 年版。

［33］云南大学老战友联谊会：《云大风云》，云南大学出版社 1995 年版。

［34］王泓、刘英：《红岩风范》，重庆出版社 1996 年版。

［35］四川省政协文史资料委员会：《四川文史资料集萃》第二卷，四川人民出版社 1996 年版。

［36］金冲及主编：《周恩来传》（全四册），中央文献出版社 1998 年版。

［37］魏明生、周锐京：《周恩来与四川》，四川人民出版社 1998 年版。

［38］何蜀：《雾都明灯》，中央文献出版社 1998 年版。

［39］中共上海市委党史研究室：《解放战争时期第二条战线·工人运动和市民斗争卷》（上、下册），中共党史出版社 1999 年版。

［40］中共武汉市委党史研究室：《中国共产党武汉史》，湖北人民出版社 1999 年版。

［41］本书编委会：《中国共产党湖北历史》，湖北人民出版社 1999 年版。

［42］夏衍：《懒寻旧梦录（增补本）》，生活·读书·新知三联书店 2000 年版。

［43］胡绳：《从五四运动到人民共和国成立》，社会科学文献出版社 2001 年版。

［44］周勇：《重庆通史》（第三卷下），重庆出版社 2002 年版。

［45］中共中央党史研究室：《中国共产党历史》（第一卷下册），中共党史出版社 2002 年版。

［46］［美］哈里森·福尔曼：《北行漫记》，陶岱译，解放军文艺出版社 2002 年版。

［47］中共广西壮族自治区委员会党史研究室：《中国共产党广西历史》，中共党史出版社 2004 年版。

［48］中共重庆市委党史研究室：《中共中央南方局大事记》，重庆出版社 2004 年版。

［49］中共中央党史研究室科研管理部、中共重庆市委党史研究室：《见证红岩》（下），重庆出版社 2004 年版。

［50］周勇：《重庆抗战史》，重庆出版社 2005 年版。

［51］董必武传撰写组：《董必武传》，中央文献出版社 2006 年版。

［52］朱晓明、甄小英：《周恩来统一战线思想与实践》，华文出版社 2006 年版。

［53］胡大牛：《中共中央南方局统战史论》，人民出版社 2008 年版。

［54］中共重庆市委党史研究室：《中共中央南方局史》，中共党史出版社 2009 年版。

［55］中共云南省委党史研究室：《中共中央南方局的群众工作》，中共党史出版社

2009 年版。

[56]中共湖南省委党史研究室：《中共中央南方局的党建工作》，中共党史出版社2009 年版。

[57]中共广西壮族自治区委员会党史研究室：《中共中央南方局的统一战线工作》，中共党史出版社 2009 年版。

[58]中共云南省委党史研究室：《中共中央南方局的群众工作》，中共党史出版社2009 年版。

[59]中共四川省委党史研究室：《中共中央南方局的文化工作》，中共党史出版社2009 年版。

[60]中共重庆市委党史研究室：《红岩精神研究》，中共党史出版社 2009 年版。

[61]叶文益：《中共中央南方局的军事工作》，中共党史出版社 2009 年版。

[62]罗平汉：《中国共产党群众路线思想史》，人民出版社 2013 年版。

[63]中共中央文献研究室、周恩来研究组：《周恩来》，辽宁人民出版社 2016 年版。

[64]中共重庆市委党史研究室、重庆市政协文史资料委员会、红岩革命纪念馆：《重庆谈判纪实》，重庆出版社 2016 年版。

[65]吴寒斌：《永远的生命线：党的群众路线教育实践活动长效机制研究》，光明日报出版社 2016 年版。

[66]董亚炜：《群众路线：建构党的领导》，江苏人民出版社 2017 年版。

[67]徐塞声：《中共中央南方局历史文献选编》（上、下），重庆出版社 2017 年版。

[68]张帆：《中共中央南方局与〈新华日报〉》，中共党史出版社 2017 年版。

[69]王克明：《新型城镇化背景下党的群众工作模式研究》，天津人民出版社 2019年版。

[70]杨久华、郑伟：《新时代群众工作模式创新研究》，知识产权出版社 2021 年版。

三、报刊文章

[1]周勇：《论周恩来同志的谈判艺术》，《南方局党史研究》1988 年第 2 期。

[2]魏峡：《关于南方局几个问题的辨析》，《中共党史研究》1990 年第 5 期。

[3]马齐彬、方文：《研究中共南方局历史的可靠依据——读南方局党史资料》《中共党史研究》1991 年第 1 期。

[4]林庭芳：《中共南方局妇委与国统区妇女抗日支前运动》《理论与改革》1995 年

第 9 期。

[5]彭承福:《抗战时期中共中央南方局在国民党统治区工作的历史功绩》,《中共党史研究》1996 年第 2 期。

[6]潘洵:《中共中央南方局与大后方民营企业家的民主觉醒》,《西南师范大学学报》(人文社会科学版)2001 年第 4 期。

[7]郑洪泉、王明湘:《试论南方局的历史地位及其功绩》,《中共党史研究》2001 年第 4 期。

[8]周勇、胡大牛:《中共中央南方局的统一战线工作及其历史性贡献》,《中共中央党校学报》2002 年第 1 期。

[9]陈全:《中共中央南方局历史功绩探析》,《党的文献》2003 年第 3 期。

[10]李蓉:《中国共产党历史上的南方局》,《党的文献》2004 年第 3 期。

[11]胡大牛:《从组织角度看南方局不在桂林成立》,《探索》2007 年第 5 期。

[12]杜俊华:《周恩来与抗战时期中共—英国关系的嬗变——以中共南方局与英国驻华大使馆为中心的考察》,《中共党史研究》2008 年第 1 期。

[13]胡大牛:《南方局与新中国的成立和发展》,《探索》2009 年第 4 期。

[14]扶小兰:《论抗战时期中共南方局的知识分子统战工作》,《贵州社会科学》2010 年第 4 期。

[15]黄远固:《建设党性坚强、政治过硬的干部队伍——白色恐怖下南方局干部队伍建设的启示》,《探索》2010 年第 6 期。

[16]王庆:《南方局的统战工作与新阶段统战干部队伍建设》,《中央社会主义学院学报》2011 年第 3 期。

[17]胡大牛:《南方局的成立与中共领导人的战略思考》,《党的文献》2011 年第 6 期。

[18]郑超华:《坚持群众路线是党的政策生命力所在》,《党建研究》2013 年第 3 期。

[19]张静如:《党的群众路线的历史考察》,《前线》2013 年第 8 期。

[20]戴焰军:《在群众路线教育实践中改进作风》,《求是》2013 年第 13 期。

[21]侯晋雄:《中共中央南方局践行群众路线的历史经验与启示》,《理论探索》2014 年第 3 期。

[22]胡大牛:《群众路线指导下的南方局群众工作及其启示》,《探索》2014 年第 3 期。

[23]孟天广、田栋:《群众路线与国家治理现代化——理论分析与经验发现》,《政

治学研究》2016 年第 3 期。

[24]祝灵君:《中国共产党人的党性与党性修养》,《中共中央党校学报》2016 年第 3 期。

[25]柳建辉:《在历史和人民的选择中——论中国共产党的三大历史贡献》,《当代中国史研究》2016 年第 4 期。

[26]韩梅香:《通过网络走群众路线应成为领导干部的工作常态》,《红旗文稿》2016 年第 9 期。

[27]吴伟:《践行群众路线要有久久为功的韧劲》,《人民论坛》2016 年第 34 期。

[28]张雪梅:《试论群众路线的正风反腐功能及其拓展》,《社会主义研究》2017 年第 2 期。

[29]吴自力:《南方局报人群体兴起历史轨迹考察》,《新闻与传播研究》2017 年第 7 期。

[30]丁晓强:《在一切工作中贯彻党的群众路线》,《党的文献》2021 年第 4 期。

[31]彭琳:《从百年党史感悟党的群众路线》,《红旗文稿》2021 年第 8 期。

[32]周恩来:《悼张淮南先生》,《新华日报》1941 年 11 月 19 日。

[33]柳亚子:《赠毛润之老友》,《新华日报》1945 年 9 月 2 日。

[34]钱之光:《敬爱的周总理战斗在重庆》,《光明日报》1977 年 1 月 5 日。

[35]重庆市"三个代表"重要思想研究中心:《南方局的奋斗史:党始终坚持"三个代表"的佐证》,《光明日报》2003 年 4 月 23 日。

[36]《周恩来领导的中共中央南方局(上)》,《人民日报》2007 年 1 月 23 日。

[37]《周恩来领导的中共中央南方局(下)》,《人民日报》2007 年 1 月 25 日。

[38]谭浩:《纪念中共中央南方局成立 70 周年座谈会暨学术研讨会在京召开》,《人民日报》2009 年 7 月 26 日。

[39]周勇:《南方局历史研究的进展及成果》,《人民日报》2009 年 7 月 27 日。

[40]肖纯柏:《秉持三大法宝扫除"四风"之垢》,《人民日报》2014 年 5 月 20 日。

[41]李军:《把党的群众路线坚持到底》,《学习时报》2016 年 2 月 18 日。

[42]鹿心社:《发挥网络平台作用做好网上群众工作》,《人民日报》2016 年 11 月 2 日。

[43]屈晓华:《坚持走好网上群众路线》,《学习时报》2016 年 12 月 1 日。

[44]杜尚泽、刘华新:《走群众路线,到群众中去》,《人民日报》2017 年 4 月 23 日。

[45]刘光明:《群众路线是党的生命线》,《经济日报》2017 年 6 月 16 日。

[46]朱孟光:《革命战争时期党的群众工作方法》,《学习时报》2018 年 1 月 1 日。

[47]龚文密:《将以人民为中心落到实处》,《人民日报》2018年1月15日。

[48]周小毛:《探析人民群众文化需求的新走向》,《经济日报》2018年2月8日。

[49]彭琳:《学习党史要践行好群众路线》,《学习时报》2021年4月19日。

[50]陈承新:《群众路线:中国民主话语与实践的统一》,《中国社会科学报》2021年11月17日。

四、学位论文

[1]唐正芒:《论南方局领导的大后方抗战文化运动》,中共中央党校,1998年。

[2]张明平:《中共南方局的文艺策略》,重庆师范大学,2005年。

[3]张怀海:《新形势下党的群众工作理论研究》,中共中央党校,2006年。

[4]刘美丽:《中共南方局群众工作研究》,西南大学,2008年。

[5]吕洁:《中共南方局军事工作研究》,西南大学,2010年。

[6]初春华:《党的群众工作心理层面的研究》,南开大学,2010年。

[7]刘甜:《抗日战争时期〈群众〉周刊研究》,中共中央党校,2012年。

[8]王茜:《马克思群众观研究》,南开大学,2013年。

[9]张坤:《从"群众路线"到"公民参与"——中国公共政策模式变迁研究》,南京大学,2013年。

[10]徐小华:《我国社会转型时期群众利益保障机制建设研究》,厦门大学,2014年。

[11]昌敏:《中共中央南方局整风运动研究》,湖南师范大学,2014年。

[12]李文清:《中国共产党密切联系群众问题研究》,中共中央党校,2014年。

[13]臧海鑫:《党的群众工作的历史经验与时代价值》,中共中央党校,2015年。

[14]高雅:《中共中央南方局群众工作研究》,西南大学,2015年。

[15]霍海波:《中共中央南方局与新四军关系研究》,重庆师范大学,2016年。

[16]吴自力:《中共中央南方局报人群体研究》,暨南大学,2016年。

[17]蒲卫东:《1942—1945年间〈群众〉周刊对"战国策派"的批判》,武汉大学,2017年。

[18]任静:《马克思群众观研究》,辽宁大学,2020年。

[19]杜晓鹤:《精准扶贫中党的群众路线实践成效研究》,郑州大学,2020年。

[20]张琼:《唯物史观视域下习近平群众观研究》,中国科学技术大学,2021年。

后　记

　　《中共中央南方局的群众路线实践及其当代价值》,是我主持完成的国家社会科学基金项目"中共中央南方局的群众路线实践及其当代价值研究"(14CDJ002)的最终研究成果,并获"良好"结项。

　　中共中央南方局的群众路线实践以国民党统治区广大工人、农民、青年、妇女为主要对象,是南方局及所属各级组织的一项极为重要的工作。在抗日战争、解放战争艰苦卓绝的岁月和环境中,为了扩大党的政治影响与群众基础,团结国内外、党内外一切可以团结的力量一致抗战,周恩来、博古、董必武、王若飞等领导中共中央南方局坚守国民党统治中心重庆,做了大量艰苦细致的群众工作。他们坚持战斗在国统区群众工作的第一线,为抗日战争的胜利与全国解放的推进,打下了最坚实的民众基础,积蓄了最深厚的反攻力量,特别是为后来"第二条战线"的形成与发展奠定了坚实基础,在党的群众工作史上是前所未有的。中共中央南方局的群众路线实践也为新时代深入践行党的"群众路线"、扩大党的群众基础、提高党的执政能力、实现党的执政使命提供了宝贵的经验与启示。

　　今天,探讨与分析南方局的群众路线实践及其当代价值,根据历史本来面目对其基本经验与当代价值加以升华与总结,对于广大党员干部在中国特色社会主义新时代,增强群众观念与群众感情,夯实党的执政基础与群众基础,开创党与国家事业新局面,具有重大现实意义。因此,中共中央南方局践行群众路线的历史经验与现实启示,就成为一个现实而紧迫的重要课题,这也是我求学中共中央党校和执教中共重庆市委党校以来一直思考的问题。

尽管中共中央南方局的群众路线实践及其当代价值研究是我的学术兴趣之所在,但是,我深切地体会到,驾驭和把握这一重大课题并不容易。关于这一课题的研究目前还处于起步阶段,学界较侧重于南方局的宏观研究,但相对缺乏针对南方局践行群众路线的具体研究;较侧重于南方局有关工人、农民、青年、妇女某一方面或某一运动的专题研究,但相对缺乏全面系统阐述南方局群众路线实践的综合研究;较侧重于南方局群众工作或群众路线的历史研究,但相对缺乏针对南方局践行群众路线的当代价值研究。这表明,关于南方局的群众路线实践及其当代价值研究还有进一步探讨和深化的空间。

现在呈现给诸位读者的这部学术著作,就是我对这个问题长期思考和潜心研究的一个初步成果。本书以研究南方局践行党的群众路线的基本经验与当代价值为主线,以南方局群众工作的坐标定位、发展进程、历史特点、运行机制、辉煌成就、历史经验及其现实启示为研究内容,深入阐述南方局周恩来、董必武、叶剑英、邓颖超等老一辈革命家对群众路线的实践探索与理论深化,揭示这一时期群众工作的基本规律,提炼这一时期群众路线的制度成果,作为今天的借鉴。自我评价书稿所呈现研究的较有学术价值之处是:第一,南方局秉承海纳百川的宽广胸襟,首创"同流而不合污"的领导方式,将群众路线运用于统战工作,升华了群众路线实践的崭新境界;第二,南方局的群众路线实践,为新时代在全党深入开展群众路线教育实践活动和"不忘初心、牢记使命"主题教育提供了宝贵的借鉴与启示。拙作能起到抛砖引玉、促进思考的作用,也就足够了。假如本书能得到同行专家的批评指教,那是十分荣幸的事情。

"文章千古事,得失寸心知。"值此专著完稿之际,感到如释重负的同时,又百般滋味涌上心头。这本书实际上凝聚了众多专家贡献的智慧。感谢中共中央党校党建教研部教授、博士生导师梁妍慧,正是有了她的精心指导和辛勤付出,才使我拿得出一部像样的学术著作。感谢王锦辉、李海洋、孙敬鑫、谢丹等同志的热情帮助和鼎力支持,特别要感谢中共中央党校(国家行政学院)党建教研部原副主任、博士生导师、享受国务院政府特殊津贴人员戴焰军教授和中共重庆市委党校(重庆行政学院)原副校(院)长、重庆市学术技术带头人、享受国务院政府特殊津贴人员罗晓梅教授对这项研究的精心指导和严格要求,并承蒙戴焰军和罗晓梅两位知名专家为本书拨冗作序,且在序言中褒奖有加,更令我欣喜和备受鼓舞。此外,许多朋友和同仁的思想观点也给我的写作以极富智慧的启发,聆听他们作为智者的心声,感受他们作为学者的风范,都令我受益匪浅,在此一并表示诚挚的谢意。

侯晋雄

2021 年 8 月于重庆

责任编辑:吴广庆
封面设计:石笑梦
版式设计:胡欣欣

图书在版编目(CIP)数据

中共中央南方局的群众路线实践及其当代价值/侯晋雄 著. —北京:
人民出版社,2022.3
ISBN 978－7－01－023888－3

Ⅰ.①中… Ⅱ.①侯… Ⅲ.①中国共产党-群众路线-研究-重庆
Ⅳ.①D252

中国版本图书馆 CIP 数据核字(2021)第 212887 号

中共中央南方局的群众路线实践及其当代价值
ZHONGGONG ZHONGYANG NANFANGJU DE QUNZHONG LUXIAN SHIJIAN JIQI DANGDAI JIAZHI

侯晋雄 著

人民出版社 出版发行
(100706 北京市东城区隆福寺街 99 号)

环球东方(北京)印务有限公司印刷 新华书店经销

2022 年 3 月第 1 版 2022 年 3 月北京第 1 次印刷
开本:710 毫米×1000 毫米 1/16 印张:17.5
字数:270 千字

ISBN 978－7－01－023888－3 定价:68.00 元

邮购地址 100706 北京市东城区隆福寺街 99 号
人民东方图书销售中心 电话 (010)65250042 65289539